Giacomo Salis

Filmare l'invisibile

Il trascendente nell'opera teorica di Paul Schrader

il glifo ebooks

ISBN: 9788897527558
Prima edizione: gennaio 2021 (A)

Indice

INTRODUZIONE 7

CAPITOLO PRIMO - VERSO UNO STILE TRASCENDENTALE 15

1.0. La genesi dello sguardo cinematografico: Le teologie dell'immagine tra oriente e occidente 15
1.1. Il Dio di Bazin 26
1.2. L'ontologia dell'immagine cinematografica e il concetto di durata. 35

CAPITOLO SECONDO - LO STILE TRASCENDENTALE 43

2.0. Il concetto di mimesis. 43
2.1. Una prima formulazione di «stile trascendentale». 48
2.2. Lo stile trascendentale nell'opera di Yasujiro Ozu. 60
2.3. Ozu e la sua personalità / oltre la personalità: la cultura zen. 63
2.4. Lo stile trascendentale in Ozu: quotidianità, scissione, stasi. 70

CAPITOLO TERZO - LO STILE TRASCENDENTALE: ROBERT BRESSON 93

3.0. Il cinema di Robert Bresson. 93
3.1. Lo stile trascendentale di Robert Bresson: la quotidianità. 94
3.2. Lo stile trascendentale: la scissione e la stasi nel cinema di Bresson. 109
3.3. La tradizione teologica: la metafora della prigione 116
3.4. La tradizione estetica: la scolastica. 124
3.5. La tradizione artistica: l'iconografia bizantina. 130
3.6. L'imago Dei. 134
3.7. Conclusioni sulla prima formulazione di «stile trascendentale»: ricchezza e povertà. 137

CAPITOLO QUARTO - RETHINKING TRANSCENDENTAL STYLE 147

4.0. Una nuova formulazione di «stile trascendentale»: slow cinema. 147
4.1. Deleuze: l'immagine-ricordo / l'immagine-sogno. 154
4.2. L'immagine-cristallo. 163
4.3. Tarkovskij, scultore del tempo. 169
4.4. Slow cinema: definizione, modalità e protagonisti. 177
4.5. Lo stile «trascendentale»: falsi usi e il finale di Nostalghia. 182

CONCLUSIONE 191

BIBLIOGRAFIA 195

FILMOGRAFIA   **209**

QUARTA DI COPERTINA   **215**

    Giacomo Salis   *215*

Introduzione

Il seguente lavoro nasce da un mio particolare interesse per le filmografie in bilico tra sacro e profano, come accade nell'opera di Paul Schrader, Abel Ferrara, William Friedkin. Questo dualismo sembra attraversare, in maniera particolare, tanto l'opera quanto la biografia di Paul Schrader. Nato a Grand Rapids, nel Michigan, il 22 luglio 1946, in una famiglia di stretta osservanza calvinista, viene educato in maniera molto rigida, tanto da essergli proibita la visione di film fino ai 18 anni, quando decide di andare via di casa. Si iscrive alla Film School dell'Università della California di Los Angeles (UCLA) e si appassiona al lavoro dei registi inclini alla speculazione filosofica e teologica, come testimoniato dalla sua tesi di laurea, pubblicata nel 1972 con il titolo *Transcendental Style in Film: Ozu, Bresson, Dreyer[1]*, sotto la direzione dello psicologo dell'arte e teorico del cinema Rudolph Arnheim. Il lavoro schraderiano, come testimoniato dalle sue parole, nasce da un bisogno profondo, quasi intimo: «Questo libro è dedicato a mio padre, senza il quale non sarebbe mai stato scritto»[2].

> I wasn't drawn to the topic out of academic obligation or desire to publish. I had a problem and I was looking for an answer. It was the same impulse that caused me to write a screenplay two years later. I was a product of the Christian Reformed Church in Grand Rapids, a Calvinist denomination which at that time proscribed theater attendance and other "worldly amusements." So naturally I was drawn to the forbidden—not the forbidden forbidden, of course, but the acceptable forbidden[3].

La ricerca dello sceneggiatore americano è finalizzata a far convivere i due aspetti della sua esistenza: l'amore per i film e la forte educazione religiosa. Tutto ha inizio con *Through a Glass Darkly* (1961) e *Viridiana* (1961), ma la vera folgorazione arriva quattro anni più tardi, come critico cinematografico per il Los

---

[1] L'edizione originale è Paul Schrader, *Transcendental Style in Film: Ozu, Bresson, Dreyer*, Da Capo Press, Boston 1972. Tr. it.: Paul Schrader, *Il trascendente nel cinema* (1972), tr. it. di Christian Raimo, Donzelli, Roma 2010.

[2] Id., *Il trascendente nel cinema*, cit., p. 2.

[3] Id., *Rethinking Transcendental Style*, in *Transcendental Style in Film: Ozu, Bresson, Dreyer (With a New Introduction)*, University of California Press, Oakland 2018, pp. 1-33:1.

Angeles Free Press, con la visione di *Pickpocket* di Robert Bresson: «I sensed a bridge between the spirituality I was raised with and the "profane" cinema I loved»[4]. Una convergenza tra spiritualità e cinema da intendersi in termini di stile e non di contenuto, precisa Schrader. Se il suo avvicinamento al cinema popolare si deve alla critica cinematografica Pauline Kael, sono le opere di Susan Sontag come *Stile Spirituale nei film di Robert Bresson* (1964)[5] e *L'estetica del Silenzio* (1969)[6], a creare le basi del suo lavoro di tesi. Il saggio del '72 è infatti legato ad una particolare stagione della cultura americana, tra scoperta dello strutturalismo, mode Zen, crisi del modello hollywoodiano e ricerca di mondi alternativi[7]. Ma, come scrive Zordan, «esso conserva tuttavia un sicuro valore per il rigore con cui è condotta la ricerca e per il filo diretto che lo collega a Bazin e Ayfre, permettendogli così di assimilare criticamente i percorsi antecedenti della critica europea»[8]. Il progetto che ne è alla base, ovvero l'analisi del trattamento cinematografico del sacro presso registi senza alcun rapporto diretto tra loro, così come avevano fatto gli storici dell'arte e gli antropologi con le civiltà primitive all'inizio del Novecento, «è quanto di più distante […] dall'approccio "culturalista", prevalente oggi nei campus universitari statunintensi»[9]. E nell'affrontare una materia tanto problematica come quella della possibilità del cinema di mostrare l'invisibile attraverso le pieghe del visibile Schrader si concentra sul tema del

---

[4] Ivi, p. 2.

[5] Susan Sontag, *Stile Spirituale nei film di Robert Bresson* (1964), in *Contro l'interpretazione* (1966), tr. it. di Ettore Capriolo, Mondadori, Milano 1967, pp. 249-275

[6] Ead., *L'estetica del Silenzio* (1969), in *Stili di volontà radicale*, tr. it. Giuseppe Strazzeri, Mondadori, Milano 1999, pp. 11-52.

[7] Cfr. Davide Zordan, *Filmare l'invisibile, linguaggio cinematografico ed esperienze religiose*, in «Annali di studi religiosi», 5, 2004, pp. 129-173: 153- 154; Gabriele Pedullà, *Perceval, Usa,* in Paul Schrader, *Il trascendente nel cinema*, cit., pp. IX - XXXII: XXIV.

[8] Davide Zordan, *Filmare l'invisibile, linguaggio cinematografico ed esperienze religiose*, cit., p. 154.

[9] Questa affermazione di Pedullà risale al 2002; Cfr. Gabriele Pedullà, *Perceval, Usa,* cit., p. XXIV.

trascendente soprattutto in termini di metodo, più che di contenuto. Partendo dall'idea secondo cui il cinema non è nato dalla pratica religiosa ma sia «figlio del capitalismo e della tecnologia»[10], lo sceneggiatore americano si domanda quali possano essere le conseguenze quando il sacro prova a penetrare in un'arte costitutivamente profana. Per prima cosa filmare direttamente il trascendente non rientra nelle facoltà del cinema, in cui la riproduzione esplicita del sacro attraverso gli effetti speciali annulla di fatto il suo valore. Questo accade ad esempio nel film di Cecil B. DeMille *I dieci comandamenti* (1956):

> Nella scena che dà il titolo al film Mosè si trova sul monte Sinai e Dio è fuori campo sulla destra. Dopo alcuni tuoni premonitori, Dio scaglia letteralmente i comandamenti, a uno a uno, sullo schermo e sulle tavole che aspettavano di essere incise. I comandamenti prima appaiono come piccole palle di fuoco roteanti accompagnate dal suono di un vento violento e poi, in un lampo – ingrandendosi all'improvviso –, sfrecciano attraverso lo schermo e si scontrano con le tavole intonse. Paf! Il fumo svanisce e sulle tavole sono chiaramente incise le leggi. Questa specie di trucco compare in un modo leggermente meno ridicolo nei film «didascalici» a basso budget[11].

Questi film religiosi di tipo convenzionale e didascalico, secondo Schrader, denotano «un'idea comprensibile ma sbagliata del rapporto tra la realtà cinematografica e quella spirituale»[12]. Diversamente in quella da me denominata la «prima formulazione» egli individua uno «stile trascendentale», concepito sulla base degli studi di Heinrich Wölfflin «una forma universale di rappresentazione»[13]. Questo stile utilizza mezzi precisi: angolazioni della macchina da presa, dialoghi, montaggio per raggiungere obbiettivi trascendentali. Tali obbiettivi si basano sulla convinzione che una verità spirituale possa essere raggiunta solamente «disponendo in modo neutro oggetti e immagini gli uni a fianco alle altre, e a questa verità non è possibile arrivare con un approccio soggettivo, individuale o culturale»[14]. Pertanto le differenze tra i registi citati nel titolo – Ozu, Bresson, Dreyer –,

---

[10] Paul Schrader, *Il trascendente nel cinema*, cit., p. 132.

[11] Ivi, p. 139.

[12] *Ibidem.*

[13] Ivi, p. 9

[14] *Ibidem.*

«sono di tipo culturale e personale, mentre le loro affinità sono di tipo stilistico e costituiscono un modo comune di esprimere il trascendente nel cinema»[15]. Tra i riferimenti di Schrader emergono la fenomenologia religiosa di Mircea Eliade, Rudolf Otto e Gerardus Van der Leeuw, ma in particolar modo alcun studiosi tradizionalisti della scuola di Guénon, come Ananda K. Coomaraswamy e Titus Burckhardt, che hanno cercato di stabilire certi canoni dell'arte sacra perennemente validi per tutte le tradizioni e culture. Lo sceneggiatore americano immagina di realizzare un'impresa simile in campo cinematografico, volendo stabilire dei criteri universali che in una certa misura trascendono le specificità, i linguaggi, il tessuto storico e culturale. Due sono i registi che hanno incarnato a pieno lo stile da lui individuato: Yasujiro Ozu in Oriente e Robert Bresson in Occidente. Diversamente Dreyer pur mostrando delle affinità con Bresson nella rappresentazione del «Completamente Altro»[16], specialmente in *Ordet*, non ha mai realizzato un intero ciclo di film servendosi di questo stile. Infatti l'analisi dei film di Dreyer, si discosta dall'impostazione generale del libro, privilegiando i contenuti. Per questo motivo nel mio lavoro mi soffermerò principalmente sui primi due autori.

Lo sceneggiatore americano, escludendo ogni rappresentazione esplicita del trascendente, stabilisce di fatto che essa passi attraverso l'immanente in un complicato processo di tre fasi: quotidianità, scissione, stasi. Come afferma Gabriele Pedullà, per comprendere davvero *Il trascendente nel cinema* bisognerebbe leggerlo dalla fine, dalle conclusioni in cui si parla del cinema hollywoodiano: «Schrader in qualche modo sta rispondendo a suo padre e alla Chiesa cristiana riformata»[17]. È evidente la constatazione schraderiana circa la sconfitta da parte dei registi statunitensi interessati al trascendente nei confronti di un'arte materialistica come quella del cinema. Per questa ragione Schrader rivolge il proprio sguardo oltre gli studios californiani, come faceva in quegli anni la cultura universitaria statunitense: Antonioni, Rossellini, Pasolini, Mizoguchi sono alcuni

---

[15] *Ibidem.*

[16] Ivi, p. 5; Cfr. Rudolf Otto, *Il sacro: l'irrazionale nella idea del divino e la sua relazione al razionale* (1936), tr. it. di E. Buonaiuti, Feltrinelli, Milano 1966, pp. 34-40.

[17] Gabriele Pedullà, *Perceval, Usa,* cit., XIII.

degli autori che si sono serviti almeno parzialmente dello stile trascendentale. Ad esclusione del gruppo di critici dei *Cahiers du cinéma*, autori futuri della Nouvelle Vague, Paul Schrader può vantare il primato, come scrive Alberto Castellano, «di aver gettato le basi teoriche del suo fare cinema prima di mettersi dietro la macchina da presa»[18]. Schrader, così come Terrence Malick[19], è artefice di una giovanile e solitaria dichiarazione d'intenti, con un atteggiamento culturale che non faceva necessariamente presagire una carriera da regista. Infatti, continua Castellano, «i due autori quasi contemporanei irrompevano nel mondo culturale americano con due saggi atipici e stravaganti che in qualche modo tracciavano un nuovo confine dell'esegesi cinematografica con uno spessore intellettuale solitamente estraneo non solo agli autori americani»[20]. Entrambi si discostano da quei grandi autori al tempo stesso divenuti punti di riferimento come teorici del cinema che, o in maniera sistematica o attraverso interventi sporadici, hanno espresso il proprio pensiero contemporaneamente o successivamente alla pratica del set: Jean Epstein, Lev Kulešov e i tre della scuola sovietica, Ėjzenštejn, Vertov, Pudovkin. Zavattini, dopo il suo sodalizio con De Sica, ha sistematizzato, negli anni '50 e '60, le teorie neorealistiche; Pasolini solo dopo *Accattone* (1961) e *Il Vangelo secondo Matteo* (1964) ha avanzato le sue teorie semiologiche sul cinema con *Il cinema di poesia* (1965)[21]. Tutti questi esempi contribuiscono a far risaltare l'unicità del percorso teorico-pratico di Schrader all'interno del ristretto gruppo di registi americani provenienti dalla critica, perché di fatto si tratta di una pratica maggiormente diffusa in Europa, come testimoniato anche in Italia dalle carriere di Antonioni,

---

[18] Alberto Castellano, *Il trascendente nel cinema di Schrader: dalla teoria alla pratica*, in Id. (a cura di), *Paul Schrader il cinema della trascendenza*, Mimesis, Milano 2016, pp. 13-20: 13.

[19] Nel 1969, prima dell'esordio alla regia con *Badlands* (*La rabbia giovane*, 1973), la Northwestern University Press pubblica la traduzione di Malick del *Vom Wesen des Grundes* di Martin Heidegger con il titolo di *The Essence of Reasons*.

[20] Alberto Castellano, *Il trascendente nel cinema di Schrader: dalla teoria alla pratica*, cit., p. 13.

[21] Pier Paolo Pasolini, *Il cinema di poesia* (1965), in *Empirismo eretico*, Garzanti, Milano 1972, pp. 171-191.

Pietrangeli, Piscicelli. Ma il vero paradosso schraderiano, come scrive Gabriele Pedullà nell'introduzione al testo del '72, consiste nel fatto che il regista americano non ha mai messo in pratica il suo manifesto:

> il suo cinema deve pochissimo stilisticamente alla lezione di Ozu e di Bresson. I grandi temi di *Trascendental Style in Film* sono tutti presenti nei suoi film [...] ma non l'aspetto a cui lui dà più importanza – appunto lo stile –, che non potrebbe essere più diverso e che, anche nei momenti di maggiore esuberanza, non ha niente di incompatibile con la tradizione hollywoodiana[22].

Con queste affermazioni si può essere d'accordo solo se si considera in maniera troppo rigorosa l'applicazione delle intuizioni teoriche dell'autore alla realizzazione dei suoi film. In realtà a parte i temi della trascendenza presenti in *Hardcore*, *Mishima*, *Affliction*, *Touch* e le tracce dello stile trascendentale in *Taxi Driver*[23], secondo Castellano: «tutto il cinema di Schrader è attraversato dalle riflessioni teoriche ed estetiche del suo saggio e qua e là impregnato [...] di una metabolizzazione concettuale di certi modelli stilistici»[24]. L'affermazione di Pedullà è ulteriormente confutata dal fatto che nel 2018, in occasione della convenzione annuale organizzata dalla *Society for Cinema and Media Studies* intitolata *Rethinking Transcendental Style: New Approaches in Spirituality and Cinematic Form*, lo sceneggiatore americano è tornato ad occuparsi di film e trascendenza. Questo ritorno avviene in un duplice modo: da un lato come critico, con una nuova introduzione al suo saggio *Transcendental Style in Film*, e dall'altro come regista. Come regista, firma *First Reformed* (2017)[25], che narra la crisi di fede di un reverendo della chiesa riformata, con evidenti riferimenti a *Il diario di un curato di campagna* di Bresson. Come teorico, nella seconda formulazione aggiorna e amplia il discorso sul cinema trascendentale alla luce di quanto accaduto in quarantacinque anni dalla prima stesura del suo saggio. Schrader individua nell'opera di Deleuze

---

[22] Gabriele Pedullà, *Perceval, Usa,* cit., p. XXVII.

[23] Ivi, pp. XXVII-XXVIII.

[24] Alberto Castellano, *Il trascendente nel cinema di Schrader: dalla teoria alla pratica*, cit., p. 15.

[25] *First Reformed - La creazione a rischio* (First Reformed) (2017), film scritto e diretto da Paul Schrader con protagonisti Ethan Hawke e Amanda Seyfried.

L'immagine tempo (*Cinema 2*) una nuova modalità di pensiero sul cinema, in cui si esplicita una fenomenologia della percezione attraverso la nozione di tempo. Infatti il filosofo francese attribuisce a questa tipologia di immagine l'emergere di una resa sullo schermo del tempo, che, procede indipendentemente dalla trama, divenendo protagonista. Nella visione schraderiana, il filosofo francese mostra come il cinema del dopoguerra non sia più interessato semplicemente a raccontare storie ai nostri sé coscienti, ma piuttosto cerchi di comunicare con l'inconscio e con i modi con cui quest'ultimo elabora ricordi, fantasie, sogni. L'artista cinematografico modella l'introspezione attraverso la durata che è in grado di evocare «il Completamente Altro». Da qui l'affermazione schraderiana: «In *Transcendental Style in Film* I wrote about hierophanies evoked by style. Deleuze attempted to explain how that actually works»[26]. Altra figura centrale in questa nuova formulazione è il regista russo Andrej Tarkovskij che sviluppa un'idea di cinema inteso come osservazione diretta della vita nel tempo. Ma se in registi come Bresson e Dreyer il tempo veniva utilizzato per creare un particolare effetto emozionale o spirituale, nel caso tarkovskiano è fine in se stesso. Da qui la radicalità della sua poetica: «ci si può immaginare un film senza attori, senza musica, senza scene e persino senza montaggio, ma non ci si può immaginare un'opera cinematografica senza la sensazione dello scorrere del tempo all'interno dell'inquadratura»[27]. Schrader delinea così un percorso immaginario che dal cinema di Bresson e Ozu conduce a Béla Tarr, Lav Diaz e Pedro Costa: «Time allows the viewer to imbue the image with associations, even contradictory ones. Hence the long take. What began as a four second shot of a passing train in Ozu grows to eight minutes of meandering cows in Béla Tarr»[28]. E attraverso la nozione di *Slow cinema* egli mostra i nuovi sviluppi dello stile trascendentale, i suoi falsi usi, evidenziando ancora una volta la difficoltà dell'impresa da parte del teorico e del regista nell'individuare la causa reale della ierofania, a causa del carattere sfuggevole e misterioso del suo nucleo più recondito.

---

[26] Paul Schrader, *Rethinking Transcendental Style,* cit., p. 6.

[27] Andrej Tarkovskij, *Scolpire il tempo* (1986), a cura di Vittorio Nadai, Ubulibri, Milano 2002, p. 107.

[28] Paul Schrader, *Rethinking Transcendental Style,* cit., p. 5.

Il lavoro schraderiano del '72, è presente negli studi di Alessio Scarlato e Davide Zordan[29]. Entrambi hanno sottolineato come lo sceneggiatore americano affronti la rappresentazione del sacro al cinema in termini strettamente stilistici. Scarlato propone una riflessione sull'efficacia di una tale prospettiva, che rischia di ricadere in una esaltazione della capacità riflessiva del regista, riconfermando la centralità del «Soggetto della visione»[30]. Al di là di questi interessanti spunti, il lavoro di Paul Schrader mostra la volontà di spingersi oltre. Attraverso l'analisi del cinema di Ozu, Bresson e Dreyer, e successivamente nella seconda formulazione con l'inserimento di Tarkovskij, emerge una proposta teorica che prova a individuare e a definire una modalità precisa di concepire e di fare cinema. Questa proposta che Schrader costruisce attraverso un dialogo costante con il mondo del cinema, con critici e teorici come Donald Richie e Amédée Ayfre, conduce infine a un confronto con le posizioni filosofiche di Gilles Deleuze e di Henri Bergson. Un confronto quanto mai necessario per la sua concezione teorica e per quel cinema capace di guardare oltre le apparenze del reale.

---

[29] Cfr. Alessio Scarlato, *La zona del Sacro. L'estetica cinematografica di Andrej Tarkovskij*, «Aesthetica Preprint», n. 75, 2005; Davide Zordan, *Filmare l'invisibile, linguaggio cinematografico ed esperienze religiose*, cit.; Gli scritti dei due autori sono antecedenti alla nuova formulazione schraderiana del 2018.

[30] Alessio Scarlato, *La zona del Sacro. L'estetica cinematografica di Andrej Tarkovskij*, cit., p. 34.

Capitolo primo - Verso uno stile trascendentale

1.0. La genesi dello sguardo cinematografico: Le teologie dell'immagine tra oriente e occidente

Roland Barthes ha scritto che «lo specifico filmico è ciò che nel film non può essere descritto, è la rappresentazione che non può essere rappresentata [...] esso si trova esattamente là dove il linguaggio articolato è solo approssimazione, e comincia un altro linguaggio»[31]. Dal punto di vista della semiologia, quello che è vero di ogni opera d'arte, il cui linguaggio fa uso di un codice poetico dove la convenzione è ridotta e il segno sempre aperto, diventa ancora più palese nel cinema, perché la fluidità dell'immagine in movimento sfugge al potere fossilizzante della parola scritta o della rappresentazione statica.

Secondo Zordan,

Il piano cinematografico non è una superficie opaca, ma un corso d'acqua che riflette nel suo scorrere una varietà innumerabile di ombre e luci, sempre cangianti. Alla trasparenza dell'immagine corrisponde una risonanza intima, nello spettatore, del piano cinematografico. Esso non si limita mai a ciò che rappresenta[32].

A questa osservazione che esalta lo specifico cinematografico, ne va aggiunta una seconda, connessa ad una fenomenologia della percezione visiva. Vedere significa fissare lo sguardo su un frammento di spazio. Quello che si vede è una porzione irrisoria di una realtà ben più vasta e profonda, che sfugge alla vista. L'occhio, come la cinepresa, seleziona e isola il suo oggetto. Mette in evidenza,

---

[31] Roland Barthes, *The Third Meaning,* «Les Cahiers du Cinèma», 222, 1970, p. 18, cit. in Davide Zordan, *Filmare l'invisibile, linguaggio cinematografico ed esperienze religiose*, in «Annali di studi religiosi», 5, 2004, p. 131.

[32] Davide Zordan, *Filmare l'invisibile, linguaggio cinematografico ed esperienze religiose*, cit., p. 131. Con questa affermazione il teologo italiano sostiene che l'elemento basilare del linguaggio filmico non sia il fotogramma quanto la singola immagine in movimento, che nel glossario tecnico viene indicata come piano. Un piano cinematografico è ogni immagine che compare in modo continuativo sullo schermo, senza stacchi.

e facendo questo, occulta il resto. La macchina da presa designa; la realtà eccede e sfugge. L'attività filmica, che nello stesso tempo rivela e nasconde, ci ricorda che tutto ciò che vediamo è solo «la scorza della realtà»[33]. Mentre l'animale fa corpo con la natura, l'uomo diversamente introduce tra sé e il cosmo tutte le forme di mediazione che costituiscono la cultura. Attraverso l'utensile egli estende e migliora l'attività manuale, con la parola riconosce e individua le cose, col disegno le raffigura e le fissa. La cultura è così rivelatrice dell'umano nell'uomo[34]. Tutti gli strumenti dell'elaborazione culturale svolgono la funzione di duplicare il mondo naturale in un altro mondo, che ne è l'immagine. La cultura è una sorta di specchio convesso, che racchiude e sintetizza per l'uomo l'immensa realtà nella quale questi si trova immerso. Un museo, una biblioteca, un cinematografo sono luoghi di cultura nella misura in cui, prima di tutto, segnano uno spazio dove si opera una sintesi della molteplicità dell'esistente. L'uomo è protagonista di tale sintesi perché è dotato della funzione simbolica, di cui il segno è l'elemento base. Egli si differenzia dalla natura in quanto ne ricrea una visione personale, che esprime secondo modalità simboliche[35]. In questo processo di rappresentazione della realtà, l'esperienza artistica ha sempre giocato un ruolo fondamentale. E tra le numerose forme d'arte, il cinema è quella che appare più idonea a rappresentare: esso offre un doppio della realtà sorprendentemente fedele, captandone le apparenze con una tale accuratezza, che l'imitazione sopravvive all'originale, conservandone la memoria. Una memoria materiale, dunque, più fedele di quella degli uomini, e allo stesso tempo più ricca delle immagini fisse, stampate o scolpite, perché non conserva solo l'immagine esteriore, ma anche il movimento di ogni realtà del passato, che il tempo ha portato con sé. Come ogni opera d'arte, il film offre un'immagine del mondo, ma il fatto che la offra attraverso le immagini, e nello specifico attraverso immagini in movimento, provoca quel duplice effetto d'illusione che è proprio della settima

---

[33] *Ibidem.*

[34] Cfr. Fiorenzo Facchini, *Il simbolismo nell'uomo preistorico, Aspetti ermeneutici e manifestazioni*, in «Rivista di Scienze Preistoriche», 49, 1998, pp. 651-671.

[35] Cfr. Davide Zordan, *Filmare l'invisibile, linguaggio cinematografico ed esperienze religiose*, p. 133.

arte. La rappresentazione che il cinema produce è altra rispetto a quella conquistata da un artigiano con un colpo di pennello, o di scalpello. La rappresentazione cinematografica è di per sé un fatto meccanico, che documenta e ricalca la realtà con esattezza necessaria. Il suo valore artistico risiede altrove: non nella registrazione, ma nella trasfigurazione[36].

> Gli uomini adorano riconoscere ciò che conoscono già. Al suo apparire, la camera ha riportato una rapida affermazione perché essa utilizzava un procedimento meccanico per registrare oggettivamente le impressioni dell'occhio umano. Questa proprietà ha fatto la forza del film, ma se si vuol fare opera d'arte, essa è un handicap da superare[37].

La celebre affermazione di André Bazin riguardo all'effetto di realtà insito nell'immagine fotografica e alla prepotente vocazione realistica del cinema deve essere equilibrata dalla coscienza che ciascuna delle fasi della realizzazione del film favorisce la metamorfosi dei dati consueti della percezione[38]. La traduzione della realtà su pellicola altera i colori, l'inquadratura orienta lo sguardo in un modo preciso, completamente diverso rispetto alla nostra abituale osservazione delle cose, e ancora il ritmo dato alla vicenda, le scelte relative al montaggio, la luce, il suono, la musica.

Nel momento stesso in cui il cinema assimila il suo linguaggio specifico, questo trascende il reale: «Due specie di film: quelli che usano i mezzi del teatro (attori, regia, ecc.) e si servono della macchina da presa per riprodurre; quelli che usano i mezzi del cinematografo e si servono della macchina da presa per creare»[39]. A differenza della letteratura o del teatro, al cinema un pensiero non può esprimersi in se stesso, senza incarnarsi in quel sistema di segni

---

[36] *Ibidem.*

[37] Carl Theodor Dreyer in L. Marcorelles, *Londres 1960* in «Cahiers du Cinema», 105, 1959, p. 35, cit. in Davide Zordan, *Filmare l'invisibile, linguaggio cinematografico ed esperienze religiose*, cit., p. 134.

[38] Su queste questioni, in relazione alla fotografia, ma trasponibili al cinema, Cfr. Philippe Dubois, *La fotografia come trasformazione del reale (il discorso del codice e della decostruzione)*, in Id., *L'atto fotografico*, a cura di B. Valli, QuattroVenti, Urbino 1996, pp. 38-48.

[39] Robert Bresson, *Note sul cinematografo* (1975), tr. it. di G. Bompiani, Marsilio Editori, Padova 1986, p. 13.

plastici che fanno dello spazio e della durata cinematografica le articolazioni della meditazione dell'autore. Il cinema, come opera d'arte, fa dell'immagine un mezzo non di rappresentazione ma di trasfigurazione. A questo proposito, rivestono un particolare interesse le riflessioni del critico Henri Agel, il quale, interrogandosi sullo statuto dell'immagine, traccia un percorso dai contorni ben definiti. Partendo dalla opacità apparente dell'immagine che immediatamente richiama all'attenzione, bisogna giungere a riconoscere la sua trasparenza e permeabilità, la sua predisposizione a dire altro rispetto a ciò che è mostrato[40]. Per Agel tutti i grandi film propongono allo spettatore questo percorso, senza il quale non c'è arte. L'immagine, svincolata dalla rugosità opaca dell'oggetto, «esiste al di là di sé stessa e si spiritualizza in una fuga indefinita verso le profondità»[41]. Lo schermo cinematografico rappresenta dunque una superficie magica, che apre porte e finestre all'immaginazione dello spettatore; dal canto suo, l'immagine è segno, ma segno vivente e in perenne mutamento, agli antipodi rispetto a un sistema rigoroso di simboli. Il simbolo è richiamo a una conoscenza anteriormente acquisita e dunque a un processo intellettuale, mentre l'immagine cinematografica agisce sullo spettatore senza passare per questo tipo di operazione mentale. Essa innesca piuttosto una sorta di «flusso di coscienza, in cui il margine d'ineffabile, l'aura di mistero, sono precisamente l'essenziale»[42]. Con questo non si intende contrapporre l'immagine al simbolo, quanto sottolineare l'ambivalenza strutturale di quest'ultimo, il suo carattere ambiguo ed equivoco, ovvero la possibilità di portare e generare interpretazioni contrastanti ma ciascuna coerente in sé stessa.

È evidente a questo punto come una riflessione sulle possibilità del cinema di rappresentare il trascendente e l'ineffabile ne richiami una ulteriore: la tensione all'iconico che percorre trasversalmente

---

[40] Cfr. Henri Agel, *Mètaphysique du cinèma*, Payot, Paris 1976.

[41] Id., *Le cinèma*, Casterman, Tournai 1954, p. 220, cit. in Davide Zordan, *Filmare l'invisibile, linguaggio cinematografico ed esperienze religiose*, p. 135.

[42] Henri Agel, *Le cinèma*, cit., p. 220; ripreso da Davide Zordan, *Filmare l'invisibile, linguaggio cinematografico ed esperienze religiose,* cit., p. 135.

l'universo delle religioni. Tutte le religioni hanno un rapporto preciso e specifico con l'immagine. Se solo alcune tra esse tendono a elaborare una teologia dell'immagine vera e propria, di ciascuna si possono rintracciare gli elementi dottrinali specifici a seconda del modo che essa ha di trattare l'immagine: di accoglierla e di servirsene, oppure di avere timore e di ostracizzarla. L'emancipazione delle antiche società porta con sé una riflessione critica sul contenuto arcaico del mito, determinando a sua volta la nascita delle filosofie e una umanizzazione e laicizzazione progressiva dell'immagine. Un tale approccio critico può svilupparsi in maniera particolare tra le culture religiose di matrice greco-giudaica, in quanto particolarmente sensibili al valore del *logos-parola*, concepito come principio di ordine e di comprensione. In tal senso, la condanna platonica dell'*eidolon* e della *mimesis* non è meno determinante dei vincoli di natura propriamente religiosa[43]. Per la Bibbia ebraica, la Parola di Dio è il principio della rivelazione profetica. A differenza delle cosmogonie babilonesi, la creazione biblica non implica alcuna lotta né contrasto, ma solo l'emissione della Parola divina: *in principio erat Verbum*[44]. In tal modo, si sviluppa all'interno dell'universo culturale greco-romano e giudeo-cristiano una complessa tensione tra parola e immagine[45], che non conosceranno mai, ad esempio, le religioni orientali. Questa tensione documenta la problematicità radicale dell'immagine in ambito religioso: come rappresentare ciò che sfugge alla comprensione dell'uomo, in quanto letteralmente incomparabile, incommensurabile, e che tutto racchiude in sé e tutto spiega?

---

[43] Cfr. Davide Zordan, *Filmare l'invisibile, linguaggio cinematografico ed esperienze religiose*, cit., p. 137; tra la vasta bibliografia cfr. Jean-Pierre Vernant, *Mito e pensiero presso i greci* (1965), tr. it. di M. Romano e B. Bravo, Einaudi, Torino 1970; Id., *Figure, Idoli e maschere* (1990), tr. it. di Adriana Zangara, Il Saggiatore, Milano 2001; Hans Belting, *Antropologia delle immagini* (2001), tr. it di S. Incardona, Carocci, Roma 2011.; Id., *Immagine, Medium, Corpo* (2005), tr. it. di Simona Pezzano, in A. Pinotti e A. Somaini (a cura di), *Teorie dell'immagine*, Raffaello Cortina, Milano 2009, pp. 73-98.

[44] Giovanni 1,1.

[45] Cfr. Amédée Ayfre, *Il senso cristiano del mondo delle immagini*, in «Rivista del cinematografo», 2, 1946, cit., p. 71.

L'assoluta trascendenza divina pone così un limite preciso all'iconicità, la quale è percepita come pericolosamente incline all'idolatria. Diversamente in Oriente, dove la problematica del soprannaturale non è mai posta nei termini rigorosi imposti dal monoteismo, le più antiche espressioni religiose tendono ad un impiego dell'immagine più immediato che esalta le forme e il cromatismo quali elementi di un approccio empatico al trascendente[46]. Ma solo con il cristianesimo la questione dell'immagine viene portata al cuore della propria dottrina su Dio e l'uomo. Con l'incarnazione di Cristo, infatti, tale questione non è più considerata un semplice problema di ordine etico e disciplinare, teso a salvaguardare l'integrità della rivelazione e la trascendenza divina, ma come una nozione teologica insostituibile. Nei vangeli l'atto di vedere diventa essenziale all'esperienza della fede: «Da tanto tempo sono con voi e tu non mi conosci Filippo? Chi vede me, vede il Padre»[47]. E allo stesso modo san Paolo afferma che Cristo è «icona del Dio invisibile»[48]. Queste affermazioni non si configurano come semplici concessioni iconiche, ma vanno alla radice più profonda della dottrina cristiana. Il Figlio è la perfetta immagine del Padre. L'umanità che egli assume incarnandosi diventa così l'immagine umana del suo essere Figlio, dunque il rimando visibile all'invisibile paternità divina. «L'uomo è allora "immagine dell'immagine": creato nel Figlio e chiamato a recuperare, grazie all'incarnazione salvifica e allo Spirito di filiazione, la somiglianza divina perduta a causa del peccato»[49]. È evidente come il cristianesimo e la sua arte rivelino un nuovo e ampio spazio dedicato alla rappresentazione. La tradizione cristiana, volendo salvaguardare l'unità dei due Testamenti, ha interpretato tale pratica in continuità, e non in contraddizione con l'interdetto della legge ebraica. Se l'Antico

---

[46] Cfr. Jitendra N. Banerjea, *The Development of Hindu Iconography*, Munshiram Manoharlal Publishers, Calcutta 1956; Giuseppe Tucci, *Teoria e pratica del mandala*, Ubaldini Editore, Roma 1969; David L. Snellgrove, *The Image of the Buddha*, Kodansha International, Paris 1978.

[47] Col 1,15.

[48] Gv 14,9.

[49] Davide Zordan, *Filmare l'invisibile, linguaggio cinematografico ed esperienze religiose*, cit., p. 139.

testamento annuncia il Nuovo, la sua esclusione delle immagini era la preparazione necessaria della nuova immagine neotestamentaria di Dio: «la proibizione di rappresentare il Dio invisibile contiene implicitamente la necessità di rappresentare Dio, una volta che le profezie si siano adempiute»[50]. L'antecedente dell'arte cristiana non è quindi l'idolo pagano, ma proprio il vuoto figurativo richiesto dalla Torah, «la mancanza dell'immagine nell'attesa dell'incarnazione»[51]. All'interno della famosa controversia sulle immagini dell'VIII secolo, l'esito teorico più importante è certamente rappresentato dal Secondo Concilio di Nicea (787)[52]. Tra gli interrogativi principali, la legittimità di raffigurare il Cristo e che cosa si raffigurasse tracciandone il ritratto. Colui che pretende di raffigurare solo l'umanità di Cristo cade nel nestorianesimo[53]. Ma com'è possibile rappresentare le due nature senza confonderle? Il conflitto fu allo stesso tempo teologico ed estetico; l'affermazione finale degli iconofili sugli iconoclasti segnala la vittoria dell'immagine sull'astrazione, conseguita però «mediante il ricorso ad una teoria mistica. Solo il misticismo poté salvare il culto delle immagini

---

[50] Leonid Uspenskij, *La teologia dell'icona* (1960), tr. it. di A. Lanfranchi, La casa di Matriona, Milano 1995, p. 11.

[51] Davide Zordan, *Filmare l'invisibile, linguaggio cinematografico ed esperienze religiose*, cit., p. 140.

[52] Tra la vasta bibliografia cfr. Maria Bettetini, *Contro le immagini*, Laterza, Bari 2006, cit., pp. 97-104; *Vedere l'invisibile, Nicea e lo statuto dell'Immagine*, Luigi Russo (a cura di), tr. it. C. Gerbino, Aesthetica, Palermo 1999; François Bœspflug, Nicolas Lossky, *Nicée II, 787-1987,* Cerf, Paris 1987.

[53] La dottrina prende nome da Nestorio, patriarca di Costantinopoli (ca. 381-451). Afferma la totale separazione delle due nature del Cristo, quella divina e quella umana, negandone l'unione ipostatica. Maria ha generato l'uomo Gesù, e non Dio, per cui rifiuta a Maria il titolo di «Madre di Dio» (*Theotókos*), riconoscendola solo come "Madre di Cristo" (*Christotókos*), e afferma che colui che fu nato da Maria era solo un uomo in cui poi Dio si incarnò. Riconosce la presenza in Cristo, piuttosto che di due nature, di due persone (dio e uomo), unite dal punto di vista "morale" più che sostanziale. L'umanità, il corpo di Gesù sarebbe stata una sorta di "tempio dello Spirito", in cui era accolta la divinità.

nell'impero d'Oriente»[54]. Secondo Tatarkiewicz infatti, l'avversione nei confronti del culto delle immagini era rimasta per lungo tempo latente in Asia Minore, influenzata da religioni e sette orientali, fino a giungere infine a Bisanzio. Nel cristianesimo, religione fortemente spiritualistica, questo atteggiamento ostile era sempre stato presente, e nella cultura bizantina, «che aveva dato di questa religione un'interpretazione trascendentistica»[55], l'iconoclastia non poteva che affermarsi di lì a poco: ciò accade non appena il trono imperiale viene occupato da imperatori provenienti dalla parte orientale dell'impero: «il predominio dell'iconoclastia è così un riflesso del predominio di una cultura orientale puramente spiritualistica»[56].

Zordan individua due tappe fondamentali all'interno di quel processo generale che conduce da una immagine pienamente ieratica alla sua graduale laicizzazione:

1) Nell'arte greca con Fidia e Prassitele le immagini degli dei non trascendono più quelle degli uomini in alcun elemento o sembianza, ad eccezione del carattere ideale della loro bellezza. «Il divino è totalmente umanizzato, e il bello è inteso come perfezione dell'essere»[57]; questa intuizione sarà ripresa e approfondita in ambito cristiano attraverso la teologia estetica[58].

2) Altro momento decisivo per la concezione occidentale dell'immagine è introdotto dall'arte gotica; «si cominciano a rappresentare, accanto alle realtà gloriose della fede, anche i misteri gaudiosi e dolorosi, con il loro peso di quotidianità e drammaticità»[59]. Ben presto e in maniera del tutto conseguente, cominciano ad essere rappresentati anche i soggetti profani: esito

---

[54] Władysław Tatarkiewicz, *Storia dell'estetica*. Vol. 2: *L'Estetica medioevale* (1970), tr. it. di M. Teresa Marcialis, Einaudi, Torino 1979, p. 51.

[55] *Ibidem.*

[56] *Ibidem.*

[57] Davide Zordan, *Filmare l'invisibile, linguaggio cinematografico ed esperienze religiose*, cit., p. 140.

[58] *Ibidem.*

[59] *Ibidem.*

ineluttabile del superamento della distinzione tra sacro e profano connesso al dogma dell'incarnazione[60].

Oggetto della rappresentazione non è più solamente il divino nel suo rivelarsi, ma l'umano, assunto in tutte le sue possibilità di incarnazione del divino.

Come afferma Ayfre:

> D'altronde, così umanizzandosi – democratizzandosi potremmo dire – l'immagine acquista una nuova funzione, che è quella di servire la intercomunicazione non soltanto tra l'uomo e Dio o le potenze soprannaturali, ma anche tra uomo e uomo. L'immagine moderna, in particolare, prolunga e propaga la presenza umana. Grazie ad essa, gli uomini divengono sempre più presenti gli uni agli altri da un punto all'altro del mondo[61].

Questa prassi esporrà l'arte cristiana al rischio di un ritorno al paganesimo, nel caso in cui essa non sia sostenuta da una fede attenta e da un conseguente discernimento teologico. Quando questo si verificherà con il Rinascimento, la reazione iconoclasta dei riformatori protestanti riaffermerà le ragioni di una fede cieca, che nasce dalla Parola e che nessuna immagine può pretendere di catturare. Per queste ragioni, «l'arte pittorica nata dalla pietà protestante si concentrerà maggiormente sull'essere umano e sul percorso intimo della fede che sul divino, il quale sfugge ineffabilmente alle mire idolatriche dell'uomo peccatore»[62]. L'esito maturo di questa percezione artistica saranno i ritratti di Holbein, Dürer, e Rembrandt. L'immagine non può cogliere l'essenza del fatto religioso se non di riflesso: nei tratti e nella figura di coloro che ne fanno esperienza. Osserviamo quindi come i percorsi dell'arte cristiana in Occidente segnalano, pur nell'approccio sostanzialmente positivo al mondo delle immagini, la persistenza di una problematica profonda: «nel momento stesso in cui l'immagine è posta, essa è allo

---

[60] Cfr. Jurgis Baltrušaitis, *Il Medioevo fantastico, Antichità ed esotismi nell'arte gotica* (1973), tr.it. di F. Zuliani, F. Bovoli, Adelphi, Milano 1993;

[61] Amédée Ayfre, *Contributi a una teologia dell'immagine*, Edizioni Paoline, Roma 1966, p. 63.

[62] Davide Zordan, *Filmare l'invisibile, linguaggio cinematografico ed esperienze religiose*, cit., p. 141.

stesso tempo negata nella sua autonomia rappresentativa»[63]. Il suo statuto resta incerto, a metà strada tra «un'affermazione indipendente del proprio spazio rappresentativo e un rimando a significati posti al di fuori di essa»[64]. Questa vasta problematica, da un lato eredita gli interrogativi della filosofia greca sull'immagine e la rappresentazione, e dall'altro sembra esprimere il paradosso stesso del cristianesimo, in perenne tensione tra il rilievo dell'esteriorità figurale e la via dell'interiorità spirituale, tra il dogma dell'Incarnazione e il duplice mistero dell'Ascensione e della Pentecoste. In maniera del tutto diversa l'arte ortodossa delle icone[65], rigettando il naturalismo e sottoponendo l'intuizione artistica a una ascesi rigorosa, sembra superare le incertezze di tutta l'arte figurativa occidentale, segnando un tentativo di sottrarre l'immagine all'arbitrio sia del suo artefice che del suo fruitore. L'immagine diventa così strumento di rivelazione del divino, essa è sacra perché la sua stessa materia è totalmente spiritualizzata, sottratta alla gestione autonoma dell'artista, che rimane sotto il velo dell'anonimato[66]. L'iconografo non inventa nulla, come il teologo ortodosso non aggiunge nulla alla Parola evangelica e alle meditazioni dei padri della Chiesa. Secondo il filosofo e matematico russo Pavel Florenskij[67], l'icona è

---

[63] *Ibidem.*

[64] *Ibidem.*

[65] È necessario distinguere l'icona tardo-antica da quella greco bizantina e dall'icona russa; in questo caso si sta facendo riferimento alle icone ortodosse russe. Tra la vasta bibliografia cfr. Ernst Kitzinger, *Il culto delle immagini* (1954), tr. it. di R. Garroni, La nuova Italia, Firenze 1992; Id., *Alle origini dell'arte bizantina. Correnti stilistiche nel mondo mediterraneo dal III al VII secolo* (1977), tr. it. e cura di P. Cesaretti e M. Andaloro, Jaca Book, Milano 2005; Hans Belting, *Il culto delle immagini. Storia dell'icona dall'età imperiale al tardo Medioevo* (1990), tr. it. di B. Maj, Carocci, Roma 2001.

[66] A proposito dell'icona russa cfr. Viktor Lazarev, *L'arte russa delle icone. Dalle origini all'inizio del XVI secolo (1971)*, tr. it. di D. Rescaldani, Jaca Book, Milano 2008; Leonid Uspenskij e Vladimir Losskij, *Il senso delle icone* (1952), tr. it. di M. G. Balzarini, Jaca Book, Milano 2007.

[67] Il riferimento a Florenskij non è casuale. Per Paul Schrader

un'apertura, un varco tra il mondo umano e quello divino. Questa si configura maggiormente come testimonianza spirituale che come opera d'arte. Nel segno visibile dell'icona si manifesta l'invisibile e la sua potenza irrompe così nel mondo terreno. L'icona è «conferma, annuncio per mezzo di colori del mondo spirituale»[68]. Appare in tal modo chiaro come secondo questa prospettiva, l'immagine non può essere pensata come la rappresentazione di un modello, la semplice raffigurazione di un originale. L'icona è un punto di vista sul mondo, e se tale punto di vista «non appartiene all'uomo ma a Dio e se esso, in quanto appartenente a Dio, è imperscrutabile, è altrettanto vero che la realtà di quello sguardo si rende non di meno totalmente tangibile, percepibile ed esperibile»[69]. Da questa lunga digressione emerge un fatto fondamentale: la centralità dell'immagine in ambito religioso. Il cinema, pur nascendo, a differenza delle altre arti, in un mondo ormai secolarizzato, non può prescindere dalla storia plurimillenaria delle concezioni iconiche che formano, anche in un contesto desacralizzato, un bagaglio di sensibilità implicite e di disposizioni profondamente radicate nella cultura e nella percezione generale dell'immagine.

Come afferma Paul Schrader:

Il cinema non è nato dalla pratica religiosa, ma ha un'origine totalmente profana, ed è figlio del capitalismo e della tecnologia: se un artista cinematografico religioso volesse tornare a queste origini, troverebbe solo imprenditori e tecnocrati. Quando il sacro prova a penetrare in un'arte costitutivamente profana come il cinema, possono verificarsi conseguenze insolite[70].

---

l'iconografia bizantina lega l'opera di Bresson a una modalità rappresentativa che ha le sue radici in Oriente e che è stata adottata da molte culture diverse. L'universalità dello stile trascendentale, che rende possibile accostare Bresson a Ozu, consiste proprio nella capacità di sintesi culturale che esso consente.

[68] Pavel Aleksandrovič Florenskij, *Le porte regali. Saggio sull'icona* (1922), a cura di E. Zolla, Adelphi, Milano 1977, p. 77.

[69] Chiara Cantelli, *L'icona come metafisica concreta, Neoplatonismo e magia nella concezione dell'arte in Pavel Florenskij*, «Aesthetica Preprint», n. 92, 2011, p. 23.

[70] Paul Schrader, *Il trascendente nel cinema* (1972), cit., p. 132.

1.1. Il Dio di Bazin

"Il fantastico al cinema è consentito solo dal realismo irresistibile dell'immagine fotografica. È essa ad imporci la presenza dell'inverosimile, a introdurlo nell'universo delle cose visibili"[71].

AP: Is cinema connected with spirituality for you?

Schrader: That's very difficult. Everything inside cinema rebels against spirituality.

Cinema is based on action and based on empathy. These are not elements in the transcendental toolkit. In many ways, people who try to do spiritual or contemplative films are working against the grain of the medium itself[72].

Fotografare il Divino, il Sacro o il Completamente Altro – queste le espressioni utilizzate da Schrader in riferimento al trascendente – non è ovviamente possibile, pena la dissoluzione della sua alterità. Ogni mimesi diretta del sacro è interdetta e i registi potranno limitarsi a riprendere l'esperienza umana del divino. Questo ci richiama alla mente quanto sostenuto dalla concezione iconoclastica, ovvero il divieto di rappresentare l'uomo-Dio. E questo rifiuto dell'immagine viene fatto risalire soprattutto alla proibizione dell'Antico Testamento di fare immagini di Dio, perché queste immagini sarebbero solamente degli idoli. Effetti e trucchi cinematografici sono stati utilizzati come comoda soluzione, ma quello che funziona per l'uomo invisibile[73] o per i viaggi sulla luna[74] non sembra adattarsi ai sentimenti religiosi:

Il film religioso di tipo convenzionale utilizza uno stile che promuove l'identificazione piuttosto che il confronto. Lo stile amplifica i mezzi

---

[71] André Bazin, *Che cosa è il cinema* (1972), tr. it. di A. Aprà, Garzanti, Milano 1986, p. 17.

[72] Jake Coyle, *Q&A: Schrader on «First Reformed», «Taxi Driver» and God*, in «AP News», 16/5/2018, URL = https://www.apnews.com/c7188983531e465db1ff4c2b57b77b34 (visto il 09/10/2019).

[73] *L'uomo invisibile* (*The Invisible Man*) è un film del 1933 diretto da James Whale, tratto dall'omonimo romanzo fantascientifico di H.G. Wells.

[74] *Viaggio nella Luna* (*Le Voyage dans le lune*) è un film muto del 1902 realizzato da Georges Méliès. È in genere considerato il primo film di fantascienza della storia del cinema.

temporali ricchi già in sé propri del cinema: il pubblico viene agevolato e incoraggiato nel suo desiderio di identificarsi nel personaggio e di lasciarsi coinvolgere nella trama e nell'ambientazione. Per un'ora o due lo spettatore può trasformarsi in quella figura santa e sofferente sullo schermo, mentre i suoi problemi personali, le sue colpe, i suoi peccati vengono sostituiti da preoccupazioni nobili e purificatrici. Il dramma spirituale, come il dramma romantico, diventa un modo per sottrarsi al dramma umano. Lo scontro tra umano e spirituale viene evitato. (…) ma questo non eleva lo spettatore al livello di Cristo, bensì abbassa Cristo al livello dello spettatore[75].

Se proviamo a ricostruire le argomentazioni di chi ha tentato, nella specificità stessa del cinema, di sostenere la possibilità di rappresentazione del sacro, rintracciamo due livelli di analisi, uno linguistico e l'altro ontologico, che vanno spesso a sovrapporsi. Per quanto riguarda questo secondo livello di analisi il nome di riferimento è indubbiamente André Bazin, padre della critica francese ed europea del dopoguerra. La rappresentazione fotografica dell'invisibile costituisce una prova non soltanto per il credente, ma anche per qualsiasi sostenitore di un approccio ontologico all'estetica del cinema, come è appunto quello di Bazin, che si pone costantemente il problema del rapporto tra l'immagine e la realtà alla quale essa rimanda[76]. Bazin afferma come sia in sostanza artificiale la distinzione fra un cinema consacrato all'espressione quasi documentaria della realtà, da un lato, e, dall'altro, la possibilità del fantastico e del sogno offerto dalla tecnica cinematografica. Fornendoci l'esempio del fantasma di *Our Town*[77], mostra come la sfida alla prospettiva e al buon senso, evidente in queste manifestazioni cinematografiche, diventi piuttosto imbarazzante non appena se ne prenda coscienza. L'utilizzo della sovrimpressione non può far altro che suggerire l'immaginario, ma «il suo valore descrittivo nell'evocazione del sovrannaturale risulta molto insufficiente»[78]. Ci affacciamo dunque sul tema centrale della riflessione di Bazin: l'immaginazione del cinema ha necessariamente

---

[75] Paul Schrader, *Il trascendente nel cinema*, cit., p. 140.

[76] Cfr. Gabriele Pedullà, *Perceval, Usa*, cit., p. XV

[77] *La nostra città* (*Our Town*) è un film del 1940 diretto da Sam Wood.

[78] André Bazin, *Che cosa è il cinema?* cit., p. 20.

bisogno della sua dose di realtà. La finzione vive nel suo rimando al reale:

> Ciò che importa è solo che si possa dire allo stesso tempo, che la materia prima del film è autentica e che, tuttavia, «è cinema». Allora lo schermo riproduce il flusso e il riflusso della nostra immaginazione che si nutre della realtà alla quale progetta di sostituirsi, la favola nasce dall'esperienza che essa trascende[79].

Bazin, scegliendo come punto di partenza per la propria riflessione il potere mimetico della fotografia piuttosto che il suo linguaggio, è costretto a confrontarsi direttamente con «la questione complementare dell'irrapresentabilità»[80]: il cinema rappresenta tutta la realtà? Che cosa non è in grado di mostrare? E che cosa deve astenersi da portare sullo schermo? Vediamo come il tema della rappresentazione della trascendenza coinvolge direttamente lo statuto ontologico del cinema stesso, in quanto le riflessioni dello studioso francese interessano i limiti e i confini, estetici e morali, del mezzo cinematografico. Bazin pone il problema di un'etica dello sguardo, e quindi di una sacralità della realtà inquadrata, che si presenta, non casualmente, dopo gli orrori della Seconda guerra mondiale. Il critico transalpino si interroga sulla rappresentabilità del cinema a partire da quello che considera il suo «realismo ontologico»; il cinema dovrebbe anzitutto astenersi dal portare sullo schermo quelle esperienze qualitativamente irripetibili della vita umana che sono l'atto sessuale e il decesso. Amore e morte si vivono e non si rappresentano, perché rappresentarli è violarne l'intima natura:

> La morte è per l'essere il momento unico per eccellenza. È in rapporto ad esso che si definisce retroattivamente il tempo qualitativo della vita. Esso segna la frontiera della durata cosciente e del tempo oggettivo delle cose. La morte non è altro che un istante dopo un altro, ma è l'ultimo. Senza dubbio nessun istante vissuto è identico agli altri, ma gli istanti possono somigliarsi come le foglie di un albero; di qui proviene il fatto che la loro ripetizione cinematografica è più paradossale in teoria che in pratica: l'ammettiamo nonostante la sua contraddizione ontologica come una sorta di replica oggettiva della memoria. Ma due momenti della vita sfuggono radicalmente a questa concessione della coscienza: l'atto sessuale e la morte. L'uno e altro sono alla loro maniera la negazione assoluta del tempo oggettivo: l'istante qualitativo allo stato puro. Come la morte,

---

[79] Ivi, p. 70.

[80] Gabriele Pedullà, *Perceval, Usa,* cit., p. XV.

l'amore si vive e non si rappresenta – non è senza ragione che lo si chiama la piccola morte – o almeno non lo si rappresenta senza violazione della sua natura. Questa violazione si chiama oscenità. La rappresentazione della morte reale è anch'essa un'oscenità, non più morale come nell'amore, ma metafisica. Non si muore due volte. La fotografia su questo punto non ha il potere del cinema, essa non può rappresentare che un agonizzante o un cadavere, non il passaggio impercettibile dall'uno all'altro. [...] Prima del cinema si conosceva solo la profanazione dei cadaveri e la violazione delle tombe. Grazie al film, si può violare oggi ed esporre a volontà il solo nostro bene temporalmente inalienabile. Morti senza requiem, eterni ri-morti del cinema![81]

Bazin non è preoccupato di censurare ma di giungere fino al limite estremo della rappresentabilità cinematografica, per afferrarne l'essenza. Del resto, osserva, c'è una censura che è intrinseca al mezzo cinematografico, e questa è l'immagine stessa. Qual è precisamente il suo potere di rappresentazione? Bazin prova a mettere a fuoco la questione:

Il cinema può dire tutto ma non mostrare tutto. Non ci sono situazioni sessuali, morali o no, scandalose o banali, normali o patologiche, la cui espressione sia proibita a priori sullo schermo, ma a condizione di ricorrere alle possibilità d'astrazione del linguaggio cinematografico[82].

Oltre alla morte e all'atto sessuale, esiste per Bazin un terzo confine invalicabile entro il quale la rappresentazione fotografica non può spingersi, ovvero il sacro. Emerge in questo aspetto, secondo Pedullà, l'attenzione di Bazin per i territori di frontiera, con un atteggiamento che ricorda quello di due pensatori del limite, Kant e Wittgenstein[83]. A questo proposito Wittgenstein afferma: «intuire il mondo sub specie aeterni è intuirlo quale tutto limitato. Sentire il mondo quale tutto limitato è il mistico»[84]. L'asserzione sintetizza una questione centrale del pensiero di Wittgenstein: i limiti del linguaggio come limiti del conoscibile e del pensabile sono un rinvio all'indicibile e all'ineffabile. Lo spalancamento all'indicibile lascia intravedere il senso del mondo come senso etico: il mistico. «D'altra

---

[81] André Bazin, *Che cosa è il cinema?* cit., p. 32.

[82] Ivi, p. 213

[83] Cfr. Gabriele Pedullà, *Perceval, Usa,* cit., p. XV.

[84] Ludwig Wittgenstein, *Tractatus logico-philosophicus* (1921), tr. it. di A. G. Conte, Einaudi, Torino 1964, p. 81.

parte il cinema è un linguaggio»[85], afferma Bazin, e allo stesso modo i limiti del mezzo cinematografico come limiti del rappresentabile sono un rinvio all'irrappresentabile, all'ineffabile. Bazin non ha mai dedicato un testo unitario alla questione del sacro, ma sono rintracciabili all'interno dei suoi scritti vari frammenti di differente estensione e importanza. Nell'ambito del sacro vale la stessa logica di quanto già affermato a proposito del doppio confine costituito da amore e morte: il cinema può evocare, ma non deve mostrare. Evocare significa andare alla ricerca di quegli spazi del reale quotidiano, e quindi di ciò che è rappresentabile, nei quali il sacro si riverbera. In *Santi si è solo dopo*, recensione del 1951 a *Cielo sulla Palude* di Augusto Genina, Bazin diversamente dalle reazioni degli altri critici, esprime un giudizio estremamente positivo. Pur riconoscendo come il film di Genina sia un film di circostanza, realizzato in occasione della canonizzazione della giovane Maria Goretti, secondo la sua visione il regista è riuscito ad elaborare una «fenomenologia della santità». Non solo perché ha rifiutato gli abbellimenti di circostanza e il simbolismo dell'iconografia tradizionale, ma perché non è caduto nella consueta trappola dell'agiografia:

La sua messa in scena: un rifiuto sistematico non solo di vederla altrimenti che dall'esterno e come la manifestazione ambigua di un fatto spirituale rigorosamente indimostrabile. La volontà apologetica delle biografie suppone, infatti, che la santità sia data a priori. [...] Ora, in via logica, come in via teologica, un santo lo è solo dopo: quando è canonizzato. [...] Il problema che si pone in cinema come in teologia è quello della retroattività della salvezza eterna. Ora in tutta evidenza non esiste un santo, ma solo un essere che lo diventa e che peraltro fino alla morte rischia di dannarsi. [...] Non è, non deve essere una santa quella che vediamo vivere, ma una piccola contadina. Gli obbiettivi non sono gli occhi della fede: il microfono non avrebbe potuto registrare le Voci di Giovanna d'Arco. Per questo *Cielo sulla palude* sembrerà agli spettatori abituati ad una apologetica che confonde la retorica con l'arte e le effusioni sentimentali con la grazia, un film disorientante. In un certo senso Genina si fa avvocato del Diavolo diventando il servitore della sola realtà cinematografica possibile. Ma così come il processo di canonizzazione si vince contro la parte civile di Satana, così la santità di Maria Goretti è servita nella sola maniera valida per un film che appunto non si propone di dimostrarla. Genina insomma ci dice: «Ecco Maria

---

[85] André Bazin, *Che cosa è il cinema?* cit., p. 10.

Goretti, guardatela vivere e morire. D'altra parte sapete che è una santa. Che quelli che hanno occhi per vedere leggano in filigrana l'evidenza della grazia così come dovete farlo ad ogni istante negli avvenimenti della vita». I segni che Dio fa ai suoi non sempre sono soprannaturali. Una biscia in un cespuglio non è il diavolo, ma il diavolo è lì ovunque[86].

Il merito del film di Genina pertanto non è solo artistico ma propriamente religioso. Il regista propone una «fenomenologia della santità», utilizzando solamente i mezzi cinematografici. Il resto è «un riflesso che riguarda le coscienze e non lo schermo»[87]. Bazin fissa in questo modo un principio di fondamentale importanza, stabilendo che l'elevazione spirituale e l'apertura al soprannaturale devono avvenire non nello spettacolo, ma semmai nello spettatore. Vi è in questo un implicito richiamo al concetto religioso di rivelazione: nei fenomeni del quotidiano ciò che per qualcuno è manifestazione e presenza del divino per altri non rimanda a nulla oltre il fenomeno stesso. Se nell'esistenza ciò dipende dalla soggettività dell'osservatore, al cinema l'immagine fotografica guida per la sua stessa essenza la percezione, educa perciò la perspicacia dello sguardo a cogliere la profondità del reale. Grazie all'impassibilità dell'obbiettivo il cinema conduce lo spettatore a ritrovare la visione originaria, non offuscata, delle cose e del reale. Tale visione, secondo Bazin, è necessariamente spirituale. L'immagine cinematografica non aggiunge nulla al reale. Lo rivela[88]. La sola realtà cinematografica possibile è quindi per Bazin il mondo dei fenomeni; si tratta allora di rappresentare non il meraviglioso e il miracolistico, ma una fenomenologia del sacro. La santità, per Bazin, può essere rappresentata solo attraverso la sua umanità. La rappresentazione del Cristo va al di là delle possibilità del mezzo cinematografico, così come il Padre e lo Spirito, mentre potrà essere rappresentata sullo schermo la natura umana del Cristo. Il cinema sacro, afferma Pedullà[89], prova un'irresistibile attrazione per l'eresia monofisita. L'immagine cristica appare così ridotta unilateralmente: o sul lato del tutto umano del Cristo sofferente, per sottolineare l'insostenibilità del dolore, alla quale deve sottomettersi il divino

---

[86] Ivi, pp. 321-322.

[87] Davide Zordan, *Filmare l'invisibile, linguaggio cinematografico ed esperienze religiose*, cit., p. 149.

[88] *Ibidem.*

[89] Gabriele Pedullà, *Perceval, Usa*, cit., p. XVII.

stesso, e che regge la trama del mondo; o sul lato di «una divinità luminosa, che si confonde facilmente con lo splendore "hollywoodiano – televisivo", con quella "sacralità" costruita, progettata, dall'industria dello spettacolo, e che fa dei corpi delle star le divinità atemporali della contemporaneità», come osserva Alessio Scarlato[90]. In questo modo viene sciolta la doppia natura del Cristo, poiché l'alterità del sacro è pensata come qualcosa che viene superata dalla sua umanità, o come qualcosa che viene progettata dall'uomo stesso. Il carattere di rappresentazione, di linguisticità del cinema non risolve però un problema ulteriore: «la presenza della realtà stessa nell'immagine»[91]. Nel cinema infatti non vige una dicotomia netta tra rappresentazione e realtà, assenza e presenza: come afferma ancora Bazin,

> La fotografia non è affatto l'immagine di un oggetto o di un essere, ma molto più esattamente la sua traccia. La sua genesi automatica la distingue radicalmente dalle altre tecniche di riproduzione. Il fotografo procede, con l'intermediario dell'obbiettivo, ad una vera impronta luminosa: a un calco [...] Il cinema realizza lo strano paradosso di ricalcarsi sul tempo dell'oggetto e di prendere oltre a ciò l'impronta della sua durata[92].

E quindi:

> È sempre sul piano dell'ontologia che l'efficacia del cinema prende origine. È falso dire che lo schermo sia assolutamente impotente a metterci «in presenza» dell'attore. Lo fa alla maniera di uno specchio (di cui si ammetterà che restituisce la presenza di quello che vi riflette)[93].

Bazin qui propone, anche se non in forma esplicita, «l'antinomia dell'immagine cristiana: l'immagine, l'icona divina non è un segno del soggetto umano, ma è presenza donativa del Dio-Padre attraverso il suo *Logos* incarnato, il Cristo»[94]. Il sacro nel cristianesimo vive questa doppia tensione, che può scivolare in eresia, tra l'invisibilità del Padre e il suo mostrarsi nella carne del Dio-*Logos*, del Cristo. Tra un'immagine che è presenza e al contempo è apertura sulla Luce

---

[90] Alessio Scarlato, *La zona del Sacro. L'estetica cinematografica di Andrej Tarkovskij*, cit., p. 28

[91] Ivi, p. 34.

[92] Andrè Bazin, *Che cosa è il cinema?* cit., p. 162.

[93] Ivi, p. 163.

[94] Alessio Scarlato, *La Zona del Sacro, L'estetica cinematografica di Andrej Tarkovskij,* cit., p. 35.

divina. In qualche modo Bazin e Schrader si trovano concordi sul fatto che gli effetti speciali costituiscono una prova troppo debole a favore della santità in quel processo di consacrazione che durante la proiezione si sviluppa nell'animo di ciascun spettatore. Méliès e DeMille sono pertanto assimilabili: l'uomo invisibile o le magie del regista e illusionista francese richiedono al pubblico un altro genere di volontaria sospensione dell'incredulità, finalizzata unicamente all'intrattenimento e destinata a esaurirsi al termine della proiezione. «I segni che Dio fa ai suoi non sempre sono soprannaturali»: in questa frase è racchiusa quasi tutta la concezione del cinema di Bazin[95]. Questa affermazione è fondata su una svalutazione del montaggio in quanto tale, e sulla stretta subordinazione dei suoi effetti all'istanza narrativa o alla rappresentazione realistica del mondo, considerate come lo scopo essenziale del cinema; il film ha come funzione essenziale quella di dare a vedere gli eventi rappresentati e non di dare a vedere se stesso in quanto film. Il suo sistema poggia su un postulato ideologico di base, a sua volta articolato in due tesi complementari:

- nella realtà, nel mondo reale, nessun evento è mai dotato di un senso del tutto determinato a priori; è ciò che egli designa con l'idea di una ambiguità immanente al reale.

- il cinema ha come vocazione ontologica quella di riprodurre il reale, rispettando quanto il più possibile questa caratteristica essenziale, producendo dunque delle rappresentazioni dotate della stessa ambiguità, o almeno sforzarsi di farlo. Questa esigenza si traduce in Bazin nella necessità per il cinema di riprodurre il mondo reale nella sua continuità fisica e fattuale.

Questo significa che è sufficiente la realtà di tutti i giorni per manifestare la presenza del Trascendente? La spiritualità del cinema per Bazin non è nella negazione del mondo o delle regole con cui esso si governa; la fotografia e il cinema ci insegnano a guardare il mondo in un modo del tutto nuovo e quindi ad amarlo:

Le virtualità estetiche della fotografia risiedono nella rivelazione del reale. Un riflesso sul marciapiede bagnato, il gesto di un bambino, non dipende da me distinguerli nel tessuto del mondo esterno; solo l'impassibilità dell'obiettivo, spogliando l'oggetto dalle abitudini e dai pregiudizi, da tutte le scorie spirituali di cui l'avvolgeva la mia percezione, poteva

---

[95] Gabriele Pedullà, *Perceval, Usa*, cit., p. XVII.

renderlo vergine alla mia attenzione e pertanto al mio amore[96].

Il miracolo del cinema deve avvenire pertanto nello spettatore, nella sua coscienza, non nello spettacolo e non sullo schermo. Come è evidente dal passo appena riportato, il Dio di Bazin si manifesta soprattutto «in veste di creatore»[97]; a ogni istante, senza infrangere le regole che ha dato, la creazione testimonia la sua grandezza. Il cinema può forse aiutare l'uomo a ritrovare la visione originaria delle cose: «L'immagine conta prima di tutto non per ciò che essa aggiunge alla realtà ma per ciò che ne rivela»[98]. Il critico francese inaugura in tal modo il realismo di tipo ontologico, il realismo di chi vede il cinema come la rivelazione del centro delle cose, che fa cogliere i personaggi non più tra gli oggetti ma in trasparenza: ecco lo splendore del divino, la rivelazione del vero, di quella impronta della realtà, di cui il cinema è replica fedelissima e suo stesso proseguimento. Bazin, infatti, rifiuta gli stacchi del montaggio[99] e predilige il piano sequenza, l'occhio che procede per investigazioni successive e continue nel tempo e nello spazio. Egli ha sempre mirato ad un cinema realistico, e in quanto realistico, «per ciò stesso religioso»[100]. In questo modo il critico francese finisce senza ammetterlo per sostenere quella che potremmo definire come la via orientale al trascendente; Schrader, lo vedremo in seguito, distingue tra una religione orientale e una religione occidentale. L'oriente ha cercato il trascendente all'interno del mondo, l'occidente al di fuori di esso. In effetti, per Bazin, Dio non è il mondo, ma non è neppure separato da esso: il creato in ogni momento ci ricorda la sua opera e la sua azione. Proprio per questo motivo l'immanenza potrà essere trascesa osservando in modo nuovo la realtà fisica e l'universo fenomenico che ci circonda. Il cinema quindi, secondo la famosa affermazione di Jacques Rivette in riferimento al cinema rosselliniano, «non dimostra più, mostra»[101]; non elabora i propri

---

[96] André Bazin, *Che cosa è il cinema?* cit., p. 9.

[97] Gabriele Pedullà, *Perceval, Usa*, cit., p. XVIII.

[98] André Bazin, *Che cosa è il cinema?* cit., p. 79.

[99] Cfr. Id., *Il montaggio proibito* in *Che cosa è il cinema?* cit., p. 63.

[100] Gabriele Pedullà, *Perceval, Usa*, cit., p. XVIII.

[101] Jacques Rivette, Lettera su Rossellini, in «Cahiers du Cinéma», 46, 1955, pp. 14-24, poi in *Il cinema di Jacques Rivette*, A. Aprà (a

materiali, e in tal modo ha il grande merito di non fornire nessuna risposta alle domande dello spettatore. Il pubblico è libero di trarre le conseguenze dalle immagini che scorrono davanti ai suoi occhi; i grandi bersagli polemici di Bazin sono infatti Ėjzenštejn con la sua teoria del «montaggio delle attrazioni» e il cinema classico americano. Entrambi tentano di imporre allo spettatore un giudizio calato dall'alto. L'essenziale delle concezioni baziniane consiste in quei pochi principi che lo conducono a ridurre considerevolmente lo spazio concesso al montaggio: il montaggio proibito, la trasparenza e il rifiuto del montaggio fuori raccordo. Per il critico francese, il neorealismo italiano, Renoir e i nuovi autori di Hollywood, in particolar modo Orson Welles e William Wyler, servendosi del piano sequenza e della profondità di campo, hanno il merito di elaborare immagini molto più complesse, lasciando così l'occhio dello spettatore libero di vagare, scegliendo in tutta autonomia su quali dettagli soffermarsi. Come ha scritto Serge Daney[102], nel cinema post-classico la superficie piatta e respingente dello schermo ha qualcosa dello specchio. Il cinema predetto da Bazin, e che qualche anno dopo verrà chiamato cinema moderno, non assume alcuna posizione, e rispedisce al mittente tanti interrogativi irrisolti tra quelli sorti durante la proiezione. Questa solitudine dello spettatore, che non viene più accompagnato per mano dal regista e deve cavarsela da solo, lo responsabilizza e lo pone dinnanzi alle proprie scelte morali. Ha imparato a vedere: ora dovrà imparare a formulare il proprio giudizio. «La crisi conoscitiva deve condurlo ad una crisi esistenziale»[103].

1.2. L'ontologia dell'immagine cinematografica e il concetto di durata.

È necessario osservare come Bazin concepisca un modello evoluzionistico delle tecniche visuali, che congiunge in successione la pittura, la fotografia e il cinema. Le tecniche meccaniche ottocentesche hanno permesso di affrancare le arti figurative dal

---

cura di), Quaderno informativo, 62, Pesaro, X Mostra Internazionale del Nuovo Cinema, 1974, pp. 15-24

[102] Serge Daney, *La rampe*, Cahiers du cinéma/Gallimard, Paris 1983. p. 210, cit. in Gabriele Pedullà *Perceval, Usa*, cit., p. XVIII.

[103] Gabriele Pedullà, *Perceval, Usa*, cit., p. XIX.

faticoso compito di rappresentare il mondo con esattezza e precisione: la fotografia svincola la pittura dall'ossessione realista permettendole di recuperare una propria autonomia estetica. Nell'articolo dedicato all'*Ontologia dell'immagine cinematografica*, presenta in modo nitido il nucleo teorico del suo pensiero, ovvero il legame costitutivo tra immagine cinematografica, di cui quella fotografica è un antecedente, e la realtà. Si tratta di un legame inteso come diretta conseguenza delle possibilità e delle caratteristiche del dispositivo cinematografico, invenzione tecnologica in grado di proporre una riproduzione quanto più possibile fedele del nostro mondo. Il cinema, grazie alla sua genesi meccanica, si configura come una impronta digitale del reale: sulla pellicola viene impressa una traccia in grado di aderire alla vita e di mostrare la vera natura delle cose e degli esseri umani. La linea direttiva individuata vede come suo obiettivo finale, appunto, una riproduzione del reale, colto però nel suo scorrere, nella sua imprevedibilità. Bazin considera l'origine delle arti plastiche da un punto di vista psicoanalitico, individuando il motivo della nascita di pittura e scultura in quello che viene definito il «complesso della mummia». La fotografia in questo modo esaudisce l'aspirazione inconfessata che da sempre accompagna l'arte figurativa, fissare l'istante e renderlo eterno:

La religione egizia diretta interamente contro la morte faceva dipendere la sopravvivenza dalla perennità materiale del corpo. Essa soddisfa con ciò un bisogno fondamentale della psicologia umana: la difesa contro il tempo. La morte non è che la vittoria del tempo. Fissare artificialmente le apparenze carnali dell'essere vuol dire strapparlo al flusso della durata: ricondurlo alla vita[104].

La difesa contro il tempo e la morte a partire dalla salvezza delle apparenze fisiche, che è all'origine della pratica egizia dell'imbalsamazione, sarebbe la funzione primaria non soltanto della statuaria religiosa, ma di tutte le arti plastiche, della scultura e della pittura[105], che tentano di strappare l'essere a quello che Bazin, facendo riferimento al pensiero di Henri Bergson[106], definisce il

---

[104] André Bazin, *Che cosa è il cinema?* cit., p. 3.

[105] Cfr. Hans Belting, *Immagine, Medium, Corpo*, cit., pp. 80- 81; Cfr. Jean Baudrillard, *Lo scambio simbolico e la morte* (1976), tr. it. di G. Mancuso, Feltrinelli, Milano 2002.

[106] Per Bergson l'idea di tempo scientifico, omogeneo e reversibile,

«flusso della durata»[107]. Con l'evoluzione della civiltà, la credenza nella funzione magica viene a cadere e all'imbalsamazione si sostituisce il ritratto, che certamente non sottrae il modello alla morte fisica ma lo salva dalla morte spirituale, perpetuandone il ricordo. Seguendo questa direzione, l'avvento della fotografia dapprima e del cinema poi sarebbero il compimento dell'aspirazione della pittura occidentale, che trova le sue radici in un bisogno psicologico, a sostituire il mondo reale con un suo doppio. La conseguenza è che la nascita dell'immagine fotografica costituisce in questa visione un evento fondamentale per l'evoluzione delle stesse arti plastiche. A metà del XIX secolo, l'invenzione della fotografia con la sua oggettività essenziale ha permesso infatti alla pittura e alla scultura di liberarsi dalla ossessione per la rassomiglianza, di abbandonare la tendenza al verosimile e al realismo per guadagnare una nuova autonomia estetica. Sarà l'occhio fotografico, l'obiettivo che si sostituisce all'occhio umano, a prendere su di sé il carico del realismo, valendosi, grazie alla sua genesi automatica, «di un transfert di realtà dalla cosa alla sua riproduzione, che ci costringe a credere all'esistenza dell'oggetto ri-presentato»[108]. La nascita del

---

quantitativo e calcolabile, che si limita a riprodurre l'idea dello spazio geometrico, deve essere rifiutata poiché totalmente inadeguata in quanto ciò che viene misurato non è l'intervallo di tempo in sé, ma solo una porzione di spazio. Arriva ad affermare che l'intervallo di durata non conta dal punto di vista della fisica e che essa riesce a cogliere solo la proiezione della traiettoria spaziale e non il movimento in sé. Ciò che registra la durata reale è la singola coscienza per la quale il tempo è inesteso e non divisibile, qualitativo ed eterogeneo, non misurabile ed irreversibile. Per Bergson la psicologia e la filosofia possono divenire rigorose solo accettando il fatto che i fatti di coscienza sono solo qualità pura e non ammettono misurazione, cioè rinunciando all'idea positivistica di ridurre la realtà spirituale all'ordine dello spazio e del numero.

[107] Cfr. André Bazin, *Un film bergsoniano «Le mistère Picasso»*, in *Che cosa è il cinema?* cit., p. 190 – 198.

[108] Daniela Angelucci, *"Una sorpresa perpetua". Il mistero Picasso e la pittura al cinema*, in *predella.it,* URL = http://www.predella.it/archivio/index3375.html?option=com_content&view=section&id=14&Itemid=109 (visto il 22/4/2019).

cinema porta a compimento il processo di adesione al reale avviato dalla fotografia, aggiungendo all'immagine delle cose quella del loro movimento e della loro continuità, e dunque la vita:

> Il film non si contenta più di conservare l'oggetto avvolto nel suo istante, come, nell'ambra, il corpo intatto degli insetti di un'era trascorsa; [...] Per la prima volta, l'immagine delle cose è anche quella della loro durata e quasi la mummia del cambiamento[109].

Ciò che viene mostrato nel film non è una semplice riproduzione, ma l'oggetto stesso reso eterno e libero dai suoi aspetti contingenti, e non privato tuttavia del suo movimento: è, per tale motivo, un'impronta digitale della realtà. La realtà di cui parla Bazin non coincide con un modello nel quale il film deve proporsi come *mimesis*, come fedele copia del reale; si tratta invece, di realizzare la possibilità che tra tutte le arti soltanto il cinema possiede: restituire il tempo in sé, o utilizzando proprio l'espressione bergsoniana, restituire la sua durata[110]. A questo proposito Daniela Angelucci afferma:

> L'idea della vita come durata reale vuole in primo luogo definire il tempo come flusso ininterrotto che procede creando senza sosta, come un'evoluzione non meccanicistica, ma contrassegnata dalla novità. Al contrario delle rappresentazioni matematiche di cui disponiamo, la nostra coscienza ci dice che il nostro vissuto è un divenire, un fluire non rappresentabile con il tempo «spazializzato» delle scienze fatto di istanti separati e omogenei, la cui fissità non è altro che una illusione della nostra percezione[111].

Scrive Bergson in *L'evoluzione creatrice*, testo del 1907 in cui, paradossalmente, il cinema è usato proprio come esempio di quello che secondo il filosofo è il contrario della durata, ovvero il movimento illusorio della percezione:

> Il reale è soltanto il cambiamento continuo di forma: la forma non è altro che un'istantanea presa su una transizione. Anche in questo caso dunque la nostra percezione si adopera per solidificare in immagini discontinue la continuità fluida del reale[112].

---

[109] André Bazin, *Che cosa è il cinema?* cit., p. 9.

[110] Cfr. Daniela Angelucci, *"Una sorpresa perpetua". Il mistero Picasso e la pittura al cinema*, cit.

[111] *Ibidem.*

[112] Henri Bergson, *L'evoluzione creatrice* (1907), tr. it. di F. Polidori,

Volendo seguire questa direttrice tematica circa la possibilità di una restituzione cinematografica del tempo come divenire, vedremo nei capitoli successivi come questa si rivelerà centrale nella teoria del cinema, portando ad esempio conseguenze decisive nel pensiero di Gilles Deleuze. Bazin, riflettendo su questa tematica, dedica uno scritto che porta nel titolo questa lapidaria definizione: un film bergsoniano. L'opera cinematografica in questione è *Le mystère Picasso*[113], diretta dal regista e sceneggiatore Henri-Georges Clouzot, uno dei protagonisti del cinema noir francese degli anni Quaranta. Nel film dedicato a Picasso il regista abbandona la declinazione narrativa e realista che aveva caratterizzato molti dei suoi drammi polizieschi, per indagare invece l'enigma della creatività e mostrare il pittore mentre lavora. Alle prime linee tracciate sulla tela si aggiungono, tramite la tecnica del montaggio, di piano in piano, altri tratti e colori, per arrivare alla composizione di una figura che infine risulta compiuta. Il cinema, proprio grazie alla sua natura meccanica, arriva a rivelare in questo modo i vari «quadri che stanno sotto al quadro», come afferma nel corso del film lo stesso Picasso.

Ciò che rivela *Le mystère Picasso* non è quello che già sapevamo, la durata della creazione, ma che questa durata può essere parte integrante dell'opera stessa, una dimensione supplementare, stupidamente ignorata allo stadio conclusivo. Più esattamente, finora non conoscevamo che «dei quadri», sezioni verticali di una colata creatrice più o meno arbitrariamente troncata dall'autore stesso, dal caso, dalla malattia o dalla morte. Ciò che Clouzot finalmente ci rivela è «la pittura», cioè un quadro che esiste nel tempo, che ha la sua durata, la sua vita e qualche volta – come alla fine del film – la sua morte[114].

Quello che viene escluso a priori dal regista è l'idea di proporre un messaggio o di fornire una spiegazione. Picasso non è in grado di dare una chiave della sua arte, i suoi atti non si succedono alla maniera dei rapporti causa-effetto, ma, si potrebbe dire, come una serie continua di effetti. In questo senso il significato del film,

---

Raffaello Cortina, Milano 2002. L'ultimo capitolo di *L'evoluzione creatrice* porta il titolo: *Il meccanismo cinematografico del pensiero e l'illusione meccanicistica*. Qui Bergson paragona l'illusoria percezione di un falso movimento fatto di una serie di istanti omogenei alla successione di fotogrammi cinematografici.

[113] *Il mistero Picasso* (1956).

[114] André Bazin, *Che cosa è il cinema?* cit., p. 192.

secondo Daniela Angelucci, è «profondamente bergsoniano»[115]: ogni tratto dipinto dall'artista appare allo spettatore come totalmente inaspettato, poiché è una creazione che nasce da un'altra creazione, e quindi in un certo qual modo la vita che genera la vita: «Solo il cinema poteva risolvere radicalmente il problema, far passare le approssimazioni grossolane dal discontinuo al realismo temporale della visione continua; far finalmente vedere la durata stessa»[116]. C'è infine da considerare un aspetto importante dell'immagine cinematografica, del tutto assente nell'analisi di Bazin: la riproducibilità tecnica. Introdotta dalla fotografia e ormai pervasiva nel mondo dei mass media contemporanei, a tal punto che gli studiosi accordano un rilievo sempre maggiore a questo aspetto, fino a parlare di era della simulazione. L'immagine tecnica, in quanto seriale e anonima[117], non solo non appartiene alla realtà, come sosteneva Bazin, ma non riproduce più alcun prototipo esterno: essa dissolve l'originale. Sembra essersi verificato, secondo Zordan, un superamento completo sia della visione platonica dell'immagine come copia sensibile dell'idea, di ogni atteggiamento religioso, tanto iconofilo quanto iconoclasta. Al contrario Horst Bredekamp nell'articolo *The Simulated Benjamin: Medieval Remarks on its Actuality*[118] individua la produzione di centinaia di copie di figure devozionali della Vergine, ognuna delle quali è stata investita di magici poteri curativi. Come osserva lo studioso tedesco, il potere curativo del reliquiario è trasferibile e questo vale anche per l'opera d'arte. Attraverso la riproduzione, il potere della santità e della guarigione può essere trasferito. In tal modo non viene meno l'elemento sacrale e cultuale dell'immagine, come per Benjamin, ma come è accaduto nelle tecniche incisorie, nel tardo Medioevo e nel

---

[115] Daniela Angelucci, *"Una sorpresa perpetua". Il mistero Picasso e la pittura al cinema*, cit.

[116] André Bazin, *Che cosa è il cinema?* cit., p. 193.

[117] Cfr. Walter Benjamin, *L'opera d'arte nell'epoca della sua riproducibilità tecnica* (1936), tr. it. di E. Filippini, Einaudi, Torino 2000.

[118] Cfr. Horst Bredekamp, *The Simulated Benjamin: Medieval Remarks on its Actuality*, in «Art in Translation», Volume 1, 2009 - Issue 2, pp. 285-301.

Rinascimento, la moltiplicazione dell'immagine sacra consente di conservare nelle sue riproduzioni il potere miracoloso dell'originale.

Nella società moderna ad una eccedenza visiva si accompagna una povertà teoretica[119], un'incapacità di vedere in profondità: guardare senza vedere, il monito del profeta[120] e dell'evangelista[121], «si attualizza in una modernità che è allo stesso tempo epoca della panvisibilità e del mutismo dell'immagine»[122]. Di fronte a una problematica di tale portata, è chiaro che la sola immagine, intesa quale elemento base del discorso cinematografico, non basta a garantire la densità di un contenuto spirituale o religioso. Per Bazin, il reale è spirituale, e l'immagine partecipa del reale; ma come afferma Davide Zordan:

all'epoca dell'immagine di sintesi tale doppia, fiduciosa affermazione non è più comprensibile. Quale sia dunque lo spazio del religioso e del soprannaturale al cinema, non può essere l'immagine fotografica, col suo presunto realismo, a stabilirlo. Solo il linguaggio filmico, la tecnica e lo stile, possono rispondere a tale questione. Nello stesso tempo, essi contribuiranno forse a strappare l'immagine dall'insignificanza che la minaccia, in ragione della sua stessa proliferazione pletorica. Non sarà proprio filmando e mostrando l'invisibile, che il cinema potrà risvegliare la nostra percezione apatica, per cui tanto spesso guardiamo senza vedere?[123]

---

[119] «Una iconologia critica è oggi un bisogno urgente, dal momento che la nostra società è esposta al potere dei mass media in un modo che non ha precedenti»: Hans Belting, *Immagine, Medium, Corpo*, cit. p. 76.

[120] Is 6,9.

[121] Mt 13,14; Mc 8,18.

[122] Davide Zordan, *Filmare l'invisibile, linguaggio cinematografico ed esperienze religiose,* cit., p. 158.

[123] Ivi, p. 159.

Capitolo secondo - Lo stile trascendentale

2.0. Il concetto di mimesis.

«La trascendenza è stata oggetto del dibattito filosofico fin da Platone, del dibattito estetico fin da Plotino»[124], afferma Schrader. La poetica platonica vede nella *mimesis* uno dei mezzi per la ricerca della verità, ovvero per la ricerca, nel campo del sensibile, di quella dimensione metafisica che, con modalità differenti, sta alla radice di tutto il pensiero greco. Il termine *mimesis* tiene insieme due elementi fondamentali del pensiero greco; da un lato vi è il richiamo alla *physis*, natura, che sottolinea il carattere imitativo e dall'altro alla *techne,* intesa come tecnica e produzione, che ne spiega invece il carattere poietico. Ciò che i greci intendevano per *mimesis* non coincide quindi con una semplice riproduzione dell'esistente:

> Punto di partenza per un discorso materialistico sull'arte è il concetto di mimesis. Ma la mimesis collegata alla imitazione, come riflesso della realtà, non risolve i problemi della significazione. Né il recupero del concetto della dialettica, volto a risarcire la produzione del reale, con una «selezionabilità» immediata e il distacco, conseguente, del realismo dal naturalismo (realismo critico), riescono a superare le secche di una concezione imitativa. Ci si muove ancora in un campo elementarmente antropomorfico, inadeguato a fissare le categorie dell'umano e del disumano come categorie estetiche e troppo schematico per intendere la drammatica contraddizione di una espressione, che vuole significare «qualcosa di diverso da quello che è»[125].

La *mimesis* imita la natura, ma allo stesso tempo questa imitazione aggiunge qualcosa all'ente imitato. Questo supplemento dell'imitazione rispetto all'ente imitato è riconducibile alla dimensione della *mneme*, la memoria: scopo dell'imitazione non è pertanto riprodurre il dato esistente, ma simularne il tratto celebrando la realtà del passato. Per Edoardo Bruno infatti:

> L'elemento nuovo, in questa riconsiderazione della mimesis, consiste [...] nella sostituzione della pura imitazione con un atteggiamento attivo della costruzione immaginativo-concettuale, su cui poggia la nuova ipotesi realizzata e cui si può far risalire la nascita del mito, della religione e

---

[124] Paul Schrader, *Il trascendente nel cinema*, cit., p. 5.

[125] Edoardo Bruno, *Film: Altro Reale*, Edizioni il Formichiere, Perugia 1978, p. 7.

dell'arte[126].

Secondo Platone per giungere alla verità occorre prescindere dalla molteplicità degli enti sensibili e risalire dal sensibile al mondo delle idee, a quell'intelligibile che sta al di là di questo mondo. L'immagine che scaturisce dalla pura imitazione del sensibile è un *eidolon*[127], come la definisce Platone, un'immagine dell'apparenza. Ma vi è anche un'immagine di tipo differente, quella che nasce dall'imitazione del vero essere, una volta che si sia andati oltre ogni apparenza e si sia scorto ciò che veramente è. L'imitazione di questo tipo di oggetto, pur essendo sensibile, è capace di evocare il soprasensibile e consiste in ciò che Platone definisce *eikon*, un'immagine del vero essere[128]. La duplicità della *mimesis* si coglie proprio nella duplicità di *eikon* ed *eidolon*, icona e idolo, che attraversa tutta la riflessione platonica sull'arte e sull'immagine e che avrà sviluppi al di là di Platone, arrivando a influenzare l'iconografia bizantina[129]. La *mimesis* dovrà quindi cessare di rivolgersi esclusivamente al sensibile, cercando invece, attraverso questo,di rappresentare il soprasensibile, producendo in tal modo icone sensibili, prendendo a modello gli unici oggetti visibili che nel mondo sensibile possono ricordare l'essere invisibile: *ta kalá*, le cose belle. Il progetto di mimesi filosofica platonica è sintetizzato dal

---

[126] *Ibidem.*

[127] Cfr. Pl, Sofista 235 D – 236 D Ed. italiana consultata: *Platone tutti gli scritti*, a cura di Giovanni Reale, Bompiani, Milano 2000.

[128] Per Platone il concetto di *eikon* è essenzialmente legato al mondo sensibile e visibile come *mimesis* della "verità" quale è il mondo delle idee, e ha perciò un senso tendenzialmente negativo, che tuttavia si affievolisce negli ultimi dialoghi; Cfr. Platone, *Fedro* 250 B; *Rep.*, 597 E – 603 B; per la posizione negli ultimi dialoghi, cfr. *Tim.*, 29 B ;92 C. Ed. italiana consultata: *Platone tutti gli scritti*, cit., pp. 280 – 281.

[129] Cfr. Ernst Cassirer, *Eidos ed eidolon. Il problema del bello e dell'arte nei dialoghi di Platone* (1922), tr. it. di M. Carbone, Raffaello Cortina, Milano 2009; Cfr. i saggi disponibili in ed. it. in Jean-Pierre Vernant, *L'immagine e il suo doppio. Dall'era dell'idolo all'alba dell'arte*, tr. it. di P. Conte, Mimesis, Milano 2011.

mito di Er con cui il filosofo chiude la *Repubblica*[130]. Come commenta Pietro Montani,

> Il racconto di una ascesi nell'aldilà compiuta da un soldato che, creduto morto in battaglia, è condotto dal demone nell'oltretomba e, una volta tornato tra i viventi, è in grado di raccontare l'invisibile. [...] È un tentativo di evocare per mezzo di immagini (come tali sensibili e mimetiche) ciò che nel mito viene definito più volte *to ekei*, l'oltre, ovvero quella dimensione soprasensibile e metafisica che è la vera cifra del pensiero platonico. [...] In questo *mythos* Platone cercherà [...] di portare a rappresentazione l'invisibile non, come i poeti, attraverso una *eidolon* ma per mezzo di un'*eikon*, o di un *symbolon* [...]: un'immagine in cui il sensibile sia contrassegno del soprasensibile, in cui cioè il sensibile e soprasensibile si ricompongano in un tutto[131].

Con l'avvento del cristianesimo il concetto di *mimesis* cambia in modo radicale:

> La concezione che fa di ogni ente visibile un segno del soprasensibile si impone come una necessità logica in una visione come quella cristiana, secondo la quale l'ente è ente creato da Dio e ogni creatura è ontologicamente «impegnata» con il suo creatore[132].

I simboli della visione cristiana non sono però i *symbola* dell'antichità classica, termine meglio traducibile con contrassegno e non con simbolo. Il *signum* della visione cristiana poggia su una visione del mondo, in cui il sensibile tende a essere risolto nel soprasensibile[133], e così ridotto a significante di quest'ultimo, diviene semplice segno o immagine. In verità la religione cristiana, in quanto religione dell'incarnazione divina è, tra le grandi religioni

---

[130] Cfr. Pl, *Rep* X 614 B – 615 C. Ed. italiana consultata: *Platone tutti gli scritti*, cit., pp. 1322-1323.

[131] Pietro Montani, *Arte e verità dall'antichità alla filosofia contemporanea*, Laterza, Roma-Bari 2002, p. 74.

[132] Ivi, p. 119 -120.

[133] Nell'antichità classica sensibile e soprasensibile costituiscono due ambiti distinti e autonomi, entrambi dotati di una realtà a sé stante. Cfr. sull'argomento, tra la vasta bibliografia, Hans Belting, *La vera immagine di Cristo* (2005), tr. it. di A. Cinato, Bollati Boringhieri, Torino 2007; M.-J. Mondzain, *L' immagine che uccide. La violenza come spettacolo dalle Torri gemelle all'Isis* (2015), tr. it. di E. Montagner, EDB, Bologna 2017.

monoteistiche, quella più legata alla dimensione del sensibile della corporeità:

Il sensibile richiamato dal cristianesimo [...] smette di essere qualcosa di primo e perde la consistenza ontologica che aveva nell'antichità. [...] San Paolo [...] nella *I Epistola ai Corinzi* afferma che l'intera realtà ci è resa accessibile *per speculum et in aenigmate* (*1 Cor* 13,12), ovvero come in uno specchio attraverso il quale poter indirettamente interpretare il più ampio disegno provvidente di Dio. Secondo questo presupposto ogni cosa esprime sempre anche un altro significato oltre quello che presenta a prima vista. Per la coscienza medievale ogni ente, prima di essere questa o quella determinata cosa, è già sempre altro da sé. È ente creato da Dio, e come tale, immagine che sta innanzitutto a testimoniare del suo artefice e per questo ha valore simbolico. Questa alterità dell'essenza della cosa rispetto alla sua esistenza sensibile è alla base del simbolismo medievale e spiega il modo, assolutamente inedito rispetto all'antichità, in cui l'uomo medievale concepiva la verità: ricercandola non nelle cose stesse, ma nelle cose in quanto simbolo di altro[134].

Secondo il critico cinematografico Alessandro Cappabianca tutte le immagini contengono una componente di mistero, in quanto «tutte le immagini hanno a che fare con il Sacro»[135]: Dio stesso infatti ha formato l'uomo a sua immagine e somiglianza, dando vita così al primo autoritratto. Cristo è immagine di Dio e rappresentazione dell'invisibile, dell'ineffabile, e immagine perfetta del mistero dell'incarnazione. Se tutte le immagini hanno a che a fare con il Sacro, una riflessione sull'immagine cinematografica dovrà certamente tener conto di questo aspetto. Ermelinda Campani stabilisce un curioso paragone tra l'atteggiamento del credente nei confronti dell'icona e quello dello spettatore nei confronti dello spettacolo cinematografico:

Per il credente l'icona sta per un mondo che è lì, invisibile, ma presente. [...] Per i credenti l'immagine religiosa assume le caratteristiche di un mondo che è più reale di quello tangibile e visibile attorno a noi, l'immagine è qualcosa di archetipico che ha creato e che informa il mondo visibile[136].

---

[134] Pietro Montani, *Arte e verità dall'antichità alla filosofia contemporanea*, cit., pp. 119-121.

[135] Alessandro Cappabianca, *Il cinema e il sacro*, Le Mani, Recco Genova, 1998, p. 142.

[136] Ermelinda M. Campani, *Cinema e sacro. Divinità, magia e*

Quanto appena descritto mostra diverse analogie con l'esperienza dello spettatore cinematografico, spettatore a suo modo di un rito, misterioso e simbolico, come l'icona:

> La condizione dello spettatore è ambigua; è solitudine e socialità, come il cinema è, allo stesso tempo, luce e ombra: lo spettatore è in mezzo a persone che non vede, invece vede bene e si identifica con immagini di persone che non ci sono. [...] Per guardare il film, è necessario che lo spettatore si lasci coinvolgere completamente dal rituale che lo accompagna, che ceda alla potente seduzione evocativa delle immagini, che partecipi della realtà metafisica e sacrale dello spazio cinematografico fatto di misteriose apparizioni e di apparenze, epifania del sacro e sua sovversione. Il cinema è sacro proprio nel senso di epifania, come manifestazione. I mistici, tra cui Agostino, spiegano l'esperienza religiosa soprattutto come una esperienza di visione[137].

Fin dagli esordi la sala cinematografica si è connotata come luogo in cui è possibile mostrare ciò che comunemente non è visibile; questo già dalle prime esperienze dei fratelli Lumière, che mandavano in giro i loro operatori per offrire al pubblico le meraviglie dell'Egitto, o per far provare le sensazioni dell'arrivo di un treno in stazione. Il cinema alle origini appariva come qualcosa di misterioso e sovrumano perché capace di riprodurre il movimento e la vita, facoltà estranea alle altre arti. Gian Piero Brunetta afferma:

> Già prima dell'invenzione del cinematografo lo schermo su cui si proiettava la luce della lanterna magica è stato specchio del visibile, ma soprattutto soglia o ponte, elemento di separazione e congiunzione tra visibile e invisibile. Il lenzuolo appeso, o anche il semplice muro, hanno assunto, volendone valorizzare l'aspetto simbolico, una funzione spirituale del tutto identica all'iconostasi[138].

Brunetta si riferisce in particolare alla definizione di iconostasi di Pavel Florenskij:

> L'iconostasi è la visione. [...] questa gruccia della spiritualità, l'iconostasi materiale non è che celi qualcosa ai fedeli [...] ma anzi addita ad essi, mezzi ciechi, il mistero del santuario, dischiude ad essi, storpi e sciancati,

---

mistero sul grande schermo, Gremese, Roma 2003, p. 150.

[137] *Ivi*, pp. 150-151.

[138] Gian Piero Brunetta, *Visibilità e iconosfera dal cinema alla televisione*, in «aut aut», n. 309, maggio - giugno 2002, cit., pp. 69-80: 72; Cfr. sull'argomento Mauro Carbone, *Filosofia-schermi. Dal cinema alla rivoluzione digitale,* Raffaello Cortina, Milano 2016.

l'ingresso nell'altro mondo[139].

Commentando la definizione florenskiana Natalino Valentini mette in luce come la funzione dell'iconostasi sia:

> quella di aprire delle finestre e attraverso i suoi vetri luminosi "vedere calare i vivi testimoni di Dio". [...] Dietro l'iconostasi, nel santuario, non si cela nessun "segreto" in senso esoterico, nulla del "numinoso", ma essenzialmente il mistero del santo che dischiude all'Invisibile[140].

Allo stesso modo quella possibilità di uno sguardo verso un Altrove, verso quella dimensione dell'ineffabile dove viene meno la linea di demarcazione tra realtà e immagine, è inscritta profondamente nel linguaggio cinematografico.

2.1. Una prima formulazione di «stile trascendentale».

La risposta di Paul Schrader al problema del rapporto tra sensibile e intelligibile, del come mostrare l'ineffabile e l'indicibile, assume la forma della ricerca di uno «stile trascendentale»[141]. Con questa definizione lo sceneggiatore americano intende una «forma universale di rappresentazione»[142] che cerca di esemplificare attraverso l'arte cinematografica, la tensione dell'uomo verso ciò che va oltre la dimensione sensibile, verso il sacro inteso come «Completamente altro»[143], secondo la celebre definizione di Rudolf

---

[139] Pavel Florenskij, *Le porte regali. Saggio sull'icona* (1922), tr..it. di E. Zolla, Adelphi, Milano 1977, pp. 56-57.

[140] Natalino Valentini, *Volti dell'anima russa. Identità culturale e spirituale del cristianesimo slavo- ortodosso,* Paoline, Roma 2012, cit., p. 244.

[141] Paul Schrader, *Il trascendente nel cinema,* cit., p. 3.

[142] Ivi, p. 9.

[143] «Rudolf Otto reserved the term "numinous experience" for experiences allegedly of a reality perceived of as "wholly other" than the subject, producing a reaction of dread and fascination before an incomprehensible mystery (Otto, 1957). In the sense used here, Otto's "numinous" experience is but one kind of numinous experience», voce *Mysticism,* in *Stanford Encyclopedia of Philosophy,* URL = https://plato.stanford.edu/search/searcher.py?query=nominous (visto il 01/10/2019). Cfr. Rudolf Otto, *Il sacro: l'irrazionale nella idea del divino e la sua relazione al razionale,* cit., pp. 34- 40; Cfr. Paul

Otto. Nella sua opera, *Il sacro: l'irrazionale nella idea del divino e la sua relazione al razionale*, Otto indaga i caratteri dell'esperienza del sacro, un'esperienza da lui giudicata terrificante e irrazionale. Individua infatti il sentimento di terrore davanti al sacro, davanti a quel *mysterium tremendum*[144], e dinnanzi alla *majestas*[145] che si rivela come una schiacciante superiorità di potenza. Allo stesso modo la paura religiosa davanti al *mysterium fascinans*[146], dischiude la pienezza perfetta dell'essere. Queste esperienze sono indicate da Rudolf Otto come numinose, (dal latino *numen*, dio), in quanto determinate dalla rivelazione della potenza divina. Mircea Eliade sembra confermare quanto sostenuto da Otto:

> Il numinoso [...] non assomiglia a nulla di umano né di cosmico; nei suoi confronti l'uomo ha la sensazione della propria nullità, di "non essere che una creatura" e, come dice Abramo quando si rivolge al Signore, "nient'altro che cenere e polvere" (Genesi, 18,27)[147].

Secondo Schrader, nello stesso modo in cui culture distanti tra loro hanno trovato modi simili per esprimere analoghi mondi spirituali, così nel cinema registi senza alcun rapporto diretto tra loro hanno creato uno stile comune, che costituisce un modo di accostarsi al trascendente. Yasujiro Ozu in Giappone, Robert Bresson in Francia, per certi versi Carl Dreyer in Danimarca e altri registi, sono riusciti a creare un comune modello di film. Il fulcro di questa visione schraderiana viene così caratterizzato:

> Questo modo di fare cinema non è stato determinato né dalla personalità, né dalla cultura, né dalla visione politica, economica o morale dei registi, ma è il risultato di due fattori universali: il desiderio di esprimere il trascendente nell'arte e la specificità del mezzo cinematografico[148].

Lontano dal realismo psicologico, lo stile trascendentale riesce ad esprimere uno stato spirituale attraverso un uso austero della macchina da presa, una recitazione scarna e un montaggio ridotto all'essenziale:

Schrader, *Il trascendente nel cinema*, cit., p. 5.

[144] Cfr. Rudolf Otto, *Il sacro*, cit., pp. 22-40.

[145] Ivi, pp. 28-32.

[146] Ivi, pp. 42-51.

[147] Mircea Eliade, *Il sacro e il profano* (1956), trad.it. di Edoardo Fadini, Boringhieri, Torino 1973, p. 13.

[148] Paul Schrader, *Il Trascendente nel cinema*, cit., p. 3.

La trama, la recitazione, la caratterizzazione psicologica, le tecniche di ripresa, la musica, i dialoghi, il montaggio. Nei film di stile trascendentale questi elementi sono, per dirlo in termini elementari, inespressivi, cioè non esprimono né una determinata cultura né un tipo di personalità: sono ridotti alla stasi. Lo stile trascendentale stilizza la realtà eliminando (o quasi) gli elementi ai quali viene principalmente delegata la rappresentazione dell'esperienza umana e spogliando le interpretazioni convenzionali della realtà del loro valore e della loro forza. È come la messa: trasforma l'esperienza in un rituale che può essere ripetutamente trasceso[149].

Schrader, conscio della difficoltà del compito di cui si fa carico, per prima cosa scinde la definizione di «stile trascendentale», chiarendo in un primo momento i due termini singolarmente e in seguito propone una definizione possibile dello stile da lui individuato. Il trascendente è ciò che va oltre la normale esperienza dei sensi, mentre ciò che viene trasceso è per definizione l'immanente. Parte della confusione circa questo termine è di carattere semantico, in quanto ha assunto diverse accezioni e significati a seconda che questo sia stato interpretato da filosofi[150], teologi, psicologi e studiosi di estetica. I filosofi e gli artisti in genere hanno spesso ceduto alla tentazione di ricavare la categoria del trascendente da quella a loro più vicina, definendo quest'ultimo attraverso l'esperienza umana della trascendenza. Secondo la visione schraderiana il termine «trascendentale» può indicare:

1) il sacro o l'ideale in sé, ciò che Rudolf Otto ha chiamato il «Completamente Altro»;

2) il trascendentale, azioni e opere umane che manifestano qualcosa del trascendente, ciò che Mircea Eliade ha indicato con il termine «ierofanie»[151].

---

[149] Ivi, p. 11.

[150] A questo proposito è interessante quanto messo in evidenza da Gilles Deleuze in riferimento a Schrader: «Diversamente da Kant, gli americani non distinguono affatto il trascendentale dal trascendente», cit. in Gilles Deleuze, *L'Immagine-Tempo*, *Cinema 2* (1985), tr. it. di L. Rampello, Einaudi, Torino 2017, p. 18.

[151] Cfr. Mircea Eliade, *Il sacro e il profano*, cit., pp. 14-16.

3) la trascendenza, intesa invece come esperienza religiosa umana, può essere spiegata come un profondo bisogno della psiche: derivante da una nevrosi come nella visione di Freud[152], oppure da una forza esterna, «Altra» (Jung)[153].

Allo stesso modo, Schrader sottolinea, come questi termini possano anche riguardare forme differenti di arte sacra:

1) opere che informano[154] lo spettatore/lettore/ascoltatore sulla natura del trascendente, che «per la loro intima essenza provengono direttamente dal trascendente stesso»[155]. Con questa definizione Schrader fa riferimento a opere quali la natura incorrotta intesa come rivelazione comune o le sacre scritture, la rivelazione speciale. Ma questa categoria esiste esclusivamente «a livello teorico dal momento che molti teologi considerano le varie Scritture come una mera espressione del divino»[156].

2) opere che esprimono il trascendente riflesso nell'uomo, ovvero opere che riescono ad essere espressione del Completamente Altro più che della personalità dei singoli artisti che le hanno prodotte (le icone bizantine o i giardini zen).

3) opere che esprimono non il trascendente ma l'umano che fa esperienza del trascendente, come «i dipinti espressionisti o un qualunque romanzo psicologico sulla conversione religiosa»[157].

In modo analogo la nozione di «stile» è soggetta, secondo lo sceneggiatore americano, ad una possibile confusione semantica, in quanto può assumere differenti accezioni. Per Wylie Sypher questo termine indica una «contemporanea visione del mondo»[158], ovvero il

---

[152] Cfr. Sigmund Freud, *L'avvenire di un'illusione* (1927), tr. it. di E. Ganni, Einaudi, Torino 2015.

[153] Cfr. Carl Gustav Jung, *Opere. Vol. 11: Psicologia e religione* (1979), tr. it. di E. Schanzer e L. Aurigemma, Boringhieri, Torino 1992.

[154] Corsivo presente nel testo originale.

[155] Paul Schrader, *Il trascendente nel cinema*, cit., p. 5.

[156] *Ibidem.*

[157] *Ibidem.*

[158] Cfr. Wilye Sypher, *Rococo to Cubism in Art and Literature*, Alfred A. Knopf, New York 1960, p. XIX, cit. in Paul Schrader, *Il trascendente nel cinema*, p. 8.

risultato di una cultura con determinate caratteristiche storico-geografiche. Allo stesso tempo può riferirsi all'espressione individuale, secondo la definizione di Raymond Durgnat: «creazione di un mondo personale, soggettivo e non oggettivo»[159]. Diversamente può anche riferirsi a ciò che Heinrich Wölfflin ha chiamato «le forme più ampie della rappresentazione»[160]. Nel suo saggio Schrader si riferisce proprio a quest'ultima definizione, intendendo la nozione di stile nel senso «primitivo o classico, ossia come l'espressione di concetti simili in forme simili da parte di culture differenti tra loro»[161]. La definizione di Wölfflin prende in considerazione ciò che è universale, non soffermandosi su ciò che vi è di particolare nei diversi mezzi di espressione, ed è per questo che è «particolarmente adatta a descrivere uno stile che cerca di rappresentare il Completamente Altro attraverso culture e personalità divergenti»[162].

Dopo aver riflettuto su questi concetti lo sceneggiatore americano può ora dedicarsi a una definizione possibile di «stile trascendentale». Dal punto vista semantico quest'ultimo è «una forma cinematografica universale che esprime il trascendente»[163], e si configura come la sintesi di due premesse:

1) esistono delle ierofanie, cioè delle manifestazioni del sacro in grado di esprimere il trascendente nella società (Eliade);

2) vi sono forme di rappresentazione artistica comuni a culture differenti (Wölfflin)[164].

A questo proposito Schrader è piuttosto elusivo, limitandosi a spiegare questo doppio riferimento con una semplice nota; infatti, per quanto riguarda il metodo da lui denominato Eliade-Wölfflin[165], Schrader afferma:

---

[159] Cfr. Raymond Dugnant, *Films and Feelings*, Faber & Faber, London 1967, p. 30, cit. in Paul Schrader, *Il trascendente nel cinema*, p. 8.

[160] Cfr. Heinrich Wölfflin, *Concetti fondamentali della storia dell'arte* (1915), tr. it. di R. Paoli, Longanesi & C., Milano 1953, p. 59.

[161] Paul Schrader, *Il trascendente nel cinema*, cit., p. 8.

[162] *Ibidem*.

[163] *Ibidem*.

[164] Ivi, p. 9.

[165] Ivi, p. 8.

Ad ogni modo, sarà presto evidente che il mio metodo non rende giustizia né a Eliade né a Wölfflin. Sono più interessato di Eliade alla tecnica e alla teoria di alcuni artisti contemporanei e più interessato di Wölfflin al significato metafisico. Il termine Eliade-Wölfflin è più associativo che descrittivo[166].

A detta di chi scrive, consultando le fonti primarie è possibile ricostruire la questione nel seguente modo. Secondo Mircea Eliade l'uomo prende coscienza del sacro in quanto esso si manifesta come qualcosa di completamente diverso dall'ambito del profano. Questa manifestazione viene indicata con il termine ierofania, «che è comodo, tanto più in quanto non implica alcuna precisazione supplementare: non esprime niente di più di quanto è intrinseco al suo contenuto etimologico, vale a dire che *qualcosa di sacro ci si mostra*»[167]. Dalle manifestazioni religiose più primitive a quelle più elaborate è riscontrabile un susseguirsi di ierofanie, ovvero di manifestazione di realtà sacre: dalla manifestazione del sacro in un oggetto qualsiasi, una pietra o un albero, alla ierofania suprema, che per un cristiano è l'incarnazione di Dio in Gesù Cristo. Vi è sempre il medesimo atto misterioso, la manifestazione di una realtà non appartenente al nostro mondo, in oggetti che fanno parte integrante del nostro mondo naturale e profano. Eliade evidenzia il paradosso insito in qualsiasi ierofania, anche la più elementare:

Nella manifestazione del sacro, un oggetto qualsiasi diventa *un'altra cosa,* senza cessare di essere *sé stesso*, in quanto continua a far parte del proprio ambiente cosmico che lo circonda. Una pietra *sacra* rimane una pietra; apparentemente (o più esattamente: da un punto di vista profano) nulla la distingue da tutte le altre pietre. Al contrario, per coloro ai quali una pietra si rivela sacra, questa tramuta la sua realtà immediata in realtà soprannaturale. In altre parole, per coloro che hanno un'esperienza religiosa, tutta la Natura può rivelarsi come sacralità cosmica. Il Cosmo nella sua totalità può diventare una ierofania[168].

Per quanto riguarda il secondo riferimento, quello concernente Wölfflin, è da intendersi come afferma lo stesso Schrader in senso associativo rispetto a quanto appena esposto.

---

[166] *Ibidem.*

[167] Mircea Eliade, *Il sacro e il profano*, cit., p. 14

[168] Ivi, p. 15.

Wölfflin sostiene che nella storia degli stili emerga una serie di concetti che si riferiscono alla figurazione come tale e si possa pensare quindi ad una evoluzione storica del modo di vedere dell'occidente, «in cui le diversità del carattere individuale e nazionale non hanno più una grande importanza»[169]. Nel capitolo intitolato *Le forme più ampie della rappresentazione*[170] Wölfflin si pone l'obbiettivo di indagare il carattere della concezione artistica che è alla base delle arti figurative nei diversi secoli. L'evoluzione storica dell'arte moderna viene dallo studioso svizzero riassunta nelle seguenti cinque coppie di concetti:

1. Il passaggio dal lineare al pittorico, cioè «dal concretarsi della linea come via e guida dell'occhio alla sua graduale svalutazione»[171]; nel primo caso si «sentono» gli oggetti sulla base dei loro elementi tattili, contorno e superfici, intesi come valori precisi e tangibili. Nel secondo caso si coglie l'aspetto visibile delle cose nel loro complesso, «come un'apparenza ondeggiante»[172].

2. Il passaggio dalla visione in superficie alla visione in profondità; non si tratta di una differenza qualitativa ma di un'innovazione, che non riguarda una maggiore capacità di rappresentazione della profondità spaziale, ma «costituisce un modo di figurazione fondamentalmente diverso, così come anche lo "stile delle superfici" non è per noi lo stile dell'arte primitiva, ma compare soltanto in un periodo in cui si dominano completamente le leggi dello scorcio e della prospettiva»[173].

3. Il passaggio dalla forma chiusa a quella aperta; ogni opera d'arte «deve costituire un tutto conchiuso in sé ed è trovare in essa un difetto quando si riscontra che non ha, in sé, i suoi limiti»[174]. L'interpretazione di questa esigenza muta in maniera evidente nel XVI/XVII secolo, a tal punto che paragonata alla forma più

---

[169] Heinrich Wölfflin, *Concetti fondamentali della storia dell'arte*, cit., p. 56

[170] Cfr. Ivi, p. 59.

[171] Ivi, p. 61.

[172] Ivi, p. 62.

[173] *Ibidem.*

[174] Ivi, p. 63.

«sciolta»[175] del barocco, la composizione classica si configura indubbiamente come l'arte della forma chiusa.

4. Il passaggio dalla molteplicità all'unità; in un sistema di composizione classica, le singole parti pur strettamente connesse tra di loro, mantengono una loro autonomia. Lo spettatore in questo caso deve procedere seguendo le varie articolazioni, e si tratta in questo caso di un'operazione ben diversa da quella richiesta dalla visione integrale, voluta dal XVII secolo. In entrambi i casi ci si trova davanti ad una unità, diversamente dal periodo preclassico in cui non è possibile riscontrare questo concetto. Nel primo caso questa unità è «ottenuta mediante l'armonia di parti indipendenti, nell'altro è raggiunta mediante la riduzione di tutte le parti a un solo motivo, oppure con la subordinazione di tutti gli altri elementi ad un solo, predominante»[176].

5. La chiarezza assoluta e la chiarezza relativa della realtà oggettiva; da una parte abbiamo la rappresentazione delle cose così come sono, rese percepibili tattilmente e plasticamente. Dall'altra la raffigurazione delle cose come appaiono, viste nella loro totalità e secondo le loro qualità non plastiche. «Non occorre più spiegare dinanzi agli occhi la forma nella sua compiutezza, ma basta dare i punti di riferimento essenziali»[177]. In uno degli ultimi capitoli del libro Schrader, facendo riferimento a uno studio sul sacro nell'arte di Gerardus van der Leeuw[178], traccia una prospettiva storica delle arti dalla loro origine nelle pratiche religiose al loro attuale stato laico. Secondo van der Leeuw all'inizio ogni forma d'arte è un tutt'uno con la religione. Nei secoli si assiste però progressivamente a una rottura di quest'unità. Il principale responsabile di questa rottura è il Rinascimento e la sua enfasi conferita alla naturalezza e allo sforzo individuale. Diversamente Bazin in *Ontologia dell'immagine fotografica,* punto di partenza delle riflessioni schraderiane, afferma che non c'è mai stata una originaria unità tra religione e arte, e che l'arte, in particolare la pittura, è sempre stata divisa fra due

---

[175] *Ibidem.*

[176] Ivi, p. 64.

[177] *Ibidem.*

[178] Cfr. Gerardus van der Leeuw, *Sacred and Profane Beauty: The Holy in Art* (1957), tr. ingl. di D. E. Green, Oxford University Press, Oxford-New York 2006.

aspirazioni: «una propriamente estetica – l'espressione delle realtà spirituali dove il modello viene ad essere trasceso dal simbolismo delle forme –, l'altra che non è che un desiderio tutto psicologico di rimpiazzare il mondo esterno col suo doppio»[179]. Ma dall'altro Bazin condivide con van der Leeuw l'idea secondo cui lo spirituale nell'arte ha dovuto gradualmente soccombere al realismo: «la prospettiva è stata il peccato originale della pittura occidentale»[180]. Allo stesso modo Titus Burckhardt:

Ciò che rende definitiva e in qualche modo irreversibile la dissacrazione dell'arte non è tanto la scelta dei temi o dei soggetti quanto la scelta del linguaggio formale, dello «stile». Nulla potrebbe illustrare questa legge meglio dell'introduzione della prospettiva matematica nella pittura «rinascimentale», una prospettiva che è semplicemente la logica del «punto di vista» individualistico, ossia del soggetto individualistico che prende se stesso come centro del mondo. Il naturalismo sembra captare il mondo visibile qual è nella realtà «oggettiva» soprattutto perché proietta la continuità puramente mentale dell'individuo sul mondo esterno, per ciò stesso rendendolo povero e duro e svuotandolo di ogni mistero, mentre la pittura tradizionale si limita a trascrivere dei simboli, lasciando alla realtà le sue profondità insondabili[181].

Diversamente il cinema non è nato dalla pratica religiosa, ma ha un'origine totalmente profana, ed è «figlio del capitalismo e della tecnologia»[182]. In questo senso Schrader, secondo Alessandro Canadè[183], si inserisce all'interno di quella riflessione sul cinema e riproducibilità tecnica la cui posizione teorica più celebre è sicuramente quella di Walter Benjiamin. Nel saggio *L'opera d'arte*

---

[179] André Bazin, *Che cosa è il cinema,* cit., p. 5; Il desiderio psicologico di «salvare l'essere mediante l'apparenza» che il cinema porta a compimento aggiungendo all'oggettività fotografica la riproduzione del tempo è il già citato «complesso della mummia» di cui parla il critico francese.

[180] Ivi, p. 6.

[181] Titus Burckhardt, *L'arte sacra in Oriente e in Occidente,* *L'estetica del sacro* (1976), tr. it. di E. Bono, Bompiani, Milano 2003, p. 135.

[182] Paul Schrader, *Il trascendente nel cinema,* cit., p. 132.

[183] Cfr. Alessandro Canadè, *Paul Schrader. Tecniche di sceneggiatura e pratiche di regia nella New Hollywood,* Le Mani, Recco 2004, p. 22.

nell'epoca della sua riproducibilità tecnica Benjamin considera l'avvento della tecnica e della nuova arte di massa come un fenomeno fortemente positivo, in quanto pone fine a una concezione aristocratica dell'arte, togliendola dal dominio sacrale e rendendola così accessibile a tutti. Dal suo punto di vista l'opera d'arte contiene in sé due valori tra loro opposti: quello cultuale e quello espositivo. Con i vari metodi di riproduzione tecnica il valore espositivo è notevolmente cresciuto, fino a quando con la fotografia e ancora di più con il cinema il valore di esponibilità ha sostituito quasi del tutto il valore cultuale. La riproduzione dell'opera d'arte non comporta dunque una perdita di qualità, ma piuttosto una desacralizzazione, che favorisce un'esperienza laica della cultura e sostituisce il valore rituale[184]. All'opposto il caso di registi come Ozu e Bresson sono testimonianza di come il cinema sia diventato non profano, ma progressivamente sacro. Lo «stile trascendentale» è uno stile che utilizza mezzi precisi; angolazioni della macchina da presa, dialoghi, montaggio per raggiungere obbiettivi trascendentali. Tali obbiettivi si basano sulla convinzione che una verità spirituale possa essere raggiunta solamente «disponendo in modo neutro oggetti e immagini gli uni a fianco alle altre, e a questa verità non è possibile arrivare con un approccio soggettivo, individuale o culturale»[185]. Schrader insiste sul fatto che lo stile trascendentale può essere applicato anche a film che trattano temi non necessariamente religiosi. Molti infatti sono i registi che hanno utilizzato questo stile, ma soltanto pochi, hanno avuto il rigore e la costanza di usarlo in modo esclusivo. Elementi e porzioni di questo stile sono rintracciabili nei film di molti autori tra loro differenti: Michelangelo Antonioni, Roberto Rossellini, Pierpaolo Pasolini, Budd Boetticher, Jean Renoir, Kenji Mizoguchi, Luis Buñuel, Andy Warhol, Michael Snow, Bruce Baillie. Uno degli aspetti che complicano la riflessione sullo stile trascendentale risiede proprio nel fatto che i suoi tratti si mescolano con qualsiasi altro stile possibile:

La passione di Giovanna d'Arco di Dreyer può essere definito per esempio un film trascendentale che indulge nell'espressionismo, Il Vangelo secondo Matteo di Pasolini un film trascendentale che si abbandona al

---

[184] Cfr. Walter Benjamin, *L'opera d'arte nell'epoca della sua riproducibilità tecnica,* cit.

[185] Paul Schrader, *Il trascendente nel cinema,* cit., p. 9

realismo marxista, e *I sette assassini* (*Seven men from now*) di Boetticher come un film trascendentale che cede al realismo psicologico[186].

Due sono invece i registi che hanno incarnato a pieno questo stile: Yasujiro Ozu in Oriente e Robert Bresson in Occidente. Nonostante i loro film siano il prodotto di culture ricche e sofisticate, osserva Schrader, il ciclo della famiglia e ufficio di Ozu e quello della prigione dei film di Bresson, elaborano uno stile assai simile nella rappresentazione del trascendente. Diversamente Dreyer pur mostrando delle affinità con Bresson nella rappresentazione del Completamente Altro, specialmente in *Ordet*, non ha mai realizzato un intero ciclo di film servendosi di questo stile. Lo stile trascendentale è pertanto una specifica forma filmica, «non intrinsecamente trascendentale o religiosa, ma costituisce una via (un tao, nel senso più lato del termine) di accostarsi al trascendente che varia di volta in volta, mentre le finalità e i metodi rimangono nella loro essenza gli stessi»[187]. Lo stile trascendentale rifugge da tutte le interpretazioni convenzionali della realtà: il realismo, il naturalismo, lo psicologismo, il romanticismo, l'espressionismo, e, in particolar modo il razionalismo. Per l'artista trascendentale «questo tipo di interpretazioni convenzionali della realtà non sono altro che costruzioni emotive o razionali escogitate dall'uomo per ridurre o esaurire il valore del divino spiegandolo»[188]. Inoltre sono individuabili all'interno del saggio diverse analogie tra lo stile trascendentale e le espressioni primordiali della religione e dell'espressione artistica. La principale è sicuramente quella stabilita da Schrader tra stile trascendentale e arte primitiva, in quanto questa mostra evidenti legami con le credenze religiose. Se suddividiamo l'arte in primitivismo e classicismo come ha fatto Waldermar Deonna[189], lo stile trascendentale ricade indubbiamente nel primo campo:

Usando le dicotomie di Deonna, si può affermare che lo stile

---

[186] Ivi, p. 10.

[187] Ivi, p. 3.

[188] Ivi, p. 11.

[189] Cfr. Waldemar Deonna, *Primitivism et classicism: The Two Faces of Art History*, in Wylie Sypher (a cura di), *Art history, An Anthology of Modern Criticism*, Vintage Books, New York 1963.

trascendentale preferisce l'irrazionalismo al razionalismo, la ripetizione alla variazione, il sacro al profano, l'ascetismo alla mondanità, il realismo intellettuale al realismo visivo, una visione bidimensionale a una tridimensionale, la tradizione alla sperimentazione, la recitazione spersonalizzata alla caratterizzazione[190].

Secondo lo sceneggiatore americano l'affinità tra lo stile trascendentale e il primitivismo si basa sul fatto che entrambi presentano «una visione del mondo che include l'umanità e il cosmo in un'armonia profondamente sentita, e questo costituisce l'essenza della loro religiosità»[191]. Il doppio riferimento a Wölfflin e Deonna mostra l'attenzione di Schrader per l'individuazione di forme comuni di rappresentazione; queste vengono considerate al di là dell'aspetto geografico, culturale e temporale. Egli stesso chiarisce come la dicotomia classico-primitivo non è da intendersi necessariamente in senso cronologico, ma si possa riscontrare in tutte le culture[192].

All'interno del saggio, nei tre capitoli successivi all'introduzione, dedicata a chiarire le questioni terminologiche e semantiche, Schrader organizza il discorso nel seguente modo; per ognuno dei tre registi da lui presi in esame, per prima cosa mette in risalto la loro personalità, esaminando in seguito i fattori principali che vanno oltre questo aspetto e derivano dalla cultura di appartenenza. Infine definisce ciò che va oltre gli aspetti culturali descrivendo lo stile trascendentale, inteso come «forma universale di rappresentazione»[193]. Questo stile si articola in tre momenti successivi: quotidianità, scissione, stasi. Nei tre capitoli vi si ritrovano inoltre puntuali riferimenti alle precedenti forme artistico-religiose: per Ozu le arti zen della pittura, del giardinaggio e dell'haiku, per Bresson l'iconografia bizantina, per Dreyer l'architettura gotica.

---

[190] Paul Schrader, *Il trascendente nel cinema*, cit., p. 11.

[191] Ernst Vatter, *Religiose Plastik der Naturvolker* (1926), cit. in Robert Goldwater, *Primitivism in Modern Art*, Vintage Books, New York 1963, p. 26, cit. in Paul Schrader, *Il trascendente nel cinema*, p. 11.

[192] Cfr. Paul Schrader, *Il trascendente nel cinema*, cit., p. 11.

[193] Ivi, p. 9.

Nel mio lavoro mi soffermerò principalmente sui primi due casi, in quanto come dichiara lo stesso Schrader sebbene Carl Dreyer utilizzi largamente lo stile trascendentale, i suoi film non sono rigorosi come nel caso dei registi precedenti. «Il regista danese ha espresso il Completamente Altro in modo simile a Bresson, specialmente in *Ordet*, ma non ha mai realizzato un intero ciclo di film servendosi dello stile trascendentale»[194].

2.2. Lo stile trascendentale nell'opera di Yasujiro Ozu.

Il cinema di Yasujiro Ozu esemplifica, secondo Schrader, lo stile trascendentale in Oriente: nei suoi film questo stile è naturale, radicato nel suo mondo, e ciò per le caratteristiche stesse della cultura giapponese. L'arte orientale, e in particolare l'arte Zen, aspirano al trascendente. L'oriente ha sviluppato una cultura millenaria modellata su una concezione affine per certi versi a quanto neoplatonici e scolastici hanno teorizzato e in certi casi hanno tentato di dar vita[195]. Un'arte anonima nella quale «tutto ciò che è verità, non importa da chi provenga, ha le sue origini nello Spirito»[196]. Fin dal principio lo Zen ha approfondito l'esperienza trascendentale, e il trascendente ha trovato possibilità di espressione non solo nella religione e nelle arti, ma anche in differenti attività appartenenti alla vita di tutti i giorni. Dall'altra parte lo Zen non apprezza alcuna forma di astrazione che potrebbe derivare da un termine come "trascendenza". Lo sceneggiatore americano, rifacendosi al contributo di Daisetzu T. Suzuki[197], mette in luce come qualsiasi ricorso alla parola non venga apprezzato all'interno della concezione Zen, e prendendo atto di questo atteggiamento si potrà affermare piuttosto che lo Zen opera all'interno del «regno della trascendenza»[198]. In tal senso, per Schrader, il compito di Ozu si

---

[194] Ivi, p. 10.

[195] Cfr. Paul Schrader, Il trascendente nel cinema, cit., p. 13.

[196] Sant'Ambrogio su I *Corinzi* 12,3, cit. in Tommaso d'Aquino, *Summa Theologiae*, I-II,109 I ad I, cit. in Paul Schrader, *Il trascendente nel cinema*, p. 13.

[197] Cfr. Daisetzu T. Suzuki, *The Role of Nature in Zen Buddhism*, in *Zen Buddhism*, Doubleday, Garden City 1956.

[198] Ivi, pp. 253-256.

limita semplicemente ad adattare alle sue pellicole l'espressione del trascendente in Giappone: «Ozu rappresenta il pensiero e l'arte giapponesi tradizionali, e si fa portatore dei loro valori nella moderna e anarchica forma cinematografica»[199]. Lo sceneggiatore americano, riferendosi al lavoro di Donald Richie[200], mostra come l'ultimo ciclo di film di Ozu su famiglia e ufficio (1949-1962) sia utile tanto a individuare il regista all'interno di una civiltà particolare, quella orientale, quanto a osservarne i meccanismi all'interno e all'esterno di questa cultura. Il ciclo indaga il tema del distacco tra genitori e figli: eventi come matrimoni, traslochi, e futili litigi divengono i motori dell'allontanamento e delle fughe da casa. In realtà, dietro a queste vicissitudini quotidiane si nascondono tematiche di ben più ampia portata. Ozu ritrae il Giappone moderno turbato dalla Seconda guerra mondiale e in seguito dagli sconvolgimenti prodotti dall'occidentalizzazione: l'alienazione prodotta dalla routine dell'ufficio. Il distacco genitori-figli dipende in particolar modo dalla perdita della tradizionale unità familiare e questo aspetto, nel cinema di Ozu, non viene mai esplicitato verbalmente. L'elemento essenziale su cui si è concentrata la sua ricerca è stata la tecnica: Schrader lo descrive come un abile formalista del cinema, dotato di un rigore ascetico e di un'aspirazione alla sobrietà. Le scelte tecniche da lui utilizzate sono individuabili nell'articolo, citato dallo stesso Schrader, *Yasujiro Ozu: The Sintax of His Films* di Donald Richie. Quest'ultimo ha descritto «la sintassi di Ozu, a partire dagli esempi che ci offrono i suoi elementi basilari: dalla struttura narrativa al montaggio, dal ritmo alle scenografie»[201]. Sulla base della bibliografia primaria è possibile osservare come Richie parta dalla seguente considerazione:

With Ozu, as with Antonioni or Resnais, the critic may speak of grammar, of vocabulary, of syntax – something which one cannot do with Mizoguchi, with Bergman, or even with Truffaut, intuitive directors all. Ozu is not an intuitive film artist, he is a master craftsman; for him, film is

---

[199] Paul Schrader, *Il trascendente nel cinema*, cit., p.14.

[200] Cfr. Donald Richie, *The Later Films of Yasujiro Ozu*, in « Film Quarterly», 13, 1959, pp. 18-25.

[201] Paul Schrader, *Il trascendente nel cinema*, cit., p. 17.

not expression but function[202].

Secondo Richie, allo stesso modo in cui Ozu rende essenziali le trame[203], riduce ai minimi termini le sue scelte tecniche. L'unica punteggiatura che Ozu concede a se stesso è infatti il *simple cut*. Schrader è concorde nell'individuare come l'unico segno d'interpunzione filmica utilizzato da Ozu sia il montaggio, che «non contempla né tagli veloci di forte impatto, né accostamenti metaforici, ma piuttosto dei tagli cadenzati che mostrano una successione regolare, ritmica, degli avvenimenti»[204]. Questa apparente prevedibilità di Ozu non deve essere interpretata come mancanza di originalità, poiché questo aspetto deriva piuttosto da un «primitivo concetto di rito, dove la ripetizione è preferita alla varietà»[205]. Inoltre la cinepresa di Ozu viene disposta sempre all'altezza di una persona seduta nella postura abituale sul *tatami*[206], a meno di un metro dal pavimento. A questo proposito Schrader ci riporta quanto afferma Richie in *The Later of Films of Yasujiro Ozu*[207]:

> Questa prospettiva tradizionale è una prospettiva di riposo, che costringe a una profondità di campo molto limitata, ma favorisce una propensione ad ascoltare, a guardare. È la posizione dalla quale si assiste agli spettacoli del teatro Noh e dalla quale si partecipa alla cerimonia del tè. Rappresenta la disposizione estetica, l'atteggiamento passivo[208].

---

[202] Donald Richie, *Yasujiro Ozu: The Sintax of His Films,* in «Film Quarterly», 17, n. 2, 1963-64, pp. 11- 16 : 11.

[203] «Ozu, like Antonioni, knows that plot is worth-less because it is manipulated. It is life used and consequently untrue: life must at least appear to be gratuitous to appear true»: Donald Richie, *Yasujiro Ozu: The Sintax of His Films*, cit., p. 12.

[204] Paul Schrader, *Il trascendente nel cinema*, cit., p. 18.

[205] *Ibidem.*

[206] Con questo termine ci si riferisce alla tradizionale pavimentazione giapponese, composta da pannelli rettangolari modulari, costruiti con un telaio di legno rivestito da paglia intrecciata e pressata.

[207] Donald Richie, *The Later of Films of Yasujiro Ozu*, cit., p. 21, cit. in Paul Schrader, *Il trascendente nel cinema*, p. 16.

[208] Donald Richie, *The Later of Films of Yasujiro Ozu*, cit., p. 19 cit. in Paul Schrader, *Il trascendente nel cinema*, cit., p. 18.

Tuttavia l'obbiettivo di Schrader non è quello di definire lo stile di Ozu, ma come questo, attraverso un processo di continua spoliazione, possa essere definito uno stile trascendentale[209]. Come già accennato in precedenza, egli intende distinguere per ciascuno dei cineasti da lui presi in esame gli elementi propri della cultura, quelli insiti nella personalità e infine individuare le forme comuni di rappresentazione, ovvero, lo stile trascendentale. Per questa ragione l'interrogativo alla base della sua riflessione presenta la seguente forma:

> I film di Ozu rappresentano il trascendente, oppure la personalità di Ozu, la cultura Zen, e l'esperienza umana del trascendente? [...] cosa ha segnato di più l'arte di Ozu? La sua personalità, la cultura Zen, o il trascendente? E, dal punto di vista critico, qual è la nozione di stile più adatta a dar conto di queste influenze? Quella basata sull'individualità, sulla cultura, o quella di Eliade-Wölfflin (ossia, lo stile trascendentale)?[210]

2.3. *Ozu e la sua personalità / oltre la personalità: la cultura zen.*

L'obbiettivo schraderiano è quello di individuare «l'unica influenza davvero determinante per Ozu e il suo cinema»[211], e pertanto il percorso da lui delineato assume la seguente fisionomia: «nei film di Ozu sembra che la sua personalità sia compresa nella cultura Zen, e che questa sia a sua volta parte di una realtà che la trascende, un po' come il pesce che mangia il pesce piccolo che mangia il pesce ancora più piccolo»[212]. La questione della personalità in Ozu viene così affrontata cercando di comprendere in che misura essa mostri caratteristiche peculiari e fino a che punto invece sia rappresentativa della cultura Zen: «Ozu ha piegato la sua personalità allo stile della tradizione artistica orientale, oppure i suoi sono davvero dei film profondamente personali?»[213].

---

[209] Cfr. Paul Schrader, *Il trascendente nel cinema*, cit., p. 19.

[210] *Ibidem.*

[211] Paul Schrader, *Il trascendente nel cinema*, cit., p. 20.

[212] *Ibidem.*

[213] *Ibidem.*

Se Ozu venisse definito un regista autoriale[214] come Fellini, questo lo collocherebbe nella tradizione dell'arte individualistica occidentale e non nell'arte orientale tradizionale. Schrader afferma questo sulla base della distinzione delineata da Coomaraswamy, che distingue tra un'arte occidentale post-rinascimentale, sviluppatasi sul concetto di espressione individuale, e una orientale, in cui l'individualità è concepita come un mezzo non fine a se stesso[215]. Donald Richie scavalca tale dualismo[216], sostenendo come la questione del rapporto tra personalità e cultura che tanto tormenta i critici occidentali perda di senso[217] per un'artista della tradizione orientale. Essendo il lavoro di Ozu fortemente influenzato dalla cultura zen, una qualsiasi analisi che prescinde da questi aspetti risulta per Schrader fuorviante. Un'interpretazione biografica dei film di Ozu si basa principalmente sul fatto che il regista giapponese, a differenza di un poeta o di un pittore Zen, deve utilizzare «come materiale grezzo esseri umani viventi»[218]. I personaggi sullo schermo sperimentano la vita, e il critico, che naturalmente si interessa ai loro drammi, potrebbe concludere che questi sentimenti siano rappresentativi del regista e spostare così la questione. Al contrario, afferma lo stesso Schrader, il regista giapponese ha fatto di tutto per eliminare qualsiasi sfumatura psicologica ed emozionale, come testimoniato dai racconti degli stessi attori, costretti da Ozu a ripetere

---

[214] Schrader afferma: « If Ozu was a "personal" director like, say, Fellini (that is, if he sought primarily to express his personality in his films) »: Paul Schrader, *Transcendental Style in Film: Ozu, Bresson, Dreyer*, Da Capo Press, Boston 1972, p. 25.

[215] Cfr. Ananda K. Coomaraswamy, *Come interpretare un'opera d'arte* (1977), tr. it. di G. Marchianò, Rusconi, Milano 1989, p. 54.

[216] Cfr. Donald Richie, *Yasujiro Ozu: The Sintax of His Films*, cit., p.13, cit. in Paul Schrader, *Il trascendente nel cinema*, cit., p. 21.

[217] Cfr. Lettera di Donald Richie, Department of Film, Museum of Modern Art, New York, 9 marzo 1970, cit. in Paul Schrader, *Il trascendente nel cinema*, cit., p. 21.

[218] Paul Schrader, *Il trascendente nel cinema*, cit., p. 22.

la stessa scena venti volte di seguito[219], affinché qualsiasi interpretazione si trasformasse in un meccanismo automatico.

Spostiamoci a questo punto oltre la personalità di Ozu e proviamo a mettere in luce il suo rapporto con la cultura Zen. Dal punto di vista dello sceneggiatore americano sono diversi gli elementi presenti nella poetica di Ozu profondamente influenzati dalla sua cultura, e sono questi elementi appartenenti alla tradizione che lo rendono il «più giapponese di tutti i registi»[220]. Il riferimento più evidente è rappresentato dall'arte Zen; quell'arte che «Ozu ha cercato di trasporre nel cinema»[221]. Lo zen nella storia giapponese ha interessato la pittura, il giardinaggio, la cerimonia del tè, la poesia e il teatro Noh. Il principio fondamentale dell'arte Zen è il primo *koan* dello Zen, il *mu*, concetto che indica negazione, svuotamento, privazione. Il vuoto, il silenzio sono elementi positivi all'interno dell'arte Zen, e sono concepiti in termini di presenza piuttosto che di assenza di qualcosa[222]. Ozu distribuisce all'interno delle sue opere silenzi e vuoti[223], i suoi personaggi reagiscono a essi come «se avessero a che fare con suoni udibili e con oggetti tangibili»[224]. Lo sceneggiatore americano ritrova ad esempio nei film di Ozu tracce dello stile *one-corner* del XIII secolo[225]:

---

[219] Allo stesso modo Bresson utilizzava attori senza nessuna esperienza precedente, a cui veniva richiesto di ripetere in modo automatico gesti e parole. Cfr. Alessio Scarlato, *Robert Bresson, La meccanica della grazia*, Fondazione Ente dello Spettacolo, Roma 2006, pp. 40-42.

[220] Matteo Boscarol, *Lo spazio vuoto e l'amore per il sakè, il mondo di Ozu*, in «Il manifesto», 25/6/2016, URL = https://ilmanifesto.it/lo-spazio-vuoto-e-lamore-per-il-sake-il-mondo-di-ozu/ (visto il 02/07/2019).

[221] Paul Schrader, *Il trascendente nel cinema*, cit., p. 23.

[222] Cfr. Ivi, p. 24.

[223] Cfr. Carlos Martí Arís, *Silenzi eloquenti. Borges, Mies van der Rohe, Ozu, Rothko, Oteiza* (2002), tr. it. di S. Pierini, Marinotti, Milano 2002.

[224] Paul Schrader, *Il trascendente nel cinema*, cit., p. 24.

[225] Il pittore Ma Yüan è considerato il creatore dello stile *one corner* di pittura *sumi-e*, che consiste nel dipingere una piccola porzione di

Nel *Sapore del riso al tè verde* (*Ochazuke no Aji*, 1952) se ne trova un esempio: il marito è appena partito per una lunga permanenza in Sud America. Sua moglie, che ha inspiegabilmente lasciato casa parecchi giorni prima, non lo accompagna all'aeroporto per salutarlo. Mentre l'aereo decolla, Ozu lo tiene nell'angolo in alto a destra del fotogramma. Il resto dell'inquadratura è vuoto, e l'aereo lentamente svanisce all'orizzonte. È una composizione "piena", e come in un dipinto *one-corner*, l'aereo mette in evidenza il valore dell'assenza[226].

Inoltre i film di Ozu sembrano ritrarre quel presente infinitamente dilatato, così ben espresso nello Zen dall'arte del tè (*cha-no-yu*)[227]. Donald Richie, citato dallo stesso Schrader, evidenzia in maniera efficace questo aspetto:

His characters, no less than Antonioni's, are living in the now, and they have no history (certainly Ozu's purposeful failure to mention the all-important dead mother in Banshun until the final reel is just as astonishing, and just as right, as Antonioni's apparent lack of curiosity as to what happened to Anna in L'Avventura.) And when a person dies in Ozu's world (which is often) they are merely and instantly gone. There are no ghosts in Ozu as there are in Resnais and Bergman. The past barely exists in Ozu[228].

«Il passato esiste a mala pena» nel cinema di Ozu e quell'eterno presente, autosufficiente e privo di scopo, può essere espresso, secondo lo sceneggiatore americano, nell'inquadratura di un orologio appeso alla parete, capace di evocare un'atmosfera di totale indefinitezza temporale. Nei film di Ozu come in tutta l'arte tradizionale orientale, è la forma che costituisce la struttura rituale che crea l'eterno presente (*ekaksana*), conferisce valore al vuoto (*mu*) e rende possibile l'evocazione del *furyu*, i quattro fondamentali stati d'animo Zen. All'interno del saggio, nel paragrafo *Oltre la*

---

tela, lasciando il resto bianco. Cfr. Michael Sullivan, voce *Ma Yüan*, in *Encyclopedia Britannica*, 1/1/2019, URL = https://www.britannica.com/biography/Ma-   Yuan-Chinese-painter (visto il 02/07/2019).

[226] Paul Schrader, *Il trascendente nel cinema*, cit., p. 25.

[227] Voce *Cha-no-yu*, in *Wikipedia*, URL = https://it.wikipedia.org/wiki/Cha_no_yu (visto il 05/07/2019).

[228] Donald Richie, *Yasujiro Ozu: The Sintax of His Films*, cit., p. 15.

personalità: Ozu e la cultura Zen[229], Schrader fa riferimento agli studi di Daisetzu T. Suzuki[230] e Alan Watts[231]; si tratta in entrambi i casi di autori molto in voga negli ambienti statunitensi tra gli anni sessanta e settanta del secolo scorso. Da Watts Schrader recupera la descrizione dei quattro stati d'animo dello zen:

> Quando sia quieto e solitario, lo stato d'animo del momento è chiamato *sabi*. Quando l'artista si sente depresso e malinconico, e in questo particolare vuoto dei sensi ha visione di qualcosa di piuttosto comune e modesto nella sua incredibile «quiddità», lo stato d'animo è detto *wabi*. Quando il momento evoca una più intensa, nostalgica tristezza, connessa con l'autunno e con il dileguare del mondo, si parla di *aware*. E quando la visione è la percezione improvvisa di qualcosa di misterioso e di strano, che allude a un ignoto impossibile a scoprirsi, lo stato d'animo è definito *yugen*[232].

Per Richie, citato dallo stesso Schrader, Ozu è principalmente l'artista del *mono no aware*[233]: «Il tono finale di un film di Ozu è una sorta di rassegnata tristezza, una calma e consapevole serenità che si mantiene a dispetto dell'incertezza della vita e delle cose del

---

[229] Paul Schrader, *Oltre la personalità: Ozu e la cultura Zen,* in *Il trascendente del cinema,* cit., pp.23- 32.

[230] Cfr. Daisetzu T. Suzuki, *The Role of Nature in Zen Buddhism,* Rhein-Verlag, Zurich 1953 e Id., *Misticismo cristiano e buddista* (1957), tr. it. di M. Leoni, Ubaldini, Roma 1971.

[231] Cfr. Alan Watts, *La via dello Zen* (1957), tr. it. di L. M. Antonicelli, Feltrinelli, Milano 2006.

[232] Alan Watts, *La via dello Zen,* cit., p. 194, ripreso in Paul Schrader, *Il Trascendente nel cinema,* cit., p. 29.

[233] Il significato di *"mono no aware"* si riferisce sostanzialmente al pathos (*aware*) delle cose (*mono*), derivante dalla loro transitorietà. L'esempio più citato di *mono no aware* nel Giappone contemporaneo è l'amore tradizionale per i fiori di ciliegio; sono i più apprezzati per la loro transitorietà, perché di solito cominciano a cadere entro una settimana da quando sbocciano. È proprio l'evanescenza della loro bellezza che evoca in chi guarda il sentimento malinconico di *"mono no aware"*. Termine che Tamako Niwa indica con «tristezza simpatetica», cit. in Paul Schrader, *Il trascendente nel cinema,* cit., p. 29.

mondo»[234]. La tecnica di Ozu, scrive Schrader, ancora una volta facendo riferimento a Richie[235], è traboccante di *wabi*[236], termine che va inteso nel senso di asciuttezza, una semplicità che non deve essere interpretata come povertà e rozzezza ma come celebrazione dell'irregolarità e dell'imperfezione[237]. A detta di chi scrive, si tratta di concetti molto complessi, ogni singola parola comprende una varietà di sfaccettature che noi occidentali non sempre siamo in grado di decodificare. Leonard Koren a proposito della difficoltà degli stessi giapponesi nel definire un concetto come *wabi- sabi*, scrive:

> Quasi tutti i giapponesi affermano di capire la sensazione del wabi-sabi – dopo tutto, pare sia un concetto chiave della loro cultura – ma pochissimi riescono a spiegarla con chiarezza. Qual è il motivo? [...] La ragione principale è che la maggioranza dei giapponesi non ha mai appreso il concetto di wabi-sabi in termini intellettuali, dal momento che non esistono libri o maestri da cui impararlo. E non è un caso. Nel corso di tutta la loro storia, la comprensione razionale del wabi-sabi è stata intenzionalmente ostacolata[238].

Nel saggio *Il Trascendente nel Cinema* per questioni di fruibilità alcuni concetti vengono ulteriormente condensati. Lo stesso Schrader mette in luce le difficoltà insite nei concetti della cultura giapponese:

> È molto difficile per lo spettatore medio occidentale apprezzare l'*aware* delle tematiche affrontate da Ozu o il *wabi* della sua tecnica registica, ma ancora più arduo è distinguere tra i vari stati d'animo *furyu*. Lo stesso dizionario giapponese- inglese si avventura in tentativi disperati per

---

[234] Donald Richie, *Yasujiro Ozu: The Sintax of His Films*, cit., p. 24, cit. in Paul Schrader, *Il trascendentale nel cinema*, cit., p. 29.

[235] Donald Richie, *A Short Guide to Aesthetics of Japanese Films*, in «Unjapan Bulletin», 2, 1965, p. 2, cit. in Paul Schrader, *Il trascendente nel cinema*, cit., p. 29.

[236] L'estetica *wabi* rifugge l'eccesso e l'arroganza in tutte le sue manifestazioni e ricerca l'umiltà e la reticenza, Cfr. Mariella Minna, *Il significato di Wabi*, nel sito dell'associazione culturale "Giappone in Italia", 25/3/2012, URL = https://www.giapponeinitalia.org/il-significato-del-wabi/ (visto il 30/06/2019).

[237] Cfr. *Ibidem*.

[238] Leonard Koren, *Wabi-Sabi per Artisti, Designer, Poeti e Filosofi* (1994), tr. it. di G. Calza, Ponte alle Grazie, Milano 2011, p. 15.

definire o delimitare i gemelli estetici *sabi* e *wabi*[239].

Infine vi è un ultimo aspetto messo in luce dallo sceneggiatore americano, inerente al rapporto che il cinema di Ozu intrattiene con la cultura Zen. Suzuki in *The Role of Nature in Zen Buddhism*, citato dallo stesso Schrader, afferma: «Io sono la Natura e la Natura è me. Non una pura e semplice partecipazione reciproca, ma un'essenziale identità»[240]. Il cinema del regista giapponese è, per Schrader, testimonianza della crisi di tale identità, di quell'unità dell'esperienza, in cui tutte le cose sono parte di un unico essere, e questo è un elemento fondamentale dell'arte Zen e della sua cultura in generale. Il grande conflitto che emerge nel cinema di Ozu[241] è, come afferma Schrader, «ambientale»[242]. I vecchi non riescono a comunicare con i giovani, i genitori con i figli, gli artigiani con gli impiegati, e questi casi sono testimonianze differenti della medesima difficoltà del giapponese moderno di entrare in contatto con il proprio ambiente. Due esempi forniti dallo sceneggiatore americano sono sufficienti per mettere in luce la crisi dell'atteggiamento tradizionale dell'arte Zen nei confronti della natura:

> Un personaggio di *Tardo Autunno,* mentre beve il sakè, in un momento di malinconia, dice: «È che la gente ha la tendenza a complicarsi la vita. La vita di per sé è molto semplice». Quest'atteggiamento di sfiducia si ritrova in una scena simile di *Inizio di primavera* in cui c'è un altro personaggio che dice, sempre mentre beve il sakè: «il mondo di oggi non è molto interessante», e il suo amico risponde: «questo è il destino che ci aspetta. Solo sconforto e solitudine»[243].

Vediamo quindi come Ozu abbia risposto alla frattura prodottasi nella vita giapponese rifacendosi alle verità tradizionali dell'arte Zen, trasferite secondo lo sceneggiatore americano, «all'interno di un mezzo espressivo attuale come il cinema»[244].

---

[239] Paul Schrader, *il Trascendente nel cinema*, cit., p. 29.

[240] *Ibidem.*

[241] Ancora una volta Schrader si riferisce al periodo '49-'62

[242] Paul Schrader, *Il trascendente nel cinema*, cit., p. 30.

[243] *Ibidem.*

[244] *Ibidem.*

2.4. Lo stile trascendentale in Ozu: quotidianità, scissione, stasi.

Il desiderio di Ozu di rappresentare il mondo ideale viene formalizzato in quello che Schrader denomina triade dello stile trascendentale, e forse non è un caso, che questi tre momenti corrispondano alla situazione descritta da un classico aforisma Zen:

> Quando ho iniziato a studiare lo Zen, le montagne erano montagne; quando ho pensato di aver compreso lo Zen, le montagne non erano montagne; ma quando ho raggiunto la piena conoscenza dello Zen, le montagne sono diventate di nuovo montagne[245].

Lo stile trascendentale si articola in tre momenti distinti: quotidianità, scissione, stasi. La prima fase, la quotidianità è «una meticolosa rappresentazione dei banali, insulsi luoghi comuni della vita di tutti i giorni»[246]. Non si tratta però di realismo, ma di una stilizzazione formale, di una rappresentazione antirealistica della vita quotidiana, scevra di ogni espressività. Nella quotidianità nulla vi è di espressivo, tutto è freddezza. A sua volta nel cinema di Ozu la stilizzazione della realtà è pressoché totale. Ogni inquadratura è realizzata alla stessa altezza, ogni composizione del quadro è statica, ogni conversazione è monotona, ogni taglio di montaggio è prevedibile. Nessuna scena determina la successiva in quanto nessuna azione è concepita come commento ad un'altra. L'articolazione tradizionale del dramma viene in qualche modo scavalcata: «l'azione si svolge di solito al centro dell'inquadratura: si stabilisce un'ambientazione e si aspetta che accada qualcosa»[247]. La scelta di situare l'azione al centro della scena determina che questa appaia a noi come immersa in un flusso, quello del quotidiano, e in questo modo risulti stilizzata. Se la quotidianità avesse un fine in sé, sarebbe uno stile e non una fase all'interno di esso[248]. Schrader nella parte conclusiva del saggio, nel paragrafo *L'eccesso di povertà: il film di stasi*[249], chiarisce quanto appena detto. I primi film di Wharol come *Sleep*, *Eat*, *Empire* vengono definiti da Schrader come film della quotidianità e colui che può essere definito come «l'artista della

---

[245] Ivi, p. 33.

[246] *Ibidem.*

[247] Ivi, p. 34.

[248] Ivi, p. 35.

[249] Ivi, p. 141.

quotidianità» vede la vita deprivata di qualunque significato, dramma, espressione e catarsi. In termini Zen «sia la quotidianità sia la stasi sono "la montagna" e così essi potrebbero essere considerati tanto film della quotidianità quanto della stasi, ma quel che è certo è che non riescono a passare dall'una all'altra – [il] passaggio dalla ricchezza alla povertà corrisponde alla nostra definizione di «arte sacra»[250]. In questo senso la quotidianità non possiede uno scopo in sé stessa e non rappresenta pertanto uno stile autonomo, ma in quanto parte dello stile trascendentale, essa è piuttosto preludio al momento di redenzione in cui la realtà ordinaria sarà trascesa. Una tale rappresentazione della vita prepara dunque la realtà all'irruzione del Trascendente.

Approfondendo la questione sulla base della monografia di Klaus Honnef dedicata a Wharol[251], comprendiamo meglio in che senso i film wharoliani non possano essere inseriti nella nozione di «stile trascendentale» utilizzata dallo sceneggiatore americano. *Sleep* (1963), il suo esordio cinematografico della durata di sei ore, mostra un uomo che dorme e la macchina da presa si muove riprendendo singole parti del corpo. Il film ha una durata di soli 20 minuti, poiché la prima sequenza, proprio come nelle sue serigrafie, viene continuamente ripetuta. Allo stesso modo *Empire* (1964), le cui riprese sono state effettuate da Jonas Mekas, offre allo spettatore per 8 ore una veduta dell'*Empire State Building*, ripresa dal 44° piano

---

[250] Cit. Ivi, p. 143; Schrader con l'affermazione «passaggio dalla ricchezza alla povertà» si riferisce al fatto che il regista trascendentale deve sbarazzarsi di un eccesso di ricchezza (l'effetto di realtà connaturato nel cinema), non ignorando questo aspetto ma volgendolo a suo vantaggio. La rarefazione potrà essere raggiunta sottraendo alla ricchezza il suo potenziale. Assistiamo in questo modo ad una scissione dei mezzi artistici: la presenza contemporanea della tecnica imitativa tipica della ricchezza – il protagonista e il suo ambiente – e la fredda, quindi povera stilizzazione che prende il suo posto. Questo avviene gradualmente nelle tre fasi: quotidianità, scissione stasi. Cfr. Paul Schrader, *Lo stile trascendentale: ricchezza e povertà*, cit. in Paul Schrader, *Il trascendente nel cinema*, p. 135.

[251] Klaus Honnef, *Wharol. 1928-1987: l'arte come commercio* (1990), tr. it. di F. Castellini, Taschen, Colonia 2001.

del *Time-Life-Building*. Ma, a detta di chi scrive, è evidente dalle dichiarazioni dello stesso Wharol come nel suo cinema non vi sia alcuna propensione al sacro o al trascendente:

> I miei primi lavori cinematografici, dedicati alla ripresa di oggetti stazionari, dovevano non da ultimo, aiutare gli spettatori a conoscersi meglio a vicenda. Al cinema sediamo per abitudine in un mondo creato dalla fantasia. Se invece vediamo qualcosa che ci disturba, allora rivolgiamo la nostra attenzione in modo più deciso alle persone sedute accanto a noi. Per questo motivo i film si addicono meglio a questo proposito che non pezzi teatrali e concerti, dove bisogna mantenere un certo contegno. Solo il mezzo televisivo mi sembra più efficace a tale scopo del mezzo cinematografico. Assistendo alla proiezione dei miei film si poteva fare di più che non vedendo altri film: si poteva mangiare e bere, fumare, tossire e vagare con lo sguardo per ritornare poi a fissare lo schermo e constatare che non era cambiato nulla[252].

Per Schrader la maggior parte dei film della stasi più che essere un'estensione dello stile trascendentale rappresentano un altro tipo di film. I film di stasi[253] richiedono allo spettatore delle conoscenze ed un impegno speciali:

> Se infatti egli (lo spettatore) non conosce la storia del cinema e dell'arte e non gli interessa esplorare lo spirituale attraverso l'arte, non potrà apprezzare la loro novità e le intenzioni dei loro autori. I film di stasi, a differenza dei film trascendentali, non possono avere effetto su un pubblico indifferente e impreparato, né condurlo a un altro livello di consapevolezza[254].

Per quanto riguarda invece la quotidianità, intesa in senso schraderiano come primo momento della triade trascendentale, questa produce un'azione e una rottura: la scissione. Per rendere graficamente tangibile questa incrinatura, Schrader fa riferimento alla struttura narratologica esemplificata dal triangolo di Freitag. Questo consiste in: esposizione, in cui si fornisce il contesto in cui si

---

[252] Ivi, p. 74.

[253] Come esempio di tale tipologia Schrader cita *Wavelenght* di Michael Snow, «una zoomata ininterrotta di 45 minuti attraverso la soffitta di un appartamento e "dentro" una fotografia del mare attaccata sulla parete opposta»: Paul Schrader, *Il trascendente nel cinema*, cit., p. 142.

[254] Ivi, p. 143.

svolgerà l'azione drammatica (A), introduzione del conflitto (B), complicazione degli eventi (BC), Climax (C), scioglimento del conflitto (CD), risoluzione (D).

Nella fase della scissione «lo spettatore sospetta dell'esistenza di qualcos'altro oltre la vita di tutti i giorni, ossia che la montagna potrebbe in effetti non essere una montagna»[255]. La scissione è pertanto una discordanza reale o potenziale tra l'uomo e il suo ambiente, che culmina in un evento decisivo. Quella potenziale scissione tra l'uomo e la natura che per Schrader è alla base dei film di Ozu:

Il regista giapponese mostra come nel flusso unico di uomo e natura si possa generare una frattura, che all'interno del contesto di una struttura tradizionale produce inevitabilmente una reazione schizofrenica. Questa separazione risulta evidente quando Ozu inserisce delle code simili dopo scene di famiglia che sono invece in contrasto l'una con l'altra. L'inquadratura di una montagna coperta di neve inserita dopo una scena di discussione tra un gruppo di genitori indica chiaramente l'unità a cui questi aspirano, ma la stessa inquadratura inserita dopo una lite tra genitori e figli mostra come essa abbia poco senso nella famiglia post- bellica. Così le code possono non rappresentare soltanto una dichiarazione a favore dell'unità di uomo e natura, ma anche un commento beffardo sulla sua mancanza[256].

Gilles Deleuze discorda dalla visione schraderiana:

Non siamo d'accordo con Paul Schrader nell'opporre, come fossero due fasi, da una parte «il quotidiano» e dall'altra «il momento decisivo», «la disparità», che introdurrebbe nella banalità quotidiana una rottura o un'emozione inesplicabili[257].

Per il filosofo francese in Ozu tutto è banale e ordinario, anche la morte e i morti sono «oggetto di un naturale oblio»[258]. Le famose scene di lacrime improvvise, quella del padre de *Il gusto del sakè*, che scoppia a piangere silenziosamente dopo il matrimonio della figlia; quella della figlia de *L'autunno della famiglia Kohayagawa*, «non indicano un tempo forte che si contrapporrebbe ai tempi deboli della vita corrente, e non vi è ragione alcuna di invocare come

---

[255] Paul Schrader, *Il trascendente nel cinema*, cit., p. 36.

[256] Cit. Ivi, p. 37.

[257] Gilles Deleuze, *L'Immagine-Tempo, Cinema 2*, cit., p. 18.

[258] *Ibidem.*

"azione decisiva" l'affiorare di un'emozione soffocata»[259]. Deleuze fa riferimento a Leibniz, che considerava il mondo nella sua struttura seriale; queste serie e sequenze a noi appaiono non complete, in porzioni, e secondo un ordine non regolare, cosicché noi vediamo rotture e discordanze classificandole come cose straordinarie:

> Semplicemente bisognerebbe dire che in virtù delle concatenazioni, per natura deboli, dei termini della serie, queste ultime sono costantemente scompigliate e non appaiono nel loro ordine. [...] Sono gli uomini a introdurre lo scompiglio nella regolarità delle serie, nella continuità corrente dell'universo. Esiste un tempo per la vita, un tempo per la morte, un tempo per la madre, un tempo per la figlia, ma gli uomini li mescolano, li fanno affiorare in disordine, li rendono conflittuali[260].

La vita è semplice e l'uomo invece incessantemente la complica; per il filosofo francese, non vi è alcun intervento della Natura, come afferma Schrader, in un momento decisivo o in rottura con l'uomo quotidiano. Una montagna innevata ci dice solo una cosa: «Tutto è ordinario e regolare, tutto è quotidiano!»[261]. Essa si accontenta di riannodare ciò che l'uomo ha spezzato, ripara ciò che l'uomo vede infranto. E quando un personaggio esce per un attimo da un conflitto familiare o da una veglia funebre per contemplare la montagna innevata, è come se cercasse «di riparare l'ordine scompigliato delle serie nella casa, ma restituito da una Natura immobile e regolare, come fosse un'equazione che ci rende ragione delle rotture apparenti, "dei giri e rigiri, degli alti e bassi", secondo la formula di Leibniz»[262]. Laddove Schrader vede conflitto e opposizione tra due momenti distinti, Deleuze risolve tutto nella vita quotidiana, perché è proprio in essa, e il cinema di Ozu ne è un esempio perfetto, che avviene la sostituzione dell'immagine-azione con immagini ottiche e sonore pure[263]. Deleuze associa all'immagine movimento le questioni del cinema da lui definito classico: l'idea che il movimento

---

[259] Ivi, p. 19.

[260] *Ibidem.*

[261] Cit. Ivi, p. 20.

[262] *Ibidem.*

[263] Deleuze colloca Ozu alle origini del cinema moderno per l'invenzione di immagini ottico-sonore pure, svincolate da una logica dell'azione.

è connaturato all'unità più piccola del film, ovvero il piano sequenza, e la declinazione dell'immagine cinematografica in percezione, azione e affezione. Attribuisce invece all'immagine-tempo l'emergere del cinema moderno: la possibilità di una resa in immagine del tema del tempo, che, indipendentemente dal procedere della trama, diviene protagonista attraverso l'apparizione e la diffusione di un nuovo stile cinematografico[264]. Per Schrader la scissione nei film di Ozu, si concretizza in un'anomala intensità emotiva che appare fortemente inadeguata rispetto alla freddezza con cui è osservato l'ambiente circostante. Questo senso di partecipazione emotiva non può derivare né dall'ambiente arido e freddo, né dall'istinto dell'uomo, ma «soltanto da un contatto con la dimensione trascendente dell'essere»[265]. Nel cinema di Ozu vi è questo aspetto non esplicito, sotterraneo, di partecipazione emotiva, un senso di compassione che non traspare né dal dialogo né nel montaggio, ma è una questione di «sfumature nelle inquadrature»[266]:

> La scena di *Tarda primavera* in cui zia e nipote sono sedute di fronte alla loro casa e danno l'addio a un ospite. Ozu gira questa scena in modo convenzionale un'unica angolazione perpendicolare che mostra le donne che si chinano, poggiando le mani sul *tatami*. Ma poi le donne improvvisamente rompono quest'equilibrio, fondamentale nella regia di Ozu, e le parti superiori dei loro corpi oscillano scoordinate e impacciate, una verso destra, l'altra verso sinistra. È un movimento trascurabile, che sarà capitato sotto i nostri occhi chissà quante volte, ma nel rigido contesto della quotidianità di Ozu produce un inaspettato lampo di intensità umana[267].

Schrader, a conferma di quanto appena sostenuto, ci riporta le parole del critico cinematografico Tadao Sato: «Nel quadro di un rigido equilibrio geometrico a volte accade che il movimento di un uomo ci comunica un senso di freschezza mostrandoci come spezza

---

[264] *Citizen Kane (Quarto Potere,* 1941) di Orson Welles è considerato da Deleuze come il primo film del cinema moderno.

[265] Paul Schrader, *Il trascendente nel cinema*, cit., p. 36.

[266] Ivi, p. 37.

[267] *Ibidem.*

l'equilibrio»[268]. Un altro aspetto quantomeno singolare, sottolineato dallo sceneggiatore americano, è la capacità di Ozu di suscitare sentimenti di comprensione e allo stesso tempo di derisione nei confronti dei suoi personaggi. Il regista sembra provarne compassione, rispetta i loro sentimenti più espliciti, ma nonostante ciò li osserva, apparentemente, in modo obbiettivo. I personaggi assomigliano a degli automi e ogni tanto, come abbiamo appena visto, si abbandonano a gesti umani spontanei. E in questo modo, secondo Schrader, cresce sempre di più quel «fastidioso senso di scissione»[269]. Ancora una volta Deleuze sembra propendere, a detta di chi scrive, per una diversa interpretazione: «in Ozu non esiste linea di universo che congiunge dei momenti decisivi e i morti ai vivi, come in Mizoguchi, non esiste neppure lo spazio soffio o inglobante che nasconde una domanda profonda, come in Kurosawa»[270].

Nella concezione schraderiana il momento della scissione è spesso accompagnato da un profondo senso di ironia. Nel film di stile trascendentale, l'ironia si configura come soluzione passeggera alla vita in un mondo scisso. Questa ad esempio è lo strumento di cui si serve Ozu per sopravvivere in un mondo che si potrebbe definire schizofrenico[271]. I personaggi principali assumono un atteggiamento di distaccata consapevolezza, trovano il lato comico di ogni situazione, non pronunciano alcun giudizio serio: «affrontano la vita con ironia e subiscono l'ironia del regista»[272]. In *Una storia di Tokyo* la nonna pronuncia una frase fortemente ironica quando rivolgendosi alla nuora vedova afferma: «Che onore dormire nel letto del mio figlio defunto». E in seguito diviene essa stessa oggetto di ironia da parte del regista: il nonno osserva da una certa distanza la nonna che chiede al loro nipotino che vuol fare da grande, ma questo la ignora e scappa via saltellando. «Invece della trascendenza, è l'ironia la

---

[268] Tadao Sato, *The Art of Yasujiro Ozu*, Japan Indipendent Film, Tokyo 1966, p. 13, cit. in Paul Schrader, *Il trascendente nel cinema*, cit., p. 38.

[269] Paul Schrader, *Il Trascendente nel cinema*, cit., p. 38.

[270] Gilles Deleuze, *L'Immagine-Tempo*, cit., p. 20.

[271] Cfr. Paul Schrader, *Il trascendente nel cinema*, cit., p. 38.

[272] *Ibidem.*

soluzione di Ozu per affrontare la scissione»[273]: questo aspetto, come una certa ambiguità dei personaggi, avvicina secondo Schrader l'opera di Ozu a quella del regista ceco Milos Forman[274]. In entrambi vi si ritrova una forma di commedia leggera in opposizione a un «realismo documentaristico attraverso sprazzi di intensità emotiva»[275], il medesimo atteggiamento tragicomico nell'approcciarsi ai personaggi e il conseguente risvolto ironico. A detta di chi scrive è la prima volta in cui sia possibile rintracciare, all'interno del saggio schraderiano, il tentativo di trascendere gli aspetti culturali[276], per ricercare le forme e gli elementi comuni in maniera affine alla metodologia proposta da Wölfflin. Secondo lo sceneggiatore americano questo parallelismo regge se si confrontano i primi film di Ozu e alcuni lavori di Forman[277], perché successivamente nelle ultime pellicole[278] il regista giapponese abbandona il genere della commedia leggera e il suo cinema acquisisce delle tonalità del tutto inedite. A questo proposito Schrader afferma:

> Questo è stato possibile perché nei suoi ultimi film Ozu si serve dello stile trascendentale. Muovendosi da un «realismo» superficiale a una rigorosa descrizione della quotidianità, e preferendo a una scissione leggera (ambiguità dei personaggi, ironia) l'evento decisivo inatteso, Ozu

---

[273] Ivi, p. 39.

[274] Tra i suoi film hollywoodiani occorre ricordare: *Qualcuno volò sul nido del cuculo (One Flew over the Cuckoo's Nest* (1975), *Hair* (1979), *Ragtime* (1981), *Amadeus* (1984), *Valmont* (1989), *Larry Flynt. Oltre lo scandalo (The People vs Larry Flint*, 1996) e *Man on the Moon* (1999).

[275] Paul Schrader, *Il trascendente nel cinema*, cit., p. 39.

[276] Schrader afferma esplicitamente «messe tra parentesi le differenze culturali»: Paul Schrader, *Il trascendente nel cinema*, cit., p. 39.

[277] Schrader avvicina *Cerny Petr (L' Asso di Picche*, 1964) di Forman a *Sono nato, ma…(Otona no miru ehon - Umarete wa mita keredo*, 1932) di Ozu, ma la questione non viene approfondita ulteriormente.

[278] Schrader è piuttosto vago su questo riferimento, ma credo faccia riferimento ancora una volta al periodo '49-'62.

trasforma l'intensità umana in intensità spirituale[279].

Dal punto di vista dello sceneggiatore americano, ciò che ha determinato il cambiamento all'interno del cinema di Ozu deriva dalle duplici influenze culturali del periodo dell'occidentalizzazione postbellica: da un lato la cultura Zen e dall'altro la modernizzazione hanno prodotto un tale conflitto che nel corso della sua produzione è stato costretto a «radicalizzare il suo stile già schizofrenico, finché le differenze non hanno potuto più essere risolte ma soltanto trascese»[280].

Dal mio punto di vista non è un caso che questo mutamento avvenga proprio dopo la Seconda guerra mondiale, e in forme differenti ed eterogenee investe tutta la cinematografia internazionale, che si vede costretta dopo tali tragici eventi, a un nuovo modo di prodursi[281] e a una corrispondente nuova riflessione sull'immagine[282]. La scissione è quindi, nella descrizione di Schrader, un processo graduale, ogni passo del quale attacca la vernice della realtà quotidiana. All'inizio è un senso di compassione che travaglia lo spettatore, facendogli percepire la presenza delle emozioni ma senza prima dargli alcuna prova tangibile. E infine si verifica quello che Schrader definisce «l'evento decisivo»[283], ovvero un appello all'emozione fortemente coraggioso che esclude ogni pretesa di realtà quotidiana. L'evento decisivo spezza la stilizzazione della quotidianità; è un evento incredibile all'interno della realtà banale che «deve essere accettato per fede»[284]. Come avremo modo

---

[279] Paul Schrader, *Il trascendente nel cinema*, cit., p. 39.

[280] *Ibidem.*

[281] Cfr. Gilles Deleuze, *L'immagine tempo*, cit., pp. 42-52 e 191-202; Jean-Luc Godard, *Histoire(s) du cinéma*, capitolo 4 (b) le *Signs parmi nous;* Alessia Cervini, *Fine e Rinascita del cinema. Sulle Histoire(s) du Cinema di Jean-Luc Godard*, in «Mantichora», n. 2, dicembre 2012, pp. 58-63; Alessia Cervini, Alessio Scarlato, Luca Venzi, *Splendore e miseria del cinema. Sulle Histoire(s) di Jean-Luc Godard*, Pellegrini, Cosenza 2010.

[282] Cfr. Georges Didi-Huberman, *Immagini malgrado tutto* (2003), tr. it. di D. Tarizzo, Raffaello Cortina, Milano 2005.

[283] Cfr. Paul Schrader, *Il trascendente nel cinema*, cit., p. 40.

[284] *Ibidem.*

di comprendere meglio in seguito, esistono diverse forme di scissione, differenti per intensità, come emerge dall'analisi dei registi presi in esame da Schrader. Nella sua forma più assoluta, come in *Ordet* di Dreyer o nel finale di *Pickpocket* di Bresson, tale evento decisivo è «un vero e proprio miracolo, la resurrezione di un morto»[285]. In forma meno assoluta invece, si configura come un evento non-oggettivo, emozionale, in seno a un contesto insensibile di fatti. Ad esempio nei film di Ozu gli eventi decisivi sono meno drammatici e meno evidenti che nei film di Bresson e Dreyer. In un film di Ozu si succedono diversi eventi preparatori prima di quello culminante. Nel *Gusto del sakè*, ogni coda, secondo Schrader, ne rappresenta un esempio: «un'esplosione di musica occidentale [...] richiede uno sbocco emotivo quando sullo schermo non c'è nulla a riceverla se non l'immagine di una natura morta»[286]. Schrader individua tre scene in cui le code sono sempre associate alle lacrime dei protagonisti: la sorella di un proprietario di un negozio di *noodles* si mette a piangere quando suo padre viene accompagnato a casa ubriaco, la sorella di Hirayama scoppia in lacrime quando scopre che l'uomo che lei ha scelto è già sposato, e alla fine del film è Hirayama stesso che piange in silenzio dopo il matrimonio della sorella. In tutti e tre i casi, secondo Schrader, non assistiamo ad uno spettacolo pubblico, ma ad uno sfogo di intime emozioni; per tale motivo costituiscono una reazione inaspettata a cui lo spettatore appare impreparato a un tale esplosione di emotività. Lo spettatore così ha davanti a sé due possibilità: può respingere i propri sentimenti e rifiutarsi di prendere sul serio il film, o dall'altro può adattare il proprio pensiero a ciò che prova. In questo caso egli, poiché il regista non gli ha fornito alcuna costruzione emotiva, «innalzerà il proprio schermo», come commenta Alessandro Canadè[287]. Schrader riporta quanto afferma il critico cinematografico Tom Milne a proposito del pianto solitario di Hirayama nel *Gusto del sakè*: «Apparentemente non c'è niente che ci abbia preparato all'intensità emozionale dell'ultima scena, eppure questa costituisce un climax perfettamente

---

[285] *Ibidem.*

[286] *Ibidem.*

[287] Alessandro Canadè, *Paul Schrader. Tecniche di sceneggiatura e pratiche di regia nella New Hollywood*, cit., p. 27.

naturale, verso cui tutto il film si è evoluto»[288]. Il protagonista de *Il gusto del Sakè* può essere visto come un modello stoico, nessuno sconvolgimento, nulla che lasci trapelare un'emozione, anche piccola o di superficie, apparentemente non vi è nulla in grado di provocare in lui turbamento:

> Così quando un nulla – ed effettivamente non c'è una causa immediata per le sue lacrime - lo colpisce con questa forza, ecco scatenarsi l'evento decisivo. È la scissione definitiva che esplode in un contesto sempre più disarmonico, pretendendo ora il coinvolgimento dello spettatore. Se uno spettatore infatti accetta questa scena – se la trova credibile e significativa – vuol dire che accetta molte altre cose. Accetta una concezione filosofica che permette la scissione totale – un'emozione intensa, illogica, sovrumana in un contesto freddo e insensibile. Ammette, a conti fatti, che esiste un fondamento profondo di compassione e consapevolezza a cui uomo e natura possono attingere solo a tratti. Si tratta, è ovvio, del trascendente[289].

Quindi in realtà vi è un qualcosa che ha preparato lo spettatore alla scena finale de *Il Gusto del sakè*, altrimenti lo spettatore l'avrebbe rifiutata. Questo qualcosa consiste nello stile trascendentale, che ha elaborato durante lo svolgersi del film una determinata forma; prima nella quotidianità, poi attraverso diversi gradi di scissione e infine nell'evento decisivo, reso plausibile, e trasformato infine in stasi. A questo punto, come afferma Gabriele Pedullà nella prefazione alla prima edizione del *Trascendente nel cinema*:

> C'è bisogno di un intervento speciale del regista, che lo guidi (lo spettatore) poco per volta nel tortuoso cammino dello «stile trascendentale», altrimenti, lasciato a se stesso, lo spettatore non giungerà mai a destinazione perché – contrariamente a quel che crede Bazin – farà appello a ogni risorsa pur di interpretare in termini razionali e convenzionalmente rassicuranti la situazione inattesa davanti alla quale è stato posto al culmine della fase della scissione[290].

Da questa affermazione di Pedullà emerge un aspetto molto importante: una visione purificata del mondo non può essere

---

[288] Tom Milne, *Flavour of Green Tea over Rice*, in «Sight and Sound», vol. 32, n. 4, 1963, pp. 182-186, 206: 183, cit. in Paul Schrader, *Il trascendente nel cinema*, cit., p. 41.

[289] Paul Schrader, *Il trascendente nel cinema*, p. 41.

[290] Gabriele Pedullà, *Perceval, Usa*, cit., p. XXI.

identificata con ciò che Schrader identifica come il Completamente Altro, e ciò significa che, diversamente da quanto sostenuto da Bazin, la tecnica fotografica non è in grado da sola di manifestare all'uomo la trascendenza. Laddove Bazin affermava che grazie all'impassibilità dell'obbiettivo il cinema fosse in grado di condurre lo spettatore ad una visione originaria del reale, e in questo senso l'immagine si configurava come necessariamente spirituale[291], dall'altro lo sceneggiatore americano sostiene come l'uomo con le sue sole forze non può arrivare a scorgere l'immagine di Dio nel mondo, la trascendenza che risplende dietro l'immanenza. A questo proposito, dal mio punto di vista, è interessante quanto afferma Scarlato:

> La rappresentazione del sacro può limitarsi ad avere un approccio soltanto stilistico? Schrader propone un metodo: vi sono alcuni principi, nelle mani dell'autore-creatore, che permettono di interrogare criticamente la realtà, di sospendere i procedimenti consuetudinari con la quale la rendiamo visibile, e costruiscono un accesso all'Altro dal visibile. Ma il «peccato originale» della rappresentazione moderna non viene superato in questa attitudine critica, che del resto troviamo in molti autori «non sacri». Lì dove c'è un metodo, rimane sempre una centralità del Soggetto della visione[292].

Scarlato pone in risalto un possibile limite dell'approccio schraderiano: l'analisi della possibilità del cinema di manifestare il sacro, visto esclusivamente all'interno di una prospettiva autoriale. Infatti il rischio all'interno di una idea di questo tipo è quella di imboccare la strada propria della tradizione moderna in cui l'artista «si pone di fronte all'esperienza condivisa, per ristrutturarne l'orizzonte di senso»[293]. Infatti prosegue Scarlato:

> ponendo la domanda solo sul modo con il quale il Soggetto può rappresentare il sacro, e non al contempo come il sacro stesso, il divino, può "decidere" di manifestarsi nell'immagine, si rimane nell'ambito di un'esaltazione della capacità riflessiva dell'autore, riconfermando

---

[291] Cfr. Davide Zordan, *Filmare l'invisibile. Linguaggio cinematografico ed esperienze religiose*, cit., p. 149; Cfr. Andrè Bazin, *Che cos'è il cinema*, cit., p. 9.

[292] Alessio Scarlato, *La Zona del Sacro, L'estetica cinematografica di Andrej Tarkovskij*, «Aesthetica Preprint», n. 75, 2005, cit., p. 34.

[293] *Ibidem.*

comunque la sua capacità di dominio sul materiale[294].

Diversamente, a detta di chi scrive, in una indagine di questo tipo potrebbe essere interessante soffermarsi sulla condizione di possibilità dell'immagine, «il suo essere presentazione»[295]. Ciò significa lavorare, secondo Di Giacomo, non sul rapporto tra visibile e invisibile ma piuttosto, con un qualcosa che pur non dandosi nel visibile, è ciò che lo rende possibile. «Questo qualcosa che si dà nel visibile è perciò non prevedibile e, in quanto tale, è qualcosa che si dona»[296]. È possibile che Scarlato alluda a questo, quando scrive circa la possibilità del sacro e del divino di manifestarsi nell'immagine. La sua riflessione risulta del tutto assente anche nella nuova analisi schraderiana, proposta nell'introduzione alla nuova edizione del suo saggio pubblicata l'anno scorso, e come vedremo nel quarto capitolo percorre strade affini a questa prima formulazione[297].

L'ultima tappa della triade trascendentale, la stasi, è vista da Schrader come «visione cristallizzata della vita che non risolve la scissione ma la trascende»[298]. Questa si configura come l'esito finale dello stile da lui delineato, «per cui la montagna è di nuovo una montagna»[299]. La più pura immagine di stasi in Ozu è, secondo lo sceneggiatore americano, la lunga ripresa sul vaso in una stanza oscura nel finale di *Tarda primavera*:

Padre e figlia si stanno preparando a spendere la loro ultima notte sotto lo stesso tetto perché lei si sposerà fra breve. Chiacchierano in modo rilassato della piacevole giornata che hanno avuto, come se fosse un giorno qualsiasi. La stanza è buia e la figlia fa una domanda al padre, ma non riceve nessuna risposta. C'è un'inquadratura sul padre addormentato, una sulla figlia che lo guarda, e una di un vaso in una nicchia sulla parte con in sottofondo il rumore del padre che russa. Poi c'è un'inquadratura sulla

---

[294] *Ibidem.*

[295] Giuseppe di Giacomo, *Icona e arte astratta*, «Aesthetica Preprint», n. 55, 1999, p. 17.

[296] *Ibidem.*

[297] Cfr. Paul Schrader, *what are the techniques of slow cinema?* in Paul Schrader, *Rethinking Transcendental Style*, cit., pp. 11- 16.

[298] Id., *Il trascendente nel cinema*, cit., p. 41.

[299] *Ibidem.*

figlia mezza sorridente, poi una ripresa lunga, dieci secondi di nuovo sul vaso, il ritorno della cinepresa sulla figlia ora quasi in lacrime, e il ritorno finale sul vaso. Il vaso è la stasi, una forma che può assorbire un'emozione profonda, contraddittoria, e trasformarla in un'espressione di qualcosa di unificato, permanente, trascendente[300].

Se Schrader vi scorge il Completamente Altro, Deleuze, a proposito del vaso di *Tarda Primavera*, afferma come esso riproduca il «tempo in persona»[301]:

Vi è divenire, cambiamento, passaggio. Ma la forma di ciò che cambia, non cambia, non passa. È il tempo [...], "un frammento di tempo allo stato puro": un'immagine tempo diretta, che dà a ciò che cambia la forma immutabile nella quale si produce il cambiamento[302].

Secondo Deleuze il cinema di Ozu è in grado di rappresentare il tempo, inteso come ciò che permane entro «la successione di stati mutevoli»[303], spesso attraverso nature morte immutabili, come il vaso, o la bicicletta appoggiata contro il muro in *Storia di erbe fluttuanti*, che esprimono l'immutabilità del tempo, a differenza delle cose. Il tempo diviene così l'immutabilità di una forma che però raccoglie in sé il mutamento, instaurando così la relazione tra mutevole ed immutabile, durevole e invariabile. Deleuze riprende il pensiero di Antonioni sull'«orizzonte degli avvenimenti»[304], come limite dell'esperienza quotidiana, ma anche confine cosmologico mai raggiungibile. Tale pensiero viene esposto nell'articolo apparso nel n. 290 dei *Cahiers du cinema*, in cui Antonioni racconta la storia di alcune persone vittime di un disastro aereo, e si tratta, come è reso evidente dal sottotitolo, di alcune note per un film possibile[305]. Durante la narrazione Antonioni introduce un misterioso personaggio, che alla visione del disastro, delle carcasse, dei

---

[300] Ivi, p. 42.

[301] Gilles Deleuze, *L'Immagine-Tempo*, cit., p. 21.

[302] *Ibidem.*

[303] Ivi, p. 22.

[304] Cfr. Michelangelo Antonioni, *L'Horizon des événements* in «Cahiers du cinema», n. 290, 1978, pp. 4 -11: 11, ripreso da Gilles Deleuze, *L'immagine tempo*, cit., p. 22.

[305] «Notes pour un film a faire ou a ne pas faire», cit. in Michelangelo Antonioni, *L'Horizon des événements*, cit., p. 5.

brandelli di corpi, formula alcune riflessioni che mettono insieme, in un singolare parallelismo, dimensione cosmica ed esistenzialismo umano. L'uomo ha sentito parlare di oceani cosmici, magnitudo assolute, venti solari, molecole interstellari e naturalmente dei buchi neri. Oggetti invisibili che curvano lo spazio e piegano il tempo, frammenti di materia primordiale racchiusi in un cerchio di energia, da cui niente può uscire se non raggiungendo e superando la velocità inarrivabile della luce. Ciò che lo colpisce è la definizione di questo cerchio, di questo orizzonte implacabile. Lo chiamano, afferma Antonioni, «orizzonte degli avvenimenti». Ciò che sconcerta l'uomo è il fatto che si utilizzi il medesimo termine per definire dei fenomeni di portata cosmica, che non possiamo neppure minimamente osservare, per descriverne altri come, ad esempio, la convergenza dei fatti che ha riunito qui le persone del disastro aereo; i soccorritori, il caporal maggiore, il prete, in altre parole, i morti e i vivi. Quindi da un lato la storia dell'astronomia si mostra come una storia di orizzonti che tendono man mano ad allontanarsi, ma per la vita umana, sentenzia Antonioni, «l'orizzonte è rimasto lo stesso»[306]. Ed è a questo punto che nell'uomo si insinua un dubbio; e se anche l'universo avesse il suo «orizzonte degli avvenimenti» e quindi fosse anch'esso chiuso, limitato, così tanto speciale da essere l'orizzonte ultimo, l'orizzonte di tutti gli orizzonti, al di là del quale non ci sono altri eventi, non vi è più nulla? Cosa accadrebbe se l'umanità dovesse un giorno arrivare al di là di ciò che è in grado di comprendere, «quel serait le but du ciel?»[307]. Antonioni osserva quindi come la definizione «orizzonte degli avvenimenti» sia per noi occidentali duplice; Deleuze a questo proposito afferma: «orizzonte banale dell'uomo, orizzonte cosmologico inaccessibile e sempre sfuggente. Di qui la distinzione del cinema occidentale in umanesimo europeo e fantascienza americana»[308]. Diversa invece, secondo il regista italiano, la questione per i giapponesi, da sempre poco interessati alla fantascienza[309]. Pur essendo un popolo da sempre fortemente

---

[306] «Mais pour la vie humaine, l'horizon est restè le même»: Michelangelo Antonioni, *L'Horizon des événements*, cit., p. 11.

[307] *Ibidem.*

[308] Gilles Deleuze, *L'immagine-tempo*, cit., p. 22.

[309] Antonioni riprende questo tema in un'intervista, mostrando che i giapponesi pongono in maniera diversa il problema. Cfr.

tecnologizzato, non vi si trova quella fascinazione per un eventuale altro mondo; il loro interesse non è andare nello spazio, come per gli americani. I giapponesi sono pragmatici, la tecnologia è un mezzo per un fine pratico, utile all'uomo. In accordo con questo Deleuze dichiara: «è uno stesso orizzonte che lega il cosmico e il quotidiano, il durevole e il mutevole, un solo e medesimo tempo come forma immutabile di ciò che cambia»[310]. In questo modo per Schrader si definisce la natura o la stasi, come quella forma che lega il quotidiano in qualcosa di unificato e permanente. Ma per Deleuze non vi è bisogno di invocare alcuna trascendenza, il quotidiano si rivela non come schema senso-motorio ma come situazione ottico-sonora, ed è quest'ultima ad aprire alla dimensione del pensiero e del tempo, e infine a renderli visibili e udibili[311]. Diversamente, nella visione schraderiana, «lo stile trascendentale, come il vaso, è una forma che esprime qualcosa di più profondo di ciò che è visibile, e cioè l'intima unità di tutte le cose»[312]. Schrader è conscio della difficoltà di quanto sta sostenendo e non ha remore nell'esplicitare il suo timore: «spero di non naufragare qui nel mare dell'incomprensibilità»[313]. Allo stesso tempo appare, a detta di scrive, fortemente convinto che l'obbiettivo di Ozu nel mostrare le lacrime di Hirayama in *Il Gusto del sakè,* non sia quello di commuovere lo spettatore, «ma di purificare quelle lacrime e di assorbirle in un ordine più ampio»[314]. L'espressione «purificare quelle lacrime» appare, a mio avviso, piuttosto oscura ma può essere interpretata e parzialmente chiarita con quanto Schrader afferma

---

Michelangelo Antonioni, *Identification d'une femme*, in «Cahiers du cinema», n. 342, 1982, pp. 4-7: 5.

[310] Gilles Deleuze, *L'immagine-tempo*, cit., p. 22.

[311] Sarà proprio dalla concezione deleuziana di immagine-tempo, così come dal cinema di Tarkovskij che Schrader partirà per una nuova definizione di stile trascendentale: «What became of transcendental style? [...] What happened? Gilles Deleuze happened. So did Andrei Tarkovsky. And slow cinema was soon to follow»: Paul Schrader, *Rethinking Transcendental Style*, cit., p. 1.

[312] Paul Schrader, *Il trascendente nel cinema*, cit., p. 43.

[313] *Ibidem.*

[314] *Ibidem.*

qualche riga dopo. La stasi in quanto immagine statica, immobile, pacificata, afferma una «nuova idea di vita»[315]; infatti lo spettatore, dopo aver attraversato l'ambito dell'esperienza con la quotidianità e la scissione, fasi che hanno suscitato in lui anche emozioni contrastanti, contraddittorie, è in grado per mezzo di un processo rigorosamente formale[316], quale è la stasi, arrivare a comprendere come quelle emozioni siano in realtà parte di una forma universale, che esprime l'intima unità di tutti i fenomeni. Alcuni esempi di stasi finale o eventi decisivi sono rintracciabili secondo Schrader nella guarigione da parte di Cristo dell'uomo deturpato nel *Vangelo secondo Matteo* di Pasolini e nel miracolo della mano amputata del contadino in *Simon nel deserto* (*Simón del desierto*) di Buñuel. Allo stesso modo le inquadrature conclusive dell'*Eclisse* di Antonioni, *L'intendente Sansho* (*Sansho Dayu*), *I racconti della luna pallida d'agosto* (*Ugetsu Monogatari*) di Mizoguchi si avvicinano, secondo lo sceneggiatore americano, alle scene di stasi di Ozu e Bresson: «la macchina da presa si allontana dai protagonisti della storia, lo spettacolo immobile dell'ambiente naturale, e un senso di profonda unità di tutte le cose»[317]. In questo modo comprendiamo come ciò che Schrader intende come «momento decisivo» o «stasi finale» non venga concepita come prerogativa dello stile trascendentale. Ma d'altra parte ci avverte come l'uso della stasi in Antonioni non faccia di lui un'artista trascendentale, così come l'uso della quotidianità in Wharol, o dell'evento decisivo in Buñuel. Questi autori utilizzano degli elementi dello stile trascendentale in maniera funzionale alla loro poetica, senza però incarnarlo nei termini in cui questo viene concepito dallo sceneggiatore americano. A detta di chi scrive la questione potrebbe essere affrontata anche da un'altra prospettiva. Lo svuotamento in Ozu, per esempio, non mostra alcuna affinità con quello antonioniano. Se nel primo caso questo aspetto può essere dal punto di vista estetico riconducibile al suo antenato artistico, il già citato stile *one-corner*, allargando la prospettiva osserviamo come il

---

[315] *Ibidem.*

[316] A questo proposito Schrader afferma: «Questa distinzione tra forma ed esperienza non è cavillosa, ma fondamentale: una forma può esprimere il trascendente, un'esperienza no»: ivi, p. 43.

[317] Ivi, p. 44.

concetto di vuoto rivesta un'importanza notevole all'interno dello Zen:

Il rapporto tra la "realtà visibile" (rùpa) ed il "vuoto assoluto" (sunya) è molto stretto; praticamente: "il sunya" è un modo di affermare che nella realtà visibile ci sta "l'immutevole", "l'impassibile" (giacché "il sunya" — è "mancanza di caratteri definitivi di qualcosa"). Ciò significa che "il sunya" è la realtà essenzialmente positiva, anche se considerata dal punto di vista negativo; anzi, quanto più forte è la negazione tanto più vicino "tocchiamo" la vera realtà[318].

Lo svuotamento assume invece in Antonioni un significato del tutto differente, alludendo piuttosto ad una morte dell'umano, e in qualche misura ad una possibile fine del sacro. Il commento di Moravia sul finale dell'*Eclisse* sembra confermare quanto appena sostenuto: «Qui abbiamo un'eco forse inconsapevole dell'immagine biblica del sole che diventa nero. Antonioni sembra ammonire: continuate a dedicarvi al denaro, e il mondo si spegnerà, la realtà diventerà quella dell'eclisse, fredda, muta, smorta»[319]. In maniera analoga Aldo Tassone osserva:

Altri (Benayoun, il filosofo Paci) hanno visto nel finale un grido dall'allarme contro la «reificazione» dell'uomo moderno, un invito a ribellarsi «all'eclisse attuale dell'umano». «L'umanità – scrive Kezich – è al bivio tra l'amore, inteso come adesione totale ai dati più veri della natura e della storia, e la dissoluzione»[320].

L'aridità sentimentale, presente nel film, viene trasferita in una dimensione più vasta[321], per cui gli ambienti stanno per qualcos'altro,

---

[318] Jakov Mamic, *Lo svuotamento interiore secondo Giovanni della Croce e lo Zen – Buddismo*, in «Teresianum», 31, n. 1, 1980, pp. 91 – 160: 109. L'autore chiarisce in nota (ivi, p. 109 nota 54): «Con questa nostra affermazione escludiamo la possibilità che lo Zen buddismo si possa identificare con il "nichilismo" inteso quale la negazione ontologica dell'essere. A proposito di questo si vedano: D.T. Suzuki, *Die grosse Befreiung,* p. 64 ss.; J.M.H. Hayashikawa, *o.c.,* p. I li ss. Non ho trovato nessun autore serio che abbia trattato lo Zen-buddismo nell'affermare il contrario».

[319] Aldo Tassone, *I film di Michelangelo Antonioni: un poeta della visione*, Gremese, Roma 1985, p. 120.

[320] *Ibidem.*

[321] Cfr. *ibidem.*

evocano; e in questo risiede la trascendenza estetica di Antonioni, nel film forse più astratto e libero del regista ferrarese. A questo proposito sono d'accordo con quanto afferma Edoardo Bruno circa la narratività al cinema come pretesto apparente:

> per cogliere un *quid* che risiede altrove, per esprimere quel *senso* specifico [...], che appartiene alla diegesi filmica; ma non si può fare a meno dell'oggetto che diviene soggetto, del personaggio-vicenda che *si fa* drammaturgia, invenzione-portante[322].

Osserviamo quindi come, pur utilizzando forme comuni, quelle individuate da Schrader secondo il metodo Wölfflin, le finalità perseguite dai due registi siano differenti. Dal mio punto di vista vi è un rischio insito nell'individuazione di una «forma universale di rappresentazione» e consiste nel far passare in secondo piano le specificità culturali e di poetica, aspetti che, pur emergendo all'interno del discorso schraderiano, risentono di una certa ambiguità dovuta ad una approssimazione espositiva. Dall'altro l'estensione nell'indagine al cinema di Pasolini e Wharol porta qualche perplessità, a detta di chi scrive, circa i connotati effettivi di questa trascendenza, che non sono resi noti e definiti all'inizio del saggio. Lo sceneggiatore americano si riferisce ad una trascendenza di tipo estetico o religioso? Per una maggiore chiarezza occorrerebbe, a mio avviso, specificare per ogni singolo regista da lui preso in esame.

Il cinema di Pasolini può essere utilizzato, dal mio punto di vista, come esempio di una possibile coincidenza delle due forme di trascendenza. Il caso più esplicito è l'incipit de *La Ricotta*[323], con la ricostruzione a "tableaux vivants" a colori della *Deposizione di Cristo* di Rosso Fiorentino e della *Deposizione* del Pontormo. *La Ricotta* è la storia di un calvario, quello di Stracci, figurante delle borgate romane chiamato a interpretare il ruolo del ladrone in un film dedicato alla Passione di Cristo. Come afferma Pier Marco De Santi in due sequenze gemelle, Pasolini ricrea delle repliche fedelissime dei celebri dipinti del Rosso e del Pontormo:

> Inizialmente in una visione totale a tutto campo; successivamente, come se si trattasse di un documentario sull'arte [...], in una sequenza dal

---

[322] Edoardo Bruno, *Film: Altro Reale*, cit., p. 33.

[323] Pier Paolo Pasolini, *La ricotta* (1963), episodio del film *Rogopag* di Rossellini, Godard, Pasolini, Gregoretti.

montaggio ritmico sempre più serrato, riprendendo le figure in piani e particolari che comprimono la profondità di campo dell'immagine ed esaltano la qualità pittorica delle linee, delle forme, dei colori. Pasolini stesso ha ammesso che la riproposta dei due "tableaux" in chiave di calligrafismo esasperato (ma pur sempre densa di fascino) si è resa necessaria per una forma più o meno cosciente di autoesorcismo nei confronti di qualunque tentazione estetica dalle caratteristiche profondamente artificiali[324].

Il caso pasoliniano consiste nell'aver individuato una trascendenza «terrena» e «naturale»[325] nel sottoproletariato[326] e nei «dannati della terra» del terzo mondo[327], in cui non vi è posto per alcuna Grazia divina. Sempre a proposito della *Ricotta*, Giorgia Bruni scrive:

L'opera [...] si può leggere in chiave allegorica come un confronto-scontro tra il cristianesimo nell'accezione di religione naturale intrisa di sacralità secolare, a cui appartiene l'onnipresente pasoliniano "Altrove" non corrotto e pullulante di oppressi, vinti e "veri", e il benpensante universo governato dal Potere e omologato in cui si è smarrita, in anni di adeguamento al conformismo sociale, la dimensione del sacro e la religione è ridotta a fregio accessorio e a completamento dell'*outfit* di standard italiano[328].

A questa visione il regista bolognese associa sul piano formale la pittura religiosa. Ed è qui che la trascendenza diventa estetica: Pasolini rinuncia al linguaggio narrativo in funzione di una forma

---

[324] Pier Marco De Santi, *Cinema e Pittura*, in «Art Dossier»,16, Giunti, Firenze 1999, p. 21.

[325] Pasolini non la concepisce in questi termini, come emerge dalla citazione nella pagina seguente. Cfr. Caterina Verbaro, *Pasolini: nel recinto del sacro*, Perrone, Roma 2017, pp. 15-34.

[326] *Accattone* (1961), *Mamma Roma* (1962), *Il Vangelo secondo Matteo* (1964).

[327] *Appunti per un film sull'India* (1968), *Appunti per un'Orestiade africana* (1970).

[328] Giorgia Bruni, *Sacro e profano nel primo cinema di Pasolini*, 28/12/2015, nel sito del Centro Studi Pier Paolo Pasolini di Casarsa della Delizia, URL=

http://www.centrostudipierpaolopasolinicasarsa.it/molteniblog/7811/ (visto il 4/07/2019).

contemplativa. Anche nella concezione pasoliniana, come in Schrader, vi è l'idea di un sacro costruito attraverso un'operazione formale[329], ciò a cui Pasolini allude con l'espressione «sacralità tecnica»[330]. Ma le affinità tra le due concezioni si limitano a questo aspetto, in quanto per Pasolini è la realtà ad essere sacra, il sacro alloggia nel reale e non vi è spazio per alcuna trascendenza:

Al cinema la realtà si esprime attraverso la realtà. Noi abbiamo un codice attraverso cui decodifichiamo la realtà. Ora questo codice è lo stesso che ci permette di decodificare le immagini riprodotte della realtà, cioè del cinema. Questo significa che il codice del cinema e della realtà sono sostanzialmente identici. Allora, poiché il cinema è un linguaggio, anche la realtà è un linguaggio. Il linguaggio di chi? A questo punto interviene il pensiero del trascendente. Per voi la realtà sono tutti segni che io posso analizzare semiologicamente, segni che mi raccontano, mi dicono qualcosa. Per voi cattolici, ecco Iddio, cioè il Trascendente, che parla attraverso la realtà, cioè la realtà non è altro che il sistema dei segni di Dio. Ora per me, che non sono credente, devo ricorrere a una specie, diciamo così, di ontologia: la realtà è il complesso di segni attraverso cui la realtà si esprime. Cioè la mia visione del mondo, anche se sacrale e religiosa, è di tipo immanentistico. Allora se voi volete far coincidere la vostra trascendenza con questa mia idea sacrale immanentistica, questa componente è la componente tipica di tutti i miei film, da *Accattone* a *Porcile*[331].

---

[329] Cfr. Caterina Verbaro, *Pasolini: nel recinto del sacro,* pp. 169-193; 194-214.

[330] Pasolini conia l'espressione «sacralità tecnica» per alludere ad alcuni artifici di espressione del sacro propri della sua prima fase cinematografica; cfr. Pier Paolo Pasolini, *Confessioni tecniche,* in Id. *Uccellacci e uccellini. Un film di Pier Paolo Pasolini,* Milano, Garzanti, 1966; cfr. Vito Graspo, Eugeni Evtusenko, Giuseppe Zigania, *Pier Paolo Pasolini, Mito e sacralità della tecnica,* Istituto Italiano di Cultura, Padova 1989.

[331] Pier Paolo Pasolini, *Pasolini, il mio sacro è qui,* inedito pubblicato in «Avvenire», 2/12/2014, URL = https://www.avvenire.it/agora/pagine/pasolini-il-mio-sacro-e-qui (visto il 04/07/2019) e ripreso in *Il cinema e il sacro. Su "Avvenire" un testo inedito di Pasolini,* 3/12/2014, nel sito del Centro Studi Pier Paolo Pasolini di Casarsa della Delizia, URL =

Per tutte queste ragioni il Pasolini regista non può essere inserito all'interno dello stile trascendentale delineato da Schrader.

Tornando ora all'analisi sin qui condotta dello stile trascendentale in Ozu, è utile ribadirlo, questa segue le linee della definizione Eliade-Wölfflin, e nel caso del regista giapponese coincide per alcuni aspetti con l'indagine sul suo contesto culturale; in quanto la cultura Zen ingloba il concetto di trascendenza. Ma la finalità di questo metodo è un'altra, consiste nel delineare «forme universali di espressione spirituale»[332], e in questo aspetto, per Schrader, risiede la sua forza: mette in luce fenomeni simili in culture diverse, come è «il caso della frontalità»[333]. Schrader si riferisce ancora una volta allo studio di Tadao Sato[334], che indaga i rapporti tra cinema di Ozu e cultura giapponese. Qui si evidenzia come i personaggi di Ozu siano spesso frontali rispetto alla telecamera; ma se in Sato questo aspetto viene ricondotto al senso tradizionale di gentilezza e cortesia proprio della cultura giapponese, in Schrader viene interpretato in maniera differente. L'aspetto della frontalità, sulla base della concezione di Wölfflin, si configura nella visione schraderiana come elemento dello stile trascendentale, riscontrabile da prima nella quotidianità e successivamente nella stasi. La frontalità è vista come una forma comune presente nell'arte religiosa di diverse culture tra cui la scultura primitiva dell'Africa occidentale e l'iconografia bizantina. La frontalità all'interno del cinema di Ozu è così riconducibile a due aspetti; si configura da un lato come un aspetto culturale, «in ossequio ai valori tradizionali giapponesi»[335], secondo l'idea proposta da Sato e dall'altro inserisce il regista giapponese all'interno di quella tradizione di artisti religiosi che ha usato questa modalità per il medesimo scopo: «ispirare nello spettatore un

---

http://www.centrostudipierpaolopasolinicasarsa.it/molteniblog/il-cinema-e-il-sacro-su-avvenire-un- testo-inedito-di-pasolini/ (visto il 04/07/2019).

[332] Paul Schrader, *Il trascendente nel cinema,* cit., p. 44.

[333] Ivi, p. 45.

[334] Cfr. Tadao Sato, *The art of Yasujiro Ozu*, cit., p. 13, cit. in Paul Schrader, *Il trascendente nel cinema,* cit., p. 45.

[335] Paul Schrader, *Il trascendente nel cinema,* cit., p. 45.

atteggiamento di devozione verso l'opera d'arte»[336]. La finalità dello sceneggiatore americano è quindi quella di mostrare come il metodo Wölfflin, che definisce radici e origini di una forma, sia adatto allo stile trascendentale e finalizzato all'individuazione delle «radici dei sentimenti spirituali»[337].

---

[336] *Ibidem.*
[337] *Ibidem.*

Capitolo terzo - Lo stile trascendentale: Robert Bresson

3.0. Il cinema di Robert Bresson.

In un articolo apparso sulla webzine «Onda cinema», Diego Capuano e Matteo De Simei sostengono che l'opera di Robert Bresson rappresenti «una delle sfide intellettualmente più complesse dell'intera storiografia autoriale cinematografica»[338]. Ciò deriva da alcuni aspetti: la stratificazione del suo pensiero, l'analisi della condizione esistenziale umana descritta attraverso il mezzo del cinematografo, la forte componente religiosa, l'investigazione sul Cristianesimo di impronta giansenista. Bresson ha diretto quattordici film in quarant'anni, che rappresentano il tentativo coerente di dar vita a una forma inedita di scrittura cinematografica.

Per Schrader invece i film di Bresson rappresentano «un esempio dello stile trascendentale in Occidente»[339] e rispetto allo studio del cinema di Ozu, in cui ad emergere era un'unica tradizione dominante, lo zen, lo sceneggiatore americano individua in Bresson almeno tre tradizioni: nella tradizione estetica, la Scolastica; nella tradizione artistica, l'iconografia bizantina, e infine propone quella che lui intende come una sintesi della tradizione: *l'Imago Dei*.

Il capitolo risulta così strutturato: si inizia come in Ozu con la descrizione dello stile trascendentale nel suo articolarsi di quotidianità, scissione, stasi; si prosegue con una sezione dedicata a Bresson e alla sua personalità; e infine si ritrova la descrizione delle tradizioni sopra citate. Nell'affrontare queste argomentazioni, Schrader si riferisce agli scritti di Amédée Ayfre[340], André Bazin[341],

---

[338] Diego Capuano, Matteo De Simei, *Robert Bresson La ricerca della Grazia,* in «Ondacinema», s.d., URL=

http://www.ondacinema.it/monografie/scheda/robert-bresson.html (visto il 13/08/2019).

[339] Paul Schrader, *Il trascendente nel cinema*, cit., p. 49.

[340] Cfr. Amédée Ayfre, *L'universo di Robert Bresson*, in *Contributi a una teologia dell'immagine*, Edizioni Paoline, Roma 1966, pp. 301-325.

[341] Cfr. André Bazin, *La stilistica di Robert Bresson* (1951), in E. Bruno (a cura di), *Film. Antologia del pensiero critico*, Bulzoni, Roma 1997, pp. 123-139.

Susan Sontag[342]; studiosi che nelle loro analisi hanno già sottolineato aspetti che ritroveremo all'interno del saggio quali «la regia giansenista»[343], la «fenomenologia della salvezza e della grazia»[344], e «lo stile spirituale»[345].

3.1. Lo stile trascendentale di Robert Bresson: la quotidianità.

L'utilizzo della quotidianità nel cinema, secondo Schrader, ha dei precedenti nell'arte religiosa; in quella che viene definita come «l'estetica della superficie»[346]. Un'ossessiva attenzione per i dettagli la ritroviamo, secondo lo sceneggiatore americano, tanto nelle porcellane cinesi, quanto nei tappeti orientali e nell'architettura bizantina. E in maniera affine nella scuola d'Alessandria del III secolo lo studio delle Scritture diventò una questione di dettagli, perché gli esegeti erano persuasi dall'idea che si potesse arrivare a comprendere «il senso mistico attraverso la concentrazione su ogni sottile sfumatura del testo»[347]. Questo è quanto succede anche nel cinema di Bresson:

> Egli utilizza un chiaro metodo documentaristico: ambientazioni reali – Fort Monluc in *Un condannato a morte è fuggito* o la gare de Lyon in *Pickpocket* – attori non professionisti e suono in presa diretta. Eppure non c'è il desiderio di catturare la "verità" documentaria di un evento (come nel *cinèma vèritè*), ma soltanto la sua superficie[348].

---

[342] Susan Sontag, *Stile Spirituale nei film di Robert Bresson*, cit., pp. 249-275.

[343] Amédée Ayfre parla anche di un «irrecusabile giansenismo del pensiero»: Ameedee Ayfre, *Contributi a una teologia dell'immagine*, cit., p. 323.

[344] André Bazin, *Journal d'un curé de campagne et la stylistique de Robert Bresson*, in «Cahiers du Cinema», 3, 1951, pp. 6-21.

[345] Susan Sontag, *Stile spirituale nei film di Robert Bresson*, cit., pp. 249-274.

[346] Gervase Mathew, *Byzantine Aesthetics*, John Murray, London 1963, p. 6, cit. in Paul Schrader, *Il trascendente nel cinema*, cit., p. 52.

[347] Paul Schrader, *Il trascendente nel cinema*, cit., p. 52.

[348] Ivi, p. 53.

A detta di chi scrive, Amédée Ayfre in *L'universo di Robert Bresson*[349] evidenzia il medesimo aspetto:

Quando Zavattini e De Sica ci fanno assistere al coricarsi di Umberto D, o al risveglio della piccola domestica nello stesso film, essi lo fanno con l'intento di fare di noi testimoni di gesti, di attitudini, di parole, i cui dettagli sono spesso noiosi e insignificanti, ma il cui insieme offre l'interesse di rivelarci una situazione concreta che non aveva ancora richiamato la nostra attenzione. Niente di analogo accade in opere come «*Les Dames du bois de Boulogne*» (*Perfidia*) o «*Pickpocket*». Niente infatti in questi film, come del resto in tutti gli altri di Bresson, che possa essere paragonato da vicino o da lontano a una «tranche de vie», alla descrizione documentaria di un ambiente o alla presentazione concreta di una realtà umana. Si è così lontani dal verismo e dal naturalismo come dal neorealismo[350].

È lo stesso Bresson ad ammettere come la quotidianità consista in una mistificazione: «quello che voglio e che cerco di fare è, in effetti, di diventare il più possibile realista, usando solo la materia informe presa dalla vita reale. Ma finisco col fare un tipo di realismo che non è semplicemente "realismo"»[351]. L'uso della quotidianità in Bresson non deriva da un interesse per la vita reale, ma, secondo Schrader, dal rifiuto di quegli artifici drammaturgici che il cinema spaccia per realtà. Lo sceneggiatore americano affronta la questione della quotidianità in Bresson, attraverso un discorso essenzialmente formale, mettendo in luce il rifiuto del regista francese per i «paraventi»[352] di cui si serve il cinema, finalizzati ad un coinvolgimento emotivo dello spettatore: la trama, la recitazione, le tecniche di ripresa, il montaggio, la musica. Si tratta per Bresson di

---

[349] Amédée Ayfre, *L'universo di Robert Bresson*, in *Contributi a una teologia dell'immagine*, cit., pp. 303- 308.

[350] Ivi, p. 303.

[351] Robert Bresson, cit. in Anonimo, *Les Rythmes d'un film doivent être des battements de coeur*, in «L'Express», 445, 1959, pp. 38-39; cit. in Paul Schrader, *Il trascendente nel cinema*, cit., p. 54.

[352] Robert Bresson in Jean-Luc Godard e a Michael Delahaye, *Intervista con Robert Bresson* (1966), tr. it. di M. Bertolini, in *La politica degli autori. Le grandi interviste dei «Cahiers du cinèma»*, Minimum fax, Roma 2010, pp. 262-304: 295; cit. in Paul Schrader, *Il Trascendente nel cinema*, cit., p. 54.

«schermi»[353] che, a detta di Schrader, impediscono di guardare, per accedere al soprannaturale, oltre la superficie della realtà, ritenendola autosufficiente. Con l'espressione «There are screens» il regista francese mostra come nel suo cinema l'uso di attori professionisti sarebbe di impedimento al metodo di lavoro da lui adottato, fatto di domande che si pongono nell'ignoto. Questo perché l'attore avendo acquisito abitudini, nel tentativo di dimenticarle, risulta «ancora più falso di quando fa l'attore, di quando recita. Perchè noi non siamo semplici, siamo estremamente complessi»[354]. Anche per questo motivo i film bressoniani possono apparire freddi e ostici, a detta di Schrader, proprio perché essi sono privi di quella capacità di intrattenimento apprezzata dalla maggior parte del pubblico. Su questo Susan Sontag afferma: «In Inghilterra e in America i film di Robert Bresson sono spesso definitivi freddi, intellettualistici, geometrici»[355] e questo è dovuto alla mancanza di familiarità con la tradizione riflessiva e contemplativa, cui la sua arte appartiene. Lo sceneggiatore americano riporta quanto detto dalla studiosa statunitense: «la sensibilità di Bresson è impegnata a respingere i piaceri facili della bellezza fisica e dell'artificio per un piacere più duraturo, più esemplare, più sincero»[356]. Quanto segue è l'analisi formale condotta da Schrader, che ho voluto integrare con qualche riferimento tratto da Scarlato[357], per arrivare ad affermare che uno

---

[353] Paul Schrader, *Il trascendente nel cinema*, cit., p. 54; «There are too many things that interpose themselves. There are screens»: Paul Schrader, *Transcendental Style in Film: Ozu, Bresson, Dreyer*, cit., p. 64.

[354] Robert Bresson in Jean-Luc Godard e a Michael Delahaye, *Intervista con Robert Bresson*, cit., p. 280.

[355] Susan Sontag, *Stile spirituale nei film di Robert Bresson*, cit., p. 251.

[356] Ivi, p. 270; cit. in Paul Schrader, *Il trascendente nel cinema*, cit., p. 54.

[357] Scarlato in *Robert Bresson – La meccanica della grazia*, anticipa l'analisi dei film bressoniani con una descrizione schematica degli aspetti formali del cinema di Bresson che, a detta di chi scrive, mostra delle affinità con lo studio schraderiano. Cfr. Alessio Scarlato, *La grazia della macchina da presa e del magnetono* in Id.,

studio attento del cinema bressoniano non possa prescindere da un'analisi di questo tipo[358]. Infatti è Scarlato a sostenere che la migliore introduzione a Bresson sia nelle sue *Note sul cinematografo*: «Brevi frasi lapidarie, che nel loro montaggio, nella loro messa in ordine, non solo tracciano una poetica, ma sviluppano una precisa teoria del cinema»[359].

- *La trama.* Bresson, in maniera affine a Ozu, non apprezza l'intreccio, in quanto la trama viene da lui considerata come un «trucco che serve a chi scrive romanzi»[360]. Le vicissitudini dei personaggi sono dei paraventi, finalizzati a stabilire una relazione semplice e affidabile tra il pubblico e l'evento, ovvero «l'identificazione dello spettatore con l'azione del film da cui deriva l'impressione di essere stato messo a contatto diretto con le dinamiche della vita»[361]. Diversamente, secondo Schrader, nel cinema di Bresson:

i sentimenti dello spettatore non hanno alcun effetto sull'esito finale. Di tutti i film *Un condannato a morte è fuggito* sembra il più costruito intorno a una storia: si parla appunto di un'evasione dal carcere. Ma già dal titolo *Un condannato a morte è fuggito* si sbarazza di qualsiasi possibile suspense sull'esito della vicenda[362].

Allo stesso modo nel *Processo a Giovanna d'Arco* il pubblico è a conoscenza di come andrà a finire e questo viene ulteriormente ribadito dalla guardia inglese che rammenta in continuazione: «Ella

---

La meccanica della grazia, pp. 31-42. Per un confronto con Schrader, cfr. Paul Schrader, *Il trascendente nel cinema*, cit., pp. 54-61.

[358] Infatti Susan Sontag afferma come nell'arte riflessiva, categoria in cui lei inserisce il cinema bressoniano, sia fortemente presente la *forma* dell'opera d'arte. Cfr. Susan Sontag, *Stile spirituale nei film di Robert Bresson*, cit., p. 252.

[359] Alessio Scarlato, *Robert Bresson – La meccanica della grazia*, p. 31.

[360] Robert Bresson, cit. in Roy Armes, *French Cinema since 1946*, Vol. I, *The Great Tradition*, A.S. Barnes, Cranbury 1966, p. 120; cit., in Paul Schrader, *Il Trascendente nel cinema*, cit., p. 54.

[361] Paul Schrader, *Il trascendente nel cinema*, cit., p. 55.

[362] *Ibidem.*

morirà», «Dev'essere bruciata». Gli eventi nel cinema bressoniano rispondono a un disegno del destino, che secondo Schrader, va al di là del controllo dello spettatore, ma anche dello stesso regista francese[363]. A detta di chi scrive, quanto detto da Schrader concorda con l'affermazione di Bresson che in una delle sue note scrive: «Provocare l'inatteso. Aspettarlo»[364]. Per Bresson il cinema è «esplorazione interiore»[365] e per questa ragione il regista francese, tra le varie possibilità di manipolazione del pubblico, reputa limitante un utilizzo della trama per suscitare partecipazione. Questo non significa che i film di Bresson siano del tutto privi di trama: in essi è presente una successione di eventi di diversa intensità, con momenti di tensione e rilassamento. E tuttavia si dimostra contrario ad un appello alla sfera emotiva:

> Ci si dovrebbe liberare delle storie drammatiche. Queste non hanno nulla a che fare con il cinema. A me sembra che quando si tenta di dare una forma drammatica al cinema, è come se si cercasse di battere dei chiodi con una sega. Il cinema sarebbe stato meraviglioso se non ci fosse stato il teatro a mettersi fra i piedi[366].

Da una attenta lettura delle *Note sul cinematografo*[367], sequela di pensieri e aforismi del regista francese, possono essere messi in luce gli elementi essenziali che riassumono la sua poetica, la sua particolare teoria del cinema: «il cinematografo è una scrittura con immagini in movimento e suoni»[368]. Nella visione bressoniana la cinepresa applica un processo creativo simile a quello della penna, e questa definizione sembra richiamare le tesi di Alexandre Astruc: «il

---

[363] *Ibidem.*

[364] Robert Bresson, *Note sul cinematografo*, cit., p. 92.

[365] Jean Douchet, *Bresson on Location*, in «Sequence», 13, 1951, pp. 6-8: 8; cit., in Paul Schrader, *Il Trascendente nel cinema*, cit., p. 55.

[366] Robert Bresson in James Blue, *Excerpts from an Interview with Robert Bresson*, Mimeographed, Los Angeles 1965, cit. in Paul Schrader, *Il trascendente nel cinema*, cit., pp. 55-56.

[367] La prima edizione del testo risale al 1975; nonostante non vi sia nessun riferimento all'interno del suo saggio, Schrader analizza temi tratti da alcune interviste, che poi si ritroveranno esposti nelle *Note sul cinematografo*.

[368] Robert Bresson, *Note sul cinematografo*, cit., p. 14.

cinema si svincolerà a poco a poco dalla tirannia del visivo, dall'immagine per l'immagine, dall'aneddoto brutto, dal concreto, per diventare un mezzo di scrittura flessibile e sottile al pari del linguaggio scritto»[369]. Il ruolo del regista non consiste semplicemente in un *metteur en scène*, termine che Bresson rifiuta, ma il regista assume lo status d'autore. A Bresson piace infatti definirsi «*metteur en ordre*» più che «*en scéne*», perché l'essenza del suo lavoro creativo consiste in questa operazione molto concreta, ma concepita in modo intellettuale: le cose e le persone si trovano collocate là dove l'autore ha scelto di metterle. È evidente nel regista francese un desiderio di perfezione[370] a cui lui aspira evitando ogni elemento distraente: «Per me il cinema è più vicino alla musica che al teatro o al romanzo»[371]. L'affermazione, scrive Pietro Bianchi, intende mostrare come la musica sia la meno corporea tra le varie arti. Bresson tende infatti «ai risultati di una sinfonia: un insieme di "suoni" attraverso i quali ci viene suggerita una misteriosa, magica essenza»[372]. Per questo motivo il maggiore ostacolo al cinematografo è l'adozione di modi espressivi presi in prestito dalle altre arti, e in particolare dal teatro. L'uso dei mezzi espressivi del teatro, e quindi la sua riduzione a teatro fotografato, è per Bresson il rischio

---

[369] Alexandre Astruc, *La nascita di una nuova avanguardia: la caméra stylo* (1949), tr. it. di A. Barbera e R. Turigliatto, in A. Martini (a cura di), *Utopia e cinema*, Marsilio, Venezia 1994, p. 58.

[370] Sulla «purezza dell'arte» per Bresson Cfr. Susan Sontag, *Stile Spirituale nei film di Robert Bresson*, cit., pp. 259-260.

[371] Robert Bresson, cit. in Pietro Bianchi, *Dopo l'ultima violenza si getta nello stagno*, in «Il Giorno», 1968, cit. in *Per me il cinema è più vicino alla musica che al teatro o al romanzo*, reperibile online nell'archivio della Cineteca di Bologna, URL=
http://www.cinetecadibologna.it/archivi-non-film/archivicartacei/mouchette_calendoli (visto il 13/08/2019).

[372] Pietro Bianchi, *Dopo l'ultima violenza si getta nello stagno*, in «Il Giorno», 1968, cit. in *Per me il cinema è più vicino alla musica che al teatro o al romanzo*, reperibile online nell'archivio della Cineteca di Bologna, URL=
http://www.cinetecadibologna.it/archivi-non-film/archivicartacei/mouchette_calendoli (visto il 13/08/2019).

maggiore del cinema: «teatro bastardo a cui manca il proprio del teatro: presenza di attori vivi, azione diretta del pubblico sugli attori»[373].

- La recitazione. All'interno della critica bressoniana dei principali artifici cinematografici, secondo Schrader, le accuse più forti vengono riservate alla recitazione. A questo proposito egli riporta un'affermazione del regista francese riportata nel testo della Sontag: «Va bene per il teatro, che è un'arte bastarda»[374]. La recitazione è nella visione bressoniana un processo di semplificazione in cui l'attore traduce «le sue insondabili complessità personali»[375] in caratteristiche semplici e accessibili[376]. Per un attore l'approccio più naturale è quello psicologico, diversamente Bresson cerca altre vie: «Non mi piace la psicologia, cerco di evitarla»[377]. André Bazin, citato da Schrader, sembra cogliere il fulcro del pensiero bressoniano: il regista francese «ci invita dunque non già a una psicologia, ma a una fisiognomica esistenziale»[378]. Il critico francese intende con questa espressione che Bresson, opponendosi all'espressione drammatica dell'attore ma anche ad ogni sua

---

[373] Robert Bresson, *Note sul cinematografo*, cit., p. 15; sulla ricerca di purezza nel cinema cfr. Rudolf Arnheim, *Film come arte* (1932), tr. it. di P. Gobetti, Abscondita, Milano 2013, pp. 145-165; Cfr. Andrej Tarkovskij, *Scolpire il tempo* (1986), a cura di V. Nadai, Ubulibri, Milano 2002, pp. 60 – 62.

[374] Robert Bresson, cit. in Susan Sontag, *Stile Spirituale nei film di Robert Bresson*, cit., pp. 259-260.

[375] Paul Schrader, *Il Trascendente nel cinema*, cit., p. 56.

[376] «Noi siamo complessi. E la proiezione dell'attore non lo è»; Robert Bresson in Jean-Luc Godard e a Michael Delahaye, *Intervista con Robert Bresson, La politica degli autori. Le grandi interviste dei «Cahiers du cinèma»*, cit., p. 280; cit. in Paul Schrader, *Il Trascendente nel cinema*, cit., p. 56.

[377] Robert Bresson, Intervista a cura di M. Capdenac, in «Les Lettres Françaises», 928, 1962 cit. in Paul Schrader, *Il trascendente nel cinema*, cit., p. 56.

[378] André Bazin, *La stilistica di Robert Bresson,* in E. Bruno (a cura di), *Antologia del pensiero critico*, cit., p. 130; cit. in Paul Schrader, *Il Trascendente nel cinema*, cit., p. 56.

espressività psicologica, richiede di leggere nel volto dei suoi modelli non il riflesso momentaneo di ciò che si dice ma «una permanenza dell'essere, il velo di un destino»[379]. Il regista francese evidenziando le qualità «carnali»[380] del volto, nella misura in cui l'attore non recita, «reca l'impronta privilegiata dell'essere, la traccia più leggibile dell'anima»[381]. E in maniera affine Susan Sontag: «A Bresson interessano le forme dell'azione spirituale – la fisica dell'anima, per così dire – più che la sua psicologia»[382]. In *Note sul cinematografo* emerge come Bresson propenda invece per l'adozione di non professionisti, attori-modelli, che ripetono in modo automatico gesti e parole[383], e che così propongono «un movimento inverso, dall'esterno verso l'interno»[384]. Il riferimento polemico è ancora il teatro, e alla sua falsità recitativa, dove gli attori proiettano verso l'esterno i pensieri del personaggio attraverso il volto e la gestualità. Diversamente Bresson ricerca il modello-automa, perché nella vita in maniera frequente compiamo le nostre azioni in automatico, per abitudine, senza intervento del pensiero e della volontà: «Modelli divenuti automatici (tutto pesato, misurato, calcolato al minuto, ripetuto dieci, venti volte) e gettati in mezzo agli avvenimenti del tuo film, – i rapporti con persone e cose intorno a loro saranno *giusti*, perché non saranno *pensati*»[385]. L'attore, divenuto automa, dimentica se stesso, compie gesti e pronuncia parole che in modo involontario possono rivelare la sua più profonda essenza. Questo non significa che Bresson richieda ai suoi attori l'inespressività: «Applicare sentimenti sul suo volto e sui suoi gesti, è l'arte dell'attore, è il teatro. Non applicare sentimenti sul suo volto e sui suoi gesti, non è il cinematografo. Modelli espressivi

---

[379] André Bazin, *La stilistica di Robert Bresson,* cit., Roma 1997, p. 130.

[380] *Ibidem.*

[381] *Ibidem.*

[382] Susan Sontag, *Stile Spirituale nei film di Robert Bresson*, cit., p. 265.

[383] Questo aspetto emerge in parte anche nel saggio schraderiano; Cfr. Paul Schrader, *Il Trascendente nel cinema*, cit., p. 57.

[384] Robert Bresson, *Note sul cinematografo*, cit., p. 40.

[385] Ivi, p. 33.

involontari (e non inespressivi volontari)»[386]. Diversamente dal teatro, il modello-attore bressoniano non presta la propria faccia, il proprio corpo, la propria voce a un personaggio, ma è quel personaggio che, come scrive Scarlato, «per grazia (per caso) può rivelarsi all'occhio della cinepresa»[387]. Il regista non desidera affatto sostituire la gestualità dell'attore con quella da lui immaginata: piuttosto, entrambi si pongono in attesa di qualcosa di inaspettato, di imprevedibile, sconosciuto a tutti e due. Per questo motivo il modello consegna all'occhio della macchina da presa qualcosa di sconosciuto anche a se stesso, che non viene deformato né dalla sua intelligenza né da quella del regista. La scelta dei modelli è conseguente a un percorso che, secondo Scarlato, «dall'esterno degli automatismi dei gesti e delle parole aspetta la grazia della rivelazione dell'interno»[388].

- *L'inquadratura*. Qualsiasi inquadratura (panoramica, primo piano, grandangolare) designa un certo atteggiamento nei confronti di un personaggio e costituisce un paravento che semplifica e interpreta quel personaggio. Schrader evidenzia il rischio insito nelle composizioni figurative e nelle angolazioni, per il potere di alterare, senza che lo spettatore ne sia cosciente, il significato di un'azione. Bresson, secondo lo sceneggiatore americano, sottrae alla macchina da presa i suoi poteri di manipolazione, «consentendosi un unico angolo di ripresa e una sola composizione fondamentale»[389]. In un'intervista citata da Schrader il regista francese conferma quanto appena detto: «Raramente cambio l'angolazione di ripresa. Una persona non è più la stessa se la vedo da una prospettiva molto diversa dalle altre»[390]. In maniera affine a Ozu, Bresson gira con una macchina ad altezza fissa; ma, diversamente dal regista giapponese, che, come abbiamo visto in precedenza, predilige una posizione bassa, come se stesse seduto sul *tatami*, il regista francese posiziona

---

[386] Ivi, p. 77.

[387] Alessio Scarlato, *Robert Bresson – La meccanica della grazia*, cit., p. 41.

[388] Ivi, p. 42.

[389] Paul Schrader, *Il Trascendente nel cinema*, cit., p. 58.

[390] Robert Bresson in James Blue, *Excerpts from an Interview with Robert Bresson*, cit., in Paul Schrader, *Il Trascendente nel cinema*, cit., p. 58.

la cinepresa all'altezza del petto di una persona in piedi. È lo stesso Schrader ad evidenziare le affinità iconografiche che i due registi condividono:

> Come nei film di Ozu le riprese sono soprattutto frontali, con almeno un personaggio che guarda in macchina, come se fosse stato colto in una posizione a metà strada tra il pubblico e lo spazio che lo circonda. L'ambiente, statico e curato anche nei dettagli, agisce scena dopo scena come cornice dell'azione: un personaggio entra nella cornice, fa ciò che deve fare ed esce[391].

La modalità con cui Bresson si serve della macchina da presa tende ad annullarne il potere, a mio giudizio «manipolatorio», poiché se ogni azione viene affrontata in maniera inespressiva, lo spettatore non sarà più portato a ricercare nella composizione della scena possibili chiavi di lettura dell'azione[392]. Alessio Scarlato, nel suo *Robert Bresson – La meccanica della grazia*, afferma come l'elemento della spoliazione, presente in tutti gli aspetti del cinema bressoniano, per quanto riguarda l'immagine coincida con la costruzione di inquadrature «compresse»[393], che evitano qualsiasi effetto pittorico: «La bellezza del tuo film non sarà nelle immagini (cartolina-postalismo) ma nell'ineffabile che sprigioneranno»[394]. Tale affermazione rivela come la concezione di Bresson si discosti in maniera evidente dal gusto per la bella inquadratura del realismo poetico[395]. Questo aspetto viene sottolineato anche da Schrader: «Bresson evita la "bella" immagine fine a se stessa»[396]. È lo stesso

---

[391] Paul Schrader, *Il Trascendente nel cinema*, cit., p. 58.

[392] Cfr. Paul Schrader, *Il trascendente nel cinema*, cit., p. 58.

[393] Cfr. Alessio Scarlato, *Robert Bresson - La meccanica della grazia*, cit., p. 36.

[394] Robert Bresson, *Note sul cinematografo*, cit., p. 108.

[395] Corrente cinematografica affermatasi negli anni '30 in Francia; una delle cifre stilistiche è l'utilizzo della soggettiva, per mostrare non solo ciò che il personaggio vede, ma anche i suoi stati d'animo. Tra i principali esponenti ricordiamo Abel Gance, Jean Epstein, Jean Vigo, Jean Renoir, Marcel Carné.

[396] Paul Schrader, *Il trascendente nel cinema*, cit., p. 58; Schrader fornisce tre esempi cinematografici di «bella immagine» come il caso di *Elvira Madigan* (1967) e *Adalen '31* (1969) di Bo

Bresson infine a rivelarci come questa scelta derivi in parte dal suo passato pittorico: «La pittura mi ha insegnato a non dipingere immagini belle se non quelle necessarie»[397].

Il montaggio. Bresson, in maniera affine a Ozu, utilizza tagli regolari e discreti; e Susan Sontag, citata dallo stesso Schrader, mette in evidenza come il montaggio bressoniano non presenti nessun accostamento artificioso:

La forma nei film di Bresson, pur essendo decisamente lineare, è anti-drammatica. Le scene sono spesso interrotte e si susseguono l'una all'altra senza apparenti accentuazioni. [...] Questo metodo di costruzione del racconto è applicabile con rigore particolare nel *Processo a Giovanna d'Arco.* Il film è composto di campi medi statici con persone che parlano; le scene sono la sequenza inesorabile degli interrogatori di Giovanna. Il principio di elisione del materiale aneddotico [...] è qui portato all'estremo. Non c'è nessun intermezzo. [...] È una costruzione molto distaccata, che impedisce decisamente qualsiasi partecipazione emotiva[398].

La colonna sonora. La musica e gli effetti sonori vengono utilizzati da Bresson nella sua rappresentazione della quotidianità per rendere con maggior precisione la «freddezza del reale»[399]. La colonna sonora è costituita da rumori minimi che contribuiscono a creare un senso di vita quotidiana che la sola macchina da presa non sarebbe in grado di evocare. Bresson, secondo Schrader, consapevole del potenziale emotivo e manipolatorio della musica, preferisce limitarsi nella descrizione della quotidianità a un sonoro semplice, «da documentario»[400]. In maniera affine a Ozu, il regista francese decide di utilizzare la musica nel momento dell'evento decisivo e della stasi:

Widerberg, e un esempio di «bella immagine» dai toni grotteschi come nel *Satyricon* (1969) di Fellini.

[397] Robert Bresson, Intervista a cura di M. Capdenac, in «Les Lettres Françaises», 928, 1962; cit. in Paul Schrader, *Il trascendente nel cinema,* cit., p. 58.

[398] Susan Sontag, *Stile spirituale nei film di Robert Bresson,* cit., p. 258; cit. in Paul Schrader, *Il trascendente nel cinema,* cit., p. 59.

[399] Paul Schrader, *Il trascendente nel cinema,* cit., p. 60.

[400] *Ibidem.*

Quando in *Un condannato a morte è fuggito* usa la *Messa in do minore* di Mozart per la scena decisiva, questa non serve a manipolare le emozioni, ma come nelle code dei film di Ozu è un'esplosione di intensità emotiva all'interno di un contesto freddo[401].

Alessio Scarlato, in *Scrivere con le immagini in movimento e i suoni*[402], affronta la questione della colonna sonora in Bresson, individuando all'interno del suo cinema tre livelli di materia sonora: la musica, i rumori, le voci degli attori. Su tutti i livelli Bresson applica un lavoro di sottrazione – «Quando basta un violino non usarne due»[403] – e di economia: «Se l'occhio è completamente conquistato, non dare nulla o quasi nulla all'orecchio»[404]. Allo stesso modo ritroviamo nella poetica bressoniana il riconoscimento del potere rivelativo offerto dal suono: «Quando un suono può sostituire un'immagine, sopprimere l'immagine o neutralizzarla. L'orecchio va più verso l'interno, l'occhio verso l'esterno»[405]. Sulla musica di accompagnamento Bresson è piuttosto esplicito: «Quanti film rappezzati dalla musica! Si inonda di musica un film. Si impedisce di vedere che in quelle immagini non c'è niente»[406]. Arriva perfino a paragonarne il suo uso a una droga: «Musica: isola il tuo film dalla vita del tuo film (voluttà musicale). È un potente modificatore e persino distruttore del reale, come l'alcol o la droga»[407]. È evidente come dietro queste affermazioni si nasconda la critica bressoniana a un uso della colonna sonora come quinta sonora, vicina al modo degli spettacoli teatrali. Questo uso si lega, dal punto di vista di Scarlato, al «verbocentrismo»[408] dei film a impostazione teatrale, nei quali l'uso della musica d'accompagnamento è finalizzata ad amplificare l'emozione, che, come sostiene lo studioso italiano,

---

[401] *Ibidem.*

[402] Cfr. Alessio Scarlato, *Scrivere con le immagini in movimento e i suoni*, in *Robert Bresson - La meccanica della grazia*, cit., pp. 37-40.

[403] Robert Bresson, *Note sul cinematografo*, cit., p. 25.

[404] Ivi, p. 57.

[405] *Ibidem.*

[406] Ivi, p. 121.

[407] Ivi, p. 81.

[408] Cfr. Alessio Scarlato, *Robert Bresson - La meccanica della grazia*, cit., p. 37.

dovrebbe così provocare l'immagine (funzione di ridondanza), o suggerirla (funzione di commento)[409]. Bresson, insieme a Tati, Antonioni, Tarkovskij, è senza dubbio uno dei primi registi a rivalutare la componente estetica dei rumori, che possono essere utilizzati in forma organizzata. A un uso limitato e stilizzato dei rumori, dovuto anche a problemi di registrazione, Bresson contrappone una fenomenologia del mondo sonoro nel quale siamo immersi, che determina allo stesso tempo la perdita del ruolo egemone solitamente destinata al tessuto verbale. La pratica di Bresson appare in sintonia con le ricerche che si sviluppano a Parigi negli anni '50 nel campo dell'avanguardia musicale nel *Group de recherches de musique concrète*, coordinate da Pierre Schaeffer. Le indagini di Schaeffer si differenziano dal rumorismo descrittivo di Cage e dalle ricerche di Stockhausen, basate sull'utilizzo di suoni prodotti attraverso generatori di frequenza per creare mondi sonori del tutto nuovi. La musica concreta invece si avvale di suoni provenienti dalle fonti più varie della realtà acustica: rumori, strumenti tradizionali, voci, prendendo in prestito qualsiasi materiale sonoro[410]. Bresson si mostra perfettamente coerente con questa concezione: «Riorganizzare i rumori inorganizzati (quel che credi di sentire non è quel che senti) di una via, di una stazione ferroviaria, di un aeroporto… Riprenderli uno per uno nel silenzio e dosarne il miscuglio»[411]. Per quanto riguarda le voci, la recitazione è monocorde, priva di riverbero, come se l'attore parlasse a se stesso: «Le parole imparate a fior di labbra troveranno, senza che il cervello vi prenda parte, le inflessioni e la canzone proprie alla loro vera natura. Modo per ritrovare l'automatismo della vita reale»[412]. In *Processo a Giovanna d'Arco* (*Procès de Jeanne d'Arc*) del 1962,

---

[409] Cfr. *Ibidem*; Si tratta di una critica che risale ai tempi dell'introduzione del sonoro, e che ritroviamo poi in molti autori francesi, tra cui Eric Rohmer. Su tale argomento cfr. Theodor W. Adorno, Hanns Eisler, *Musica per film* (1947), tr. it. di tr. it. di O. P. Bertini, Newton Compton Editori, Roma 1975.

[410] Sulla musica concreta e sulle ricerche di Schaeffer, cfr. Pierre Schaeffer, *In Search of a Concrete Music*, tr. ingl. di C. North e J. Dack, University of California Press, London 2012.

[411] Robert Bresson, *Note sul cinematografo*, cit., p. 50.

[412] Ivi, p. 67.

Bresson focalizza l'attenzione sul timbro, sulle sfumature delle voci. Le risposte automatiche di Giovanna rendono la sua voce qualcosa di diverso rispetto alla semplice espressione psicologica o sociale. Non è la voce di una giovane disturbata, né si propaga dall'interno all'esterno come le voci teatrali. Scarlato considera: «È una parola che non va verso il visibile dell'immagine, ma verso l'*invisibile* del suo timbro, verso qualcosa d'altro rispetto alla propria soggettività. La voce di Giovanna incarna quelle voci invisibili»[413].

Dal mio punto di vista i tratti della quotidianità bressoniana individuati da Schrader mostrano delle affinità con quanto sostenuto da Ayfre in *L'universo di Robert Bresson*[414]. L'astrazione bressoniana, secondo Ayfre, si sviluppa in intensità, infatti non cerca tanto di classificare gli esseri, ma di cogliere in un essere ciò per cui esso è quello che è, la sua essenza. Ayfre sottolinea la capacità di Bresson nel restituirci l'essenziale dei personaggi e degli avvenimenti senza mai impoverirli. Questo deriva dalla scelta accuratissima di oggetti, accessori, dettagli, e dei gesti «carichi di una realtà estremamente densa»[415]. Ayfre cita il celebre articolo di Bazin sullo stile bressoniano[416] in cui il critico francese afferma: «Ci voleva soltanto il rumore di un tergicristallo d'automobile su un testo di Diderot per farne un dialogo raciniano»[417]. L'abate francese ritrova l'equivalente del «rumore del tergicristallo» in tutti i film di Bresson, tanto nel sonoro quanto nelle immagini:

Lo troviamo per esempio nella rastrellatura dei viali del parco durante la conversazione del curato di campagna con la contessa, o nello scricchiolio delle vecchie scarpe di Giovanna in preda alle fiamme con lei sul rogo. È l'organizzazione stilizzata di tutti questi dettagli concreti che finisce per

---

[413] Alessio Scarlato, *Robert Bresson - La meccanica della grazia*, cit., p. 85.

[414] Cfr. Amédée Ayfre, *L'universo di Robert Bresson*, in *Contributi a una teologia dell'immagine*, cit., p. 303.

[415] Ivi, p. 305.

[416] Cfr. André Bazin, *Le journal d'un curé de campagne et la stylistique de Robert Bresson*, in «Cahiers du cinéma», 3, 1951, pp. 6-21.

[417] Cfr. *Ibidem*, cit. in Amédée Ayfre, *Contributi a una teologia dell'immagine*, cit., p. 305.

disegnare l'anima di un personaggio di una situazione o di un film[418].

Bresson isola gli elementi grezzi della vita reale e li unisce in un nuovo ordine; come già accennato in precedenza il regista non è un semplice *metteur en scène*, ma un «ordinatore»[419]. Allo stesso modo di un quadro, secondo Bresson, il film deve essere composto di «rapporti», infatti il creare, dal suo punto di vista, «non significa deformare o inventare persone e cose. Vuol dire stringere fra persone e cose che esistono, *così come esistono*, rapporti nuovi»[420]. Ayfre a questo proposito individua qui un analogo con la pittura non figurativa, le cui opere sono costituite da «ricche realtà sensibili»[421], che possono essere descritte secondo l'abate francese come delle «macchie di colore sistemate in un certo ordine», sulla base della formula di Maurice Denis[422]. In maniera affine a Schrader, Ayfre mette in luce come in Bresson la quotidianità non sia sinonimo di realismo: «Ho voluto che tutti i dettagli materiali fossero esatti, ma nello stesso tempo ho tentato di oltrepassare il semplice realismo»[423]. Ciò accade in *Processo a Giovanna d'Arco*, dove gli oggetti e i fatti conservano il loro peso di materia e di concretezza: le catene, la scodella, il legno del rogo. Vi è un equilibrio tra realtà e astrazione, scrive Ayfre, realizzato con una tale maestria «come in un quadro di Vermeer»[424]. Il mutamento avviene, secondo l'abate francese, con *Il diario di un curato di campagna*, in quanto non vi si ritrova più quella raffinatezza tradotta in semplificazione ed essenzialità; ma vi

---

[418] Amédée Ayfre, *Contributi a una teologia dell'immagine*, cit., p. 305.

[419] Cfr. *Ibidem*.

[420] Robert Bresson, *Note sul cinematografo*, cit., p. 24; cit. in Amédée Ayfre, *Contributi a una teologia dell'immagine*, cit., p. 305.

[421] *Ibidem*.

[422] *Ibidem*. L'articolo di Maurice Denis è apparso su «Arte et Critique» del 23 e 30 agosto 1890 e apre la sua raccolta *Théories, 1890-1910. Du symbolisme et de Gauguin vers un nouvel ordre classique* (1903), L. Rouart et J. Watelin, Paris 1920, pp. 1-13.

[423] *Robert Bresson in Amédée Ayfre, Contributi a una teologia dell'immagine, cit., p. 306.*

[424] Amédée Ayfre, *Contributi a una teologia dell'immagine*, cit., p. 306.

troviamo «il rosso cupo, il fango e il vomito, che hanno il compito di ricordarci che gli uomini non sono mai degli angeli, anche se hanno raggiunto i più alti gradi della mistica e le forme più sottili dell'arte»[425].

3.2. Lo stile trascendentale: la scissione e la stasi nel cinema di Bresson.

La scissione introduce una «intensità umana»[426] in una quotidianità in cui non vi è spazio per i sentimenti: si tratta, secondo Schrader, di una intensità innaturale che cresce fino al climax dell'evento decisivo, rivelando infine «la sua origine spirituale»[427].

Al contrario di Ozu, Robert Bresson crea la scissione sovraccaricando la quotidianità con ciò che Susan Sontag definisce raddoppiamento: «attraverso l'uso dell'azione ripetuta, infatti Bresson "raddoppia" o (addirittura "triplica" una scena), facendo sì che lo stesso evento accada più volte in modi diversi»[428]. L'azione filmata riproduce quello che, prima o dopo, viene letto da una *voice over*, o che viene visibilmente messo per iscritto sulle pagine del diario:

In *Pickpocket* Michel scrive ogni giorno qualcosa sul suo diario: Bresson prima mostra le parole mentre vengono annotate, poi Michel che legge ciò che ha scritto con la musica in sottofondo: «Ero seduto nella sala d'aspetto di una grande banca di Parigi», e infine mostra Michel che entra realmente in una grande banca di Parigi e si siede in sala d'aspetto. Lo spettatore ha assistito alla stessa scena in tre modi diversi: grazie alla parola scritta, alla voce di Michel e alla rappresentazione visiva[429].

Il raddoppiamento spiazza lo spettatore, in quanto un'azione poco consistente viene attraverso la ripetizione fortemente amplificata. Quando lo stesso evento comincia a verificarsi due o tre volte di seguito, lo spettatore si rende conto di non avere a che fare con una

---

[425] Ivi, p. 307.

[426] Paul Schrader, *Il trascendente nel cinema*, cit., p. 61.

[427] Ivi, p. 62.

[428] Paul Schrader, *Il trascendente nel cinema*, cit., p. 62 (con riferimento a Susan Sontag, *Stile spirituale nei film di Robert Bresson*, cit., pp. 256-257).

[429] Paul Schrader, *Il trascendente nel cinema*, cit., p. 62.

normale descrizione realistica del quotidiano, ma con il particolare realismo bressoniano: «il raddoppiamento non accresce la conoscenza del pubblico o la sua reazione emotiva, ma solamente la sua percezione dell'evento»[430]. Ne scaturisce così una risposta schizofrenica: da un lato è possibile cogliere ogni minuscolo dettaglio, e dall'altra, essendo raddoppiata questa attenzione per il dettaglio, si genera un disagio emotivo che mette sempre più in dubbio la concezione razionale e apparentemente realistica su cui si fonda la quotidianità. Schrader sembra dirci che questa azione non è poi così casuale, perché è in grado di introdurci «sulla soglia di un ordine del mondo deciso altrove, che sfugge alle nostre mani, e incombe su di noi come destino»[431]. Tecniche come il raddoppiamento gettano un'ombra sul realismo della quotidianità, e il passo successivo operato dalla scissione si spinge oltre: cerca di evocare l'esperienza di qualcosa di Completamente Altro all'interno di un ambiente «insensibile»[432]. Questa esperienza porta all'allontanamento del personaggio principale dalla sua posizione nella vita quotidiana. Ne *Il diario di un curato di campagna* Schrader mette in evidenza tre livelli di alienazione del protagonista, che non sono altro che estensioni dell'agonia sacra:

> Come nei film di Ozu, la passione del *Diario di un curato di campagna* è molto più forte di quella che può sostenere un uomo, più forte di quella che il suo ambiente è in grado di accettare. La croce della consapevolezza spirituale del giovane curato lo rende sempre più estraneo all'ambiente circostante e alla fine lo porta alla morte[433].

I tre livelli di alienazione consistono in: malattia, solitudine sociale, solitudine religiosa.

1) La malattia: la salute del curato durante lo svolgimento della narrazione peggiora e alla fine perirà per colpa di quello che si scopre essere un cancro allo stomaco. Il curato si sente condannato dal peso che deve sorreggere, e in questo associa la sua agonia al sacrificio di Cristo. La sua volontà di espiazione lo porta

---

[430] Ivi, p. 63.

[431] Alessandro Canadè, *Paul Schrader Tecniche di sceneggiatura e pratiche di regia nella New Hollywood*, cit., p. 25.

[432] Paul Schrader, *Il trascendente nel cinema*, cit., p. 64.

[433] *Ibidem.*

all'automortificazione, a mangiare soltanto piccoli pezzetti di pane bagnati nel vino, «in una parodia alcolica del sacramento»[434].

2) La solitudine sociale: il ministero del curato è un disastro, è timido e inetto e i parrocchiani gli sono apparentemente ostili. Durante tutto il film resta forte il dubbio di un'incapacità del curato al sacerdozio o se dall'altro la sua passione lacerante impedisca qualsiasi sua iniziativa. Dopo il tentativo di formare una classe di catechismo il curato scrive sul diario: «Ma perché l'ostilità di questi piccoli? Cosa ho fatto loro? ». La sua ossessione religiosa lo ha portato a credere che anche i bambini gli siano contro. Questa forma di paranoia lo allontana definitivamente dalla sua comunità.

3) La solitudine religiosa: la principale arma di ogni cristiano, ovvero la preghiera, gli è preclusa: «Non ho mai sentito con così tanta violenza la resistenza fisica contro la preghiera». Egli è in grado di infondere la pace agli altri, ma non a se stesso, in quanto la sua agonia lo ha spogliato degli strumenti temporali che la chiesa, la società e il corpo in genere forniscono, portandolo inesorabilmente al martirio.

Prima della fase finale della scissione, Bresson allo stesso modo di Ozu, trova nel contrasto tra i suoi personaggi e il mondo circostante una fonte di ironia:

> La paranoia del curato di campagna è cruciale, ossessiva – e ridicola. [...] L'ironia consente a un regista di provocare una scissione che duri un determinato lasso di tempo. Se lo spettatore non vuole accettare integralmente il dilemma della scissione (e pochi lo fanno), non è costretto infatti a respingerlo del tutto, ma può assumere un atteggiamento ironico, che consiste essenzialmente nel dirsi «aspetta e vedi cosa succede». L'ironia è una tecnica concepita per tenere lo spettatore attaccato alla sedia fino alla scena decisiva finale – che è quella che richiede il suo coinvolgimento[435].

In seguito al processo graduale di scissione si verifica l'evento decisivo che spezza la stilizzazione della quotidianità; in *Ordet* di Dreyer o nel finale di *Pickpocket* di Bresson si ritrova nella sua forma assoluta. A proposito di quest'ultimo film, Schrader afferma:

> Le rigide leggi della quotidianità saltano, e c'è un'esplosione di musica – un simbolo evidente oltre che un invito aperto al coinvolgimento emotivo.

---

[434] Ivi, p. 65.

[435] Ivi, pp. 68-69.

L'evento richiede partecipazione da parte dello spettatore (il personaggio centrale è già coinvolto), e se manca questa partecipazione non può esserci stasi. [...] L'evento decisivo costringe lo spettatore a un confronto con il Completamente Altro che normalmente eviterebbe. Il pubblico si trova di fronte ad un'azione che necessita di una spiegazione spirituale e che avviene all'interno di un contesto insensibile – un'azione che ora richiede la sua partecipazione e approvazione. L'ironia non può posporre ulteriormente la sua scelta. È un miracolo che va accettato o respinto[436].

Bresson usa le difese naturali dello spettatore, il suo meccanismo di protezione, per far sì che egli, di sua iniziativa, pervenga alla stessa decisione che il regista aveva predeterminato per lui. Questo è ciò che Alessandro Canadè identifica come la traduzione in termini cinematografici del paradosso teologico della predestinazione e del libero arbitrio che pervade tanto il cinema di Bresson quanto quello di Schrader[437]. La dottrina della predestinazione, come è articolata nelle diverse tesi di sant'Agostino, san Tommaso, Calvino e Giansenio, sostiene che l'uomo, essendo stato precedentemente scelto da Dio, è ora in grado di scegliere Dio di propria volontà.

In un'intervista rilasciata a Jean-Luc Godard e a Michael Delahaye, Bresson esemplifica il particolare approccio che intende intrattenere nei confronti dello spettatore, e che Schrader accomuna a quello del Dio giansenista con i suoi «servi»:

Bisogna lasciare libero lo spettatore. E al tempo stesso bisogna farsi amare da lui. Bisogna far amare il modo in cui si rendono le cose. E questo vuol dire mostrargli le cose nell'ordine e nel modo in cui tu ami vederle e sentirle, fargliele sentire, presentandogliele come le vedi e le senti tu, sempre lasciandogli grande libertà, sempre rendendolo libero[438].

Una volta che lo spettatore accetta la presenza di qualcosa di superiore, abbandona la sua libertà ed entra nella logica della predestinazione. Questo è il momento che Bresson identifica con la trasformazione: «ad un certo punto deve avvenire una

---

trasformazione, altrimenti non è arte»[439]. La musica diviene elemento essenziale nella fase della trasformazione; trasfigurando ciò che vi è sullo schermo, per Bresson la musica è in grado di condurre lo spettatore in una dimensione Altra, non più terrena, ma universale e addirittura divina. La trasformazione non risolve la scissione, l'accetta. Come commenta Schrader, «la scissione rappresenta il paradosso della spiritualità esistente all'interno del mondo fisico e non può essere ricomposta da nessuna logica terrena né sulla base di sentimenti umani»[440]. Da ciò deriva un'accettazione della realtà in cui tutte le contraddizioni sono trascese nel senso di unità di ogni fenomeno. Se lo spettatore accetta l'evento decisivo e quindi la scissione, vuol dire che accoglie una visione della vita che può includere entrambi questi elementi. Infine si giunge alla stasi, concepita da Schrader come la scena inerte e ieratica che segue l'evento decisivo e che chiude il film; in Bresson è l'ombra della croce in *Il diario di un curato di campagna,* il volto tra le sbarre di Michel in *Pickpocket,* il palo carbonizzato in *Processo a Giovanna d'Arco.* Nella concezione schraderiana durante la stasi lo spettatore è posto davanti a elementi contraddittori a cui gli viene richiesto di dare un'interpretazione: può leggere una profonda emozione in facce inespressive, o individuare la realtà fisica in azioni spirituali inspiegabili. Il palo del rogo carbonizzato in *Processo a Giovanna d'Arco* di Bresson è ancora un'entità fisica, ma è allo stesso tempo espressione spirituale del martirio di Giovanna. È l'analogo dell'icona religiosa, il significante materiale di un'idea trascendente. Come scrive Domenico Monetti,

> Le immagini del regista francese sembrano richiamare la cultura bizantina, cioè immagini senza corpo, immateriali, soprattutto quando mancano i corpi stessi degli attori: ad esempio il palo annerito del rogo di Giovanna viene paragonato da Schrader alle stasi e alle code musicali. Del resto, Kandinsky in *Lo Spirituale nell'arte* vedeva nel non colore, il nero, ciò che

---

[439] Robert Bresson, cit. in Anonimo, *Robert Bresson: le 'Pickpocket' sera un film de mains, d'objets et de regards,* in «Arts», 17 giugno 1959, cit. in Paul Schrader, *Il trascendente nel cinema,* cit., p. 71.

[440] Paul Schrader, *Il trascendente nel cinema,* cit., p. 72.

rimane di un rogo dopo che è stato arso[441].

Allo stesso modo Ayfre scrive:

Le immagini del rogo che chiudono il film traducono con una semplicità e una bellezza raramente raggiunte in altra arte sacra, questo passaggio attraverso la morte verso una vita ormai eterna. Il purissimo corpo sparisce letteralmente nel cielo, e solo un palo, consumato a metà, continua a segnare, per coloro che sono rimasti, uno di quei punti misteriosi dove la storia ha qualche volta incrociato l'eternità[442].

La stasi lascia emergere così il grande paradosso della presenza dell'esistenza di qualcosa di spirituale proprio laddove tutto è fisico e terreno[443]. Schrader così osserva:

Nel momento in cui lo spettatore si crea il proprio «schermo» e quindi accetta la scissione, Bresson ha raggiunto non soltanto il suo obbiettivo di artista, ma anche di predicatore e di iconografo. Il predicatore è teoricamente un uomo che suscita una conversione non solo con la propria abilità oratoria, ma riuscendo a mettere l'ascoltatore in contatto con il divino. Lo stile trascendentale, servendosi di strumenti che non hanno nulla che fare con la magia o con l'ignoto, cerca allo stesso modo di portare il pubblico a contatto con un livello trascendente dell'essere, rappresentato dalla stasi[444].

Schrader è interessato ad indagare e a svelare i meccanismi di questo processo, pur essendo conscio del fatto che molti degli interrogativi sono destinati a rimanere senza risposta. Perché diventa possibile per uno spettatore accettare la scissione? In che modo l'esperienza prima di tornare ad essere tale riesce a trasformarsi in espressione? A questo proposito Schrader fa riferimento all'analisi di John Dewey del rapporto triadico di esperienza-espressione-esperienza, in cui le emozioni riescono a catalizzare l'espressione

---

[441] Domenico Monetti (a cura di), *Il sublime, il sacro e il religioso. Conversazione con i critici Virgilio Fantuzzi e Alessandro Cappabianca*, in «Segnocinema», 121, 2003, pp. 14-18: 16.

[442] Amédée Ayfre, *Contributi a una teologia dell'immagine*, cit., p. 321.

[443] A detta di chi scrive questo è il paradosso insito in qualsiasi ierofania individuato da Eliade: «Nella manifestazione del sacro, un oggetto qualsiasi diventa *un'altra cosa*, senza cessare di essere *sé stesso*»: Mircea Eliade, *Il sacro e il profano*, cit., p. 14.

[444] Paul Schrader, *Il trascendente nel cinema*, cit., p. 73.

estetica nello sviluppo di un atto espressivo: «L'emozione opera come un magnete che attira a sé materiale adeguato: adeguato perché ha un'affinità emozionale esperita con lo stato mentale già attivo»[445]. Seguendo la via tracciata da Dewey, Schrader mostra come il funzionamento dello stile trascendentale sia più o meno il medesimo: la quotidianità e la scissione riguardano l'ambito dell'esperienza, suscitano le emozioni del pubblico; la stasi invece è un processo rigorosamente formale. La stasi completa è la paralisi di ogni movimento, segno distintivo dell'arte religiosa di ogni cultura. È in grado di fissare l'immagine di una realtà superiore che può trovarsi accanto alla realtà ordinaria, e per questo motivo è espressione del Completamente Altro. Attraverso la quotidianità e la scissione, lo stile trascendentale disprezza ma allo stesso tempo provoca le emozioni, gettando lo spettatore in uno stato di crescente tensione emotiva culminante nell'evento decisivo e, come scrive Schrader, «l'impulso naturale dell'uomo alla stabilità emotiva favorisce lo stile trascendentale nel suo sforzo di raggiungere la stasi»[446]. Secondo lo sceneggiatore americano è impossibile definire chiaramente il percorso che porta alla stasi. Infatti «se lo stile trascendentale consiste veramente in una ierofania, se esiste davvero un trascendente, allora il critico non potrà mai capire fino in fondo come questo agisca nell'arte»[447]. Da questo punto di vista lo studioso potrà riconoscere il trascendente, individuando dei metodi utili per verificarne la presenza, ma la causa reale di questa ierofania è destinata a rimanere celata. Questo è confermato anche da Ayfre, citato dallo stesso Schrader, quando a proposito dei personaggi bressoniani scrive:

> Essi aprono su se stessi, sull'universo, e si potrebbe dire sulla totalità dell'essere, una prospettiva letteralmente insondabile. Vi è infatti in essi qualche cosa di fondamentale e di misterioso che ci sfugge. [...] Chi è Chantal, il curato, Fontaine, Michel, Giovanna? «Più li avviciniamo, più essi ci sfuggono, e più *si oscurano*...invece di illuminarsi» (J. Arbois). In altre parole, più che dei personaggi, [...] essi sono veramente delle persone, cioè «quello che c'è di più perfetto nella natura» (S. Tommaso),

---

[445] John Dewey, *Arte come esperienza* (1934), tr. it. di G. Matteucci (a cura di), Aesthetica, Palermo 2007, p. 90.

[446] Paul Schrader, *Il trascendente nel cinema*, cit., p. 74.

[447] Ivi, cit., pp. 74-75.

ma nello stesso tempo quello che c'è di più ineffabile, se è vero che in esse si concentra, quasi allo stato puro, l'essere intero dell'universo. Per questo nelle loro confidenze più estreme esse non rivelano mai nel fondo – come Dio stesso – altro che il loro mistero[448].

Per lo sceneggiatore americano la ragione ultima dello stile trascendentale rimane oscura anche per il suo autore; a questo proposito Bresson afferma: «Io volevo mostrare questo miracolo: una mano invisibile che gravita sopra i destini della prigione, dirige ciò che avviene, decide che una tale cosa accada all'uno e non all'altro [...]. Il film è un mistero»[449]. Con questa frase, a detta di scrive, viene finalmente chiarito ciò che si configura come l'obbiettivo trascendentale: la capacità del regista di situarsi nel solco degli artisti religiosi tradizionali, per «rendere onore al sacro»[450]. L'artista trascendentale potrà prevedere solo in parte la reazione del pubblico a determinate soluzioni; ma nel momento della stasi, come scrive la Sontag, dovrà essere «paziente e il più possibile vuoto»[451]. Nella forma immobile, il pubblico dovrà percepire la spinta del regista verso l'ignoto[452], in attesa di una ierofania cinematografica

3.3. La tradizione teologica: la metafora della prigione

Schrader analizza la personalità di Bresson, considerando il suo contributo artistico, all'interno di ciò che lo sceneggiatore americano individua come «la sua personale sintesi della tradizione teologica e

---

[448] Amédée Ayfre, *Contributi a una teologia dell'immagine*, cit., p. 310.

[449] Leo Murray, *Un Condamné à Mort s'est Échappé*, in *The Films of Robert Bresson*, Studio Vista, London 1969, pp. 68-81: p. 68, cit. in Paul Schrader, *Il trascendente nel cinema*, p. 75.

[450] Paul Schrader, *Il trascendente nel cinema*, cit., p. 75.

[451] Susan Sontag, *Stile spirituale nei film di Robert Bresson*, cit., p. 265.

[452] «Il pubblico deve sentire che io mi spingo verso l'ignoto, e che non so cosa succederà quando ci arriverò»; cit. in *Propos de Robert Bresson (sténographie d'une conférence de presse)* in «Cahiers du Cinèma», 75, 1957, pp. 3- 9: p. 6, cit. in Paul Schrader, *Il trascendente nel cinema*, cit., p. 75.

artistica»[453]. In primo luogo affronta la metafora della prigione. Secondo lo sceneggiatore americano, l'immagine della prigione appartiene in maniera particolare alla tradizione occidentale. A livello teologico, si tratta di un'immagine legata alla dicotomia corpo/anima, che ritroviamo sin dalle fonti del pensiero occidentale: Platone e le Scritture. Socrate definiva il suo corpo «una prigione dell'anima»[454], e per san Paolo il corpo, in quanto fonte di peccato, è prigione: come si legge nell'*Epistola ai Romani*, egli si considera «schiavo della legge del peccato che è nelle mie membra. Sono uno sventurato! Chi mi libererà da questo corpo votato alla morte? »[455]. I personaggi di Bresson abbandonano gradualmente il proprio corpo, perché è con la morte che l'anima si libera dalla prigione del corpo. Ad esempio, quando Giovanna d'Arco comprende che il miracolo della sua liberazione è in realtà il suo martirio, ritratta la sua confessione, preferendo la morte anziché prolungare le sofferenze. La salvezza di Giovanna consiste nella sua morte, lasciare la prigione è possibile solo con la morte del corpo. Laddove infatti il corpo viene identificato con la prigione, appare, come osserva Schrader, «una naturale tendenza all'auto- mortificazione»[456]. Il curato di campagna umilia il proprio corpo e nella morte si abbandona a Dio[457], in *Pickpocket* Bresson ribalta la metafora: la prigione di Michel è rappresentata dal crimine, mentre la sua liberazione è proprio la galera. Un processo di auto-mortificazione anche il suo, ma che non si conclude con la morte. Fontaine, il protagonista di *Un condannato a morte è fuggito*, non perseguita se stesso e in lui la libertà del suo corpo coincide con quella della sua anima: tale coincidenza è il risultato della grazia, tema che qui viene scandagliato più che in ogni altro lavoro bressoniano. Strettamente connesso al tema della

---

[453] Paul Schrader, *Il trascendente nel cinema*, cit., p. 78.

[454] Platone, *Fedone*, 67 D. Ed. utilizzata: *Platone tutti gli scritti*, cit., p. 79.

[455] *Romani* 7, 23-24. Ed. utilizzata: La Bibbia, Edizioni San Paolo, Milano 1997.

[456] Paul Schrader, *Il trascendente nel cinema*, cit., p. 79.

[457] Secondo Ayfre, attraverso il tema della morte il cinema di Bresson si carica di un valore eternante, ed è in grado di mostrare «l'Assoluto»; Cfr. Amédée Ayfre, *Contributi a una teologia dell'immagine*, cit., pp. 319-325.

rinuncia del corpo vi si trova il tema del suicidio; questa è infatti una delle tematiche affrontate nell'intervista *Robert Bresson, Possibly – Interview by Paul Schrader*. Il regista francese a questo proposito afferma

I try to understand people's sentiments aside from religion. For myself, there is something which makes suicide possible — not even possible but absolutely necessary: it is the vision of void, the feeling of void which is impossible to bear. You want anything to stop your life. I don't know so much about it, but I think two- thirds of the suicides come from this impossible way of living. For that I would be very understanding[458].

Nel ciclo della prigione analizzato da Schrader[459], risulta una naturale estensione della metafora della prigione al suicidio. La ritroviamo ad esempio nel caso di suicidio della contessa narrato in *Diario di un Curato di Campagna*:

La contessa accarezza l'idea del suicidio, ma le manca il coraggio. Il curato di campagna in un momento di crisi la porta a credere in Dio, e a quel punto lei si toglie la vita. L'implicazione è chiara. La contessa, trovata la salvezza, è diventata "libera" di morire[460].

Il suicidio della contessa è, secondo lo sceneggiatore americano, la trasposizione sullo schermo della tesi di Sant'Ambrogio secondo cui «la morte può essere un guadagno e la vita un castigo», e questa emergerà in maniera ancora più evidente nei film successivi: *Au hasard Balthazar, Mouchette, Così bella, così dolce*.

Secondo Prédal *Au hasard balthazar* segna una svolta nell'opera bressoniana, perché da qui in poi la sofferenza sembra prendere il sopravvento, la grazia viene rifiutata e il libero arbitrio si scontra con una mostruosa ingiustizia. Il male ha ora un'origine indistinta, «i colpi cadono senza che se ne possa stabilire la provenienza. Per

---

[458] Paul Schrader, *Robert Bresson, Possibly – Interview by Paul Schrader*, in «Film Comment», september - october 1977, cit., pp. 26-30: 27.

[459] Il ciclo della prigione, secondo Schrader, comprende i film di Bresson degli anni Cinquanta e Sessanta, tra cui: *Il diario di un curato di campagna, Un condannato a morte è fuggito, Pickpocket, Processo a Giovanna d'Arco*.

[460] Paul Schrader, *Il trascendente nel cinema*, cit., p. 80.

questo la lotta contro il male è impossibile»[461]. A partire da *Balthazar* la grazia si impone con sempre maggiore difficoltà rispetto al male; Prédal scrive: «la trascendenza non è evidente, il vuoto diventa quasi terribile e la neutralità dello sguardo dell'autore sempre più glaciale»[462].

Tornando al tema della prigione Renè Prédal in *Tutto il cinema di Bresson* ne propone un'estensione quando afferma che questo sorge da un bisogno plastico, ciò che lui denomina «un'estetica dell'incorniciatura», e che consiste nel circoscrivere il soggetto all'interno di una cornice[463]. Quest'ultima ricopre nel cinema bressoniano un peso notevole perché la composizione in essa delimitata si oppone al caos del fuoricampo. Non vi è soltanto una selezione ma anche un'organizzazione del reale, e gli stessi personaggi finiscono per essere definiti da questa cornice. Lo spazio chiuso del carcere è prima di tutto il set in cui si svolge il destino più che l'azione. Nel luogo circoscritto manca l'aria, gli sfondi tendono a sfumare e la solitudine si impone, mentre ogni suono acquista una risonanza unica. Come afferma Prédal, «la prigione è dunque, al contempo, metafora dell'esistenza e condizione necessaria a ogni esercizio cinematografico»[464].

Per Schrader invece il tema della prigione acquisisce nuove sfaccettature nel momento in cui viene esteso al paradosso teologico della predestinazione e del libero arbitrio. Questi sono concetti complessi e apparentemente contraddittori, e rivelano la vicinanza di Robert Bresson al giansenismo. A proposito di questi concetti Schrader scrive:

La dottrina della predestinazione, come si articola nelle diverse tesi di sant'Agostino, san Tommaso, Calvino e Giansenio, sostiene che l'uomo, essendo stato precedentemente scelto da Dio, è ora in grado di scegliere Dio di propria volontà, l'uomo diventa libero scegliendo la volontà di Dio, Dio è verità, la Verità rende liberi, e la libertà consiste nello scegliere

---

[461] René Prédal, *Tutto il cinema di Bresson* (1992), tr. it. di F. Rosso e M. Micelli, Baldini & Castoldi, Milano 1998, p. 42.

[462] Ivi, p. 43.

[463] Cfr. René Prédal, *Tutto il cinema di Bresson*, cit., p. 52 - 55.

[464] Ivi, p. 52.

Dio[465].

Lo sceneggiatore americano a questo punto intende mostrare in che modo la metafora della prigione bressoniana tenga conto di questa complessa costruzione teologica. Nel *Diario di un curato di campagna*, ad esempio, il sacerdote si rende conto di essere prigioniero della passione di Cristo[466], e il suo calvario raggiunge l'apice nel momento in cui si libera dell'altra prigione: il corpo. Infatti, nei film bressoniani la libertà dell'uomo consiste «nell'essere "prigioniero nel Signore" piuttosto che prigioniero della carne»[467]. Allo stesso modo la prigionia fisica, secondo Scarlato, si presenta nel curato anche per mezzo del diario, elemento di prigionia che lo relega alla malattia e lo esilia mentalmente dalle altre vite. Nelle parole di Scarlato, «La prigione del diario è liberazione dalla prigionia materiale del corpo, oppure ne è riaffermazione attraverso una sublimazione»[468]. Il tema della libertà emerge inoltre, secondo Schrader, nella figura di Giovanna d'Arco, che sceglie il martirio di sua volontà, anche se il suo destino sembra già segnato. E allora «l'unico elemento di tensione, come vuole la dottrina della predestinazione, è se sceglierà o meno il suo destino già segnato»[469]. Schrader scorge il medesimo tema nel Michel di *Pickpocket* che sceglie la libertà facendosi arrestare, o in *Un condannato a morte è fuggito*, dove il protagonista la conquista evadendo dal carcere: sono scelte che rappresentano gli estremi del paradosso predestinazione/libero arbitrio. Michel e Fontaine trovano entrambi la libertà tramite l'accettazione di una grazia a loro predestinata, dentro o fuori dal carcere. Ed è proprio la grazia l'elemento conciliatorio del paradosso a cui si è appena fatto riferimento. Il tema della grazia è uno dei temi portanti del cinema bressoniano: come tale, lo ritroviamo tra gli altri nelle analisi di Schrader[470], Ayfre[471], Scarlato[472] e Prèdal[473]. A questo proposito Schrader scrive:

---

[465] Paul Schrader, *Il trascendente nel cinema*, cit., p. 80.

[466] Cfr. ivi, p. 81.

[467] Ivi, p. 80.

[468] Alessio Scarlato, *Robert Bresson - La meccanica della grazia*, cit., p. 63.

[469] Paul Schrader, *Il trascendente nel cinema*, cit., p. 81.

[470] Cfr. ivi, pp. 82-84.

La grazia è ciò che catalizza la partecipazione religiosa perché, come scrive Giansenio, «è nella natura di una buona azione che nessuna creatura sia capace di raggiungere il suo scopo senza l'aiuto della Grazia». Diversamente da Calvino, il giansenismo sostiene che la grazia «comune» non è universale, ma è un dono speciale che non tutti possono ricevere[474].

L'imprevedibilità della grazia emerge in maniera chiara in *Un condannato a morte è fuggito*, il cui sottotitolo *Le vent souffle où il veut*, riprende il celebre Vangelo giovanneo: «Il vento soffia dove vuole e ne senti la voce, ma non sai di dove viene e dove va: così è di chiunque è nato dallo Spirito»[475]. Fin dalle prime inquadrature osserviamo la tensione di un corpo, l'attenzione delle mani, di uno sguardo, alla ricerca della libertà da una prigionia fisica. Nel film precedente tutta l'attenzione era rivolta al diario, oggetto fisico ma allo stesso tempo spirituale, luogo risolutivo e ricomposizione dei fallimenti quotidiani del curato; ora questa medesima attenzione agli oggetti la ritroviamo in *Un condannato*. L'oggetto inerte in questo caso diviene protesi, strumento di liberazione[476], sia esso un cucchiaio, una porta o una coperta; ed è così che nella sua fenomenologia della liberazione, secondo Scarlato, il film indaga il punto d'indiscernibilità tra caso e grazia[477]. «La figura dello scambio redentivo», continua, «che animava i precedenti film trova un'articolazione più complessa, meno direttamente cristiana»[478]. Si propone invece qui un'alternativa tra l'ineluttabilità della condanna a morte e dall'altro la ricerca solitaria e improvvisata della libertà, e

---

[471] Cfr. Amédée Ayfre, *Contributi a una teologia dell'immagine*, cit., pp. 323-324.

[472] Cfr. Alessio Scarlato, *Robert Bresson – La meccanica della grazia*, cit., pp. 67-95.

[473] Cfr. Andrè Prédal, *Tutto il cinema di Bresson*, cit., pp. 39-51.

[474] Paul Schrader, *Il trascendente nel cinema*, cit, p. 82.

[475] Gv 3,8.

[476] «È bene che le persone e gli oggetti del tuo film vadano allo stesso passo, come compagni di strada»: Robert Bresson, *Note sul cinematografo*, cit., p. 75.

[477] Cfr. Alessio Scarlato, *Robert Bresson - La meccanica della grazia*, cit., p. 72.

[478] *Ibidem.*

quindi anche destinata al fallimento come nel caso del personaggio di Orsini. La libertà richiede una progettualità, una forte attenzione al mondo circostante, perché il lavoro che essa richiede deve essere in grado di trasformare e sottomettere la contingenza alla propria volontà e nell'attesa, nella realtà indifferente, cogliere l'istante decisivo per la fuga. La liberazione può pervenire da qualsiasi parte, anche da un compagno di cella assegnato al prigioniero poco prima della fuga[479]. Altri si sarebbero rassegnati, avrebbero interpretato quel nuovo arrivo in cella come il segno di un destino ineluttabile, la condanna a morte. Ma non Fontaine. Il modo in cui Bresson utilizza la metafora della prigione legittima secondo Schrader la definizione di giansenista: «Yes, I said I would rather be a Jansenist than Jesuit. [...] I think there is predestination in our lives. Certainly. It can't be otherwise»[480]. Nei film di Bresson la Grazia consente al protagonista di accettare il paradosso della predestinazione-libero arbitrio: e Ayfre, citato dallo stesso Schrader, per dimostrare l'ortodossia di Bresson su questo punto scrive

> Infatti non c'è nessuna formula più ortodossa, se si crede al dottore della grazia, Sant'Agostino in persona, che afferma: «Con la grazia non abbiamo il nostro libero arbitrio più il potere della grazia, ma è il libero arbitrio stesso che, attraverso la grazia, diventa potenza e conquista la sua libertà» (*De Spiritu et littera*, XXX- 52)[481].

Tuttavia, secondo lo sceneggiatore americano, occorre che l'uomo decida di accogliere la grazia, «*scegliendo* quello che è stato predestinato»[482]. Questo è quanto accade a Fontaine che in un primo momento manifesta la volontà di scappare e in seguito accetta l'intervento della Grazia nella figura di Jost. In modo affine Giovanna d'Arco sceglie di credere alle voci che sente e così riconosce nella morte l'azione della grazia. Ma la massima affermazione della Grazia avviene per bocca del curato di campagna, che in punto di morte afferma: «Tutto è grazia». Secondo Schrader «se si accetta lo stile trascendentale, allora tutto è grazia, perché è la

---

[479] Cfr. Paul Schrader, *Il trascendente nel cinema*, cit., p. 82-83.

[480] Id., *Robert Bresson, Possibly – Interview by Paul Schrader*, cit., p. 27.

[481] Amédée Ayfre, *Contributi a una teologia dell'immagine*, cit., p. 324.

[482] Paul Schrader, *Il trascendente nel cinema*, cit., p. 83.

Grazia che consente ai personaggi del film e agli spettatori di essere allo stesso tempo prigionieri e liberi»[483].

Con questa affermazione, dal mio punto di vista, lo sceneggiatore americano chiarisce come nello stile trascendentale di Bresson si realizzi il paradosso della predestinazione e del libero arbitrio. Lo spettatore vive la medesima condizione dei personaggi di Bresson, e come chiarisce Prédal: «l'eroe bressoniano non è dunque padrone assoluto del suo divenire, dal momento che l'autore fa coesistere nei suoi film la libertà individuale e la predestinazione, dosando bene la parte del caso, cioè tre aspetti contraddittori del destino»[484]. A detta di chi scrive «il cinema della grazia» proposto da Bresson incarna perfettamente quanto Maritain scrive in *Religione e Cultura*:

> Con ciò non si vuol dire che le cose della grazia non possano essere soggetto di finzione artistica o di romanzo; ma esse sono più intrinseche alla vita umana che non la vita stessa: come può il romanziere farne l'astrazione? Ma allora si richiede che l'opera non le diminuisca e ne rispetti la trascendenza: quel profondo segreto che è il sigillo dei misteri divini[485].

Da questo sfondo teologico emergono alcune differenze che riguardano, nel confronto con il cinema di Ozu, la natura della trascendenza. Nel cinema di Bresson, come nella teologia cristiana, la trascendenza rappresenta una fuga dalla prigione del corpo: « "una fuga" che rende contemporaneamente "liberi dal peccato" e "prigionieri nel Signore"»[486]. Per questo la consapevolezza del trascendente può essere raggiunta solo attraverso l'auto-mortificazione, la rinuncia ai peccati o la morte stessa. Al contrario in Ozu, afferma Schrader, non si ritrova alcuna tensione tra uomo e natura. Dal mio punto di vista, contrariamente al precedente confronto, lo sceneggiatore americano sembra qui vicino al pensiero di Deleuze: «A questo proposito ci sembra che la Natura non intervenga, come pensa Schrader, in un momento decisivo o in una rottura manifesta con l'uomo quotidiano. Lo splendore della Natura

---

[483] Ivi, p. 84.

[484] René Prédal, *Tutto il cinema di Bresson*, cit., p. 39.

[485] Jacques Maritain, *Religione e cultura* (1930), tr. it. di U. Guanda, Guanda Editore, Milano 1938, p. 60.

[486] Paul Schrader, *Il trascendente nel cinema*, cit., p. 83.

[...] ci dice soltanto una cosa: Tutto è ordinario e regolare»[487]. Schrader inoltre non ritrova in Ozu alcuna tensione tra anima e corpo, non vi è spazio per l'auto-umiliazione:

> Il "corpo nuovo" è disponibile già sulla terra; i suoi personaggi non devono subire la morte del loro vecchio corpo. [...] Per lui la Grazia non è né limitata né imprevedibile, ma facilmente disponibile per tutti. Conoscere il trascendente è insomma un modo di vivere, non, come per Bresson, un modo di morire[488].

Da questa affermazione, a mio giudizio, è possibile supporre che nella concezione schraderiana la trascendenza di Ozu sia soltanto di tipo estetico: utilizzo della frontalità, una certa ieraticità nelle inquadrature, lo svuotamento. Diversamente come emergerà meglio nei prossimi paragrafi, nel cinema del regista francese è possibile rintracciare anche una trascendenza di tipo religioso.

3.4. La tradizione estetica: la scolastica.

Schrader aggiunge un altro elemento a questo complesso quadro; se la teologia bressoniana, nella sua formulazione del problema dell'anima e del corpo, della predestinazione e della grazia, può essere riportata a un'impronta giansenista, non si può dire lo stesso dei modelli estetici di Bresson. Infatti il giansenismo, secondo lo sceneggiatore americano, «può contribuire all'asciuttezza e all'ascetismo di Bresson, ma non ha nessuna simpatia per le opere d'arte che cercano di esprimere il trascendente in una maniera non confessionale attraverso le immagini»[489]. Secondo Schrader, per ritrovare quel medesimo rapporto tra forma e significato interno presente nell'opera bressoniana, occorre scavare in quei momenti in cui l'arte occidentale ha affrontato le medesime questioni teologiche interpretandole con soluzioni artistiche simili. Dal suo punto di vista, nonostante l'apparente estraneità, l'opera di Bresson si inscrive in una lunga tradizione artistica, la Scolastica, «l'ultima grande concezione estetica pre- rinascimentale»[490]. L'estetica scolastica è in

---

[487] Gilles Deleuze, *L'Immagine-tempo*, cit., p. 20.

[488] Paul Schrader, *Il trascendente nel cinema*, cit., p. 84.

[489] Ivi, p. 85.

[490] *Ibid.*; a questo proposito Schrader cita la distinzione dell'arte europea in due generi: uno cristiano e scolastico, l'altro post-

grado di offrire, secondo lo sceneggiatore americano, un terreno di confronto tra Occidente e Oriente, e quindi, estendendo il parallelismo tra due cineasti, come Bresson e Ozu[491]:

> Si tratta di un'estetica primitiva codificata in una tradizione adottando un sistema di pensiero razionale ma conservando al contempo il più profondo rispetto per il mistero. È cambiato l'idealismo artistico: il totem primitivo è diventato un'idea astratta, ma si è trattato solo di un cambiamento di livello[492].

Schrader definisce l'estetica scolastica un'estetica primitiva, facendo riferimento a un'arte che mostra l'arte trascendentale caratteristica di una cultura pre-ellenica[493], arte di superstizione e magia, precedente al «processo di secolarizzazione e di laicizzazione della Grecia e del Rinascimento»[494]. Il suo concetto di «totem primitivo», potrebbe richiamare il principio di Bruhl[495], un principio che pervade il mondo prelogico facendo sì che la suggestione prevalga sull'osservazione[496], così che tutto sembra permeato da proprietà magiche e la causalità dei fenomeni viene collocata in forze occulte. Questa concezione nel corso della storia dell'arte sarebbe mutata, secondo lo sceneggiatore americano, in un'idea astratta, e si tratterebbe di un semplice cambiamento di livello. Dal mio punto di vista vi è qui la ripresa della concezione di Coomaraswamy elaborata ne *Il grande brivido*, che però concepisce questo passaggio in termini

---

rinascimentale e personalista che Ananda Coomaraswamy propone in *La trasfigurazione della natura nell'arte* (1934), tr. it. di G. Marchianò, Rusconi, Milano 1989, p. 13.

[491] Cfr. Paul Schrader, *Il trascendente nel cinema*, cit., p. 86.

[492] Ivi, p. 86.

[493] Ivi, p. 12.

[494] *Ibidem*.

[495] *Ibidem*.

[496] «Il primitivo concepisce una cosa non come quella che è, ma come quella che a lui appare, perché è convinto che tutta la sua vita dipende ed è sottomessa ad una forza che il sociologo francese chiama mistica»: Giuseppe Cocchiara, *La mentalità primitiva*, pp. VII- XXVI: IX in Lucien Levy- Bruhl, *La mentalità primitiva* (1922), tr. it. di C. Cignetti, Einaudi, Torino 1981.

più traumatici[497]: l'astrazione geometrica dell'arte sacra differisce da quella profana per intenzioni e fini. Nella tradizione il criterio di astrazione è qualcosa di ben più elevato di una semplice giustapposizione spontanea e personalistica di elementi non figurativi:

> Questa nostra arte astratta non è che una caricatura dell'arte primitiva; non è il linguaggio tecnico e universale di una scienza, ma un'imitazione dell'apparenza o dello stile esteriore dei termini tecnici di una scienza. Le configurazioni dell'arte cubista non sono informate dagli universali, ma sono soltanto un altro sfogo del nostro persistente auto-espressionismo[498].

Secondo Schrader risulta congeniale all'opera di Bresson l'estetica scolastica: vi si ritrova la medesima espressione di idee astratte attraverso la forma artistica. Lo sceneggiatore americano si riferisce alla tesi di Erwin Panofsky[499] secondo cui la scolastica, si esprime in maniera chiara nell'architettura gotica. La singolare affinità tra questa fase dell'architettura europea e il cinema bressoniano si basa sull'affermazione dello stesso Panofsky che individua il modo attraverso cui il mondo gotico ha saputo raggiungere la sintesi attraverso la forma secondo «l'accettazione e la riconciliazione definitiva delle possibilità contraddittorie»[500]. All'interno del suo testo Panofsky individua due principi regolatori della scolastica; la *manifestatio*[501] e la *concordantia* concetto utile per comprendere la genesi del «gotico classico»[502]. Tutto ciò che un uomo medievale

---

[497] «La nostra arte astratta non è un'iconografia di forme trascendenti, ma il quadro realistico di una disgregazione intellettuale»: A. Coomaraswamy, *Il grande brivido, Il grande brivido* (1977), tr. it. di R. Donatoni, Adelphi, Milano, 1987, p. 268.

[498] Ivi, p. 56.

[499] Il riferimento va a Erwin Panofsky, *Architettura gotica e filosofia scolastica* (1951), tr. it. di A. Petrella, Liguori, Napoli 1986.

[500] Ivi, p. 36.

[501] Ivi, pp. 16-34.

[502] Ivi, p. 36; il gotico classico si riferisce alle cattedrali francesi del XIII secolo che per stile, caratteri essenziali e forma presentano un equilibrio fra contenuto formale e spirituale. Tra le caratteristiche del gotico classico Panofsky individua la possibilità di «dedurre non solo l'interno dall'esterno, oppure la forma delle navate laterali da

poteva conoscere circa la rivelazione divina, scrive Panofsky, gli veniva trasmesso dalle *auctoritates*: i libri canonici della Bibbia, gli insegnamenti dei Padri della Chiesa, e infine gli insegnamenti dei filosofi. Ma accadeva che le *autorictates*, persino passi della Scrittura, fossero in contraddizione tra loro. Sin dai primissimi tempi, i teologi si affaticavano nell'interpretare i diversi testi fino a che questi non fossero risultati «riconciliati»[503], ma il problema non emerse in maniera evidente sino a quando Abelardo scrisse il celebre *Sic et Non*, dove mostrò che:

> Le «autorità» inclusa la Scrittura, erano in disaccordo su ben 158 importanti questioni – a cominciare dal problema se la fede dovesse o no trovare sostegno nella ragione umana fino a problemi particolari quali la ammissibilità del suicidio (155) e il concubinaggio (124). I canonisti avevano operato a lungo tali sistematici confronti e collazioni tra «autorità» contraddittorie; ma la legge, benché dono di Dio, dopo tutto era fatta dagli uomini[504].

La tecnica di «conciliare l'apparentemente inconciliabile»[505], scrive Panofsky, venne perfezionata con l'assimilazione della logica aristotelica e determinò infine la forma dell'istruzione accademica e il metodo di argomentazione negli stessi scritti scolastici:

> Ogni argomento, (per esempio, il contenuto di ogni *articulus* nella *Summa Theologiae*), doveva essere formulato come una *quaestio*, la cui discussione inizia con l'elenco di un insieme di «autorità» (*videtur quod...*) messe a confronto con un altro gruppo (*sed contra...*), procede verso la soluzione (*respondeo dicendum*), ed è seguita da una critica personale degli argomenti respinti (ad primum, ad secundum, ecc.) – respinti, cioè, solo per quanto riguarda l'interpretazione, non la validità delle autorità interessate[506].

---

quella della navata centrale, ma anche, per esempio, l'organizzazione dell'intero sistema dalla sezione trasversale di un pilastro»: Erwin Panofsky, *Architettura gotica e filosofia scolastica*, cit., p. 27-28. Notre-Dame di Parigi segna il passaggio dal primo gotico al gotico classico; appartiene a questo periodo anche la cattedrale di Chartres (1194- 1230).

[503] Cfr. ivi, p. 37.

[504] *Ibidem*.

[505] Ivi, p. 38.

[506] *Ibidem*.

Un atteggiamento simile a quello della scolastica classica, secondo Panofsky, lo si deve supporre nei costruttori delle cattedrali del gotico maturo. Per questi architetti le grandi strutture del passato avevano una *auctoritas* del tutto simile a quella che i Padri della Chiesa ebbero per gli scolastici. Infatti di due motivi apparentemente in contraddizione, entrambi convalidati dall'autorità, uno non poteva essere semplicemente respinto in favore dell'altro. Entrambi andavano elaborati fino ad essere alla fine riconciliati, come una massima di Sant'Agostino doveva essere riconciliata con una di Sant'Ambrogio[507]. Questo aspetto, secondo lo studioso tedesco, giustifica «la oscillante in apparenza, eppure ostinatamente coerente evoluzione, dell'architettura del gotico primitivo e del gotico maturo: anch'essa procedeva secondo lo schema: *videtur quod - sed contra - respondeo dicendum*»[508]. Schrader riscontra alcune affinità tra l'architettura gotica e i film di Bresson: «entrambi hanno inserito i paradossi teologici all'interno di una forma più ampia, entrambi sono stati a favore dell'anonimato dell'artista ed entrambi hanno cercato di evocare il mistero ultimo»[509]. Secondo lo sceneggiatore americano ciò è valido solo a livello estetico, perché nella pratica artistica l'architettura gotica è stata in qualche modo schiacciata dalla sua tensione interna: nel tentativo di coniugare fede e ragione, la sua visione in un primo momento serena e razionale, è divenuta ben presto inquieta e disarmonica, come testimoniato dalla propensione alle linee contorte e deformanti[510]. Questa affermazione schraderiana può essere chiarita, dal mio punto di vista, rifacendoci ancora una volta al saggio di Panofsky. Il già citato principio della chiarificazione (*manifestatio*) si applica, reciprocamente, alla fede e alla ragione:

se la fede doveva essere "manifestata" attraverso un sistema di pensiero, completo e autosufficiente entro i propri limiti e in più distinto dal dominio della rivelazione, diveniva necessario "manifestare" la completezza, l'autosufficienza e la limitatezza dello stesso sistema di

---

[507] Cfr. Ivi, p. 39.

[508] *Ibidem.*

[509] Paul Schrader, *Il trascendente nel cinema*, cit., p. 87.

[510] Cfr. *Ibidem.*

pensiero[511].

Lo strumento finalizzato a questo scopo fu uno schema di esposizione letteraria capace di mostrare al lettore i procedimenti stessi del ragionamento, «come si presumeva che il ragionamento avrebbe elucidato al suo intelletto la natura propria della fede»[512]. Da qui deriva secondo Panofsky il celebre schematismo o formalismo degli scritti scolastici[513]; la medesima ossessione per una sistematica suddivisione la ritroviamo tanto nel *Fulgentius Metaforalis* di Ridewall, quanto nella *Vita Nuova* e nella *Divina Commedia*, in musica[514] e in pittura[515]. Ma è tuttavia nell'architettura, secondo Panofsky, che l'ambito mentale della chiarificazione raggiunge il suo apice: «Come la scolastica classica fu governata dal principio della *manifestatio*, così l'architettura del gotico maturo fu dominata da ciò che si può chiamare il "principio della trasparenza"»[516]. Per comprendere questo aspetto è necessario far riferimento a quanto Panofsky afferma successivamente: «La filosofia scolastica classica, peraltro, delimitò rigorosamente il santuario della fede dalla sfera della conoscenza razionale, pur insistendo sul fatto che il contenuto

---

[511] Erwin Panofsky, *Architettura gotica e filosofia scolastica*, cit. p. 16.

[512] *Ibidem.*

[513] Lo schematismo scolastico presenta secondo Panofsky tre requisiti: 1. totalità; 2. disposizione sistematica di parti omologhe e di parti di parti; 3. distinzione e cogenza deduttiva. Cfr. ivi, pp. 16-19.

[514] Cfr. ivi, p. 22; è la scuola di Parigi del XIII Secolo a introdurre la notazione mensurale ancora in uso, impiegando i termini «breve», «semibreve», «minima».

[515] Cfr. ivi, p. 23; Panofsky propone un confronto tra una serie di miniature datate intorno al 1250 con i loro modelli diretti, prodotti nella seconda metà dell'XI secolo. Se il prototipo alto romanico mostra «un miscuglio di figure, edifici e iscrizioni, la copia del gotico maturo presenta un'immagine accuratamente organizzata» cit. in Erwin Panofsky, *Architettura gotica e filosofia scolastica*, cit. p. 23.

[516] Ivi, p. 24.

del santuario dovesse restare chiaramente discernibile»[517]. E per lo studioso tedesco questo abito mentale ha investito infine l'architettura:

Allo stesso modo l'architettura gotica matura delimitò il volume interno dallo spazio esterno pur insistendo che esso volume si proiettasse, per così dire, all'esterno per mezzo della struttura che lo racchiude, sicché, per esempio, la sezione trasversale della navata può essere letto sulla facciata[518].

Tornando ora al discorso schraderiano, osserveremo come dal suo punto di vista, i film di Bresson si avvicinano maggiormente alla ritrattistica bizantina, tema che verrà affrontato nel paragrafo successivo

3.5. *La tradizione artistica: l'iconografia bizantina.*

Do you love iconography?

I like to start with a flat expression, as flat as possible, so that the expression comes when all the shots are put together. The more flat it is when I am shooting, the more expressive it is edited[519].

Tra le diverse tradizioni artistiche rintracciabili nel cinema di Bresson, Schrader individua quella che a suo avviso è la più significativa, ovvero l'iconografia bizantina; questa sua scelta risulta la più sorprendente e, a detta di chi scrive, risente di alcune approssimazioni forse dovute ad una superficiale conoscenza della materia.

Innanzitutto Schrader definisce l'iconografia bizantina «una forma artistica con obbiettivi prestabiliti di natura più spirituale e ideale che umana e sentimentale»[520]. È possibile che con questa definizione Schrader faccia riferimento all'«iconografia intenzionale o implicita»

---

[517] *Ibidem.*

[518] *Ibidem.*

[519] Paul Schrader, *Robert Bresson, Possibly – Interview by Paul Schrader*, cit., p. 30.

[520] Id., *Il trascendente nel cinema*, cit. p. 87; nella versione originale «Like Oriental art, Byzantine iconography was an art of fixed ends, and those ends were spiritual and ideal rather than human and sentimental»: Id., *Trascendental style in film*, Da Capo Press, New York 1972, p. 98.

secondo la distinzione di Białostocki: «the "intended or implied iconography" is an element of the general outlook and aesthetic attitude of the period. The degree of consciousness in approaching the problem of content in art varied at different times and places»[521]. Senza chiarire in maniera esplicita il modo in cui impiega il termine[522], Schrader si limita a porre l'accento sui modi attraverso cui l'arte bizantina ha raggiunto quel fine ineffabile sviluppando nel tempo «un carattere anonimo e impersonale»[523]. Esso, a mio giudizio, mette in risalto come la preoccupazione principale dell'arte bizantina sia la spiritualizzazione delle forme e dei soggetti. Non si vuole rappresentare l'episodio passeggero, ma l'idea religiosa, la verità di fede; non abbiamo a che fare quindi con una meditazione individuale di un artista, ma con una teologia in immagini. Schrader per sostenere la sua tesi mostra l'influenza pervasiva che l'arte bizantina ha avuto nell'evoluzione dell'arte europea: «Molto tempo dopo il declino di Bisanzio, ha avuto un ruolo cruciale nella formazione di pittori del calibro di Cimabue, Duccio, Cavallini e

---

[521] Jan Białostocki, voce *Iconography*, in P. Wiener (ed.), *Dictionary of the History of Ideas. Studies of Selected Pivotal Ideas*, vol. II, Charles Scribner's Sons, New York 1973, pp.524-541:524,URL= http://xtf.lib.virginia.edu/xtf/view?docId=DicHist/uvaGenText/tei/DicHist2.xml;chunk.id=dv2-57;toc.depth=1;toc.id=dv2-57;brand=default (visto il 18/08/2019).

[522] Cfr. sull'argomento, tra la vasta bibliografia V.V. Byckov, *L'estetica Bizantina, Problemi Teorici* (1977), Congedo Editore, Milano 1983; Kostas Papaioannou, *Un mondo nelle icone. La pittura bizantina e russa dall'XI al XVI secolo*, Ghibli, Milano 2018; Tania Velmans, *Icone. Il grande viaggio*, Jaca Book, Milano 2015; Id., *L'arte dell'icona. Storia, stile, iconografia dal V al XV secolo*, Jaca Book, Milano 2013; Marie-José Mondzain, *Immagine, icona, economia. Le origini bizantine dell'immaginario contemporaneo* (1996), Jaca Book, Milano 2006.

[523] Paul Schrader, *Il trascendente nel cinema*, cit., p. 88. Nella sezione immagini di *Il trascendente nel cinema* Schrader inserisce *Il redentore in trono*, XIII sec., Roma, Sancta Sanctorum; Antonio Papadopulos, *Madonna allattante*, XV sec., Roma, Pinacoteca Vaticana; Quinten Massys, *Madonna in trono con il bambino*, 1520 ca., Berlino, Gemäldegalerie.

Giotto, ha suggestionato pittori del Quattrocento come Mantegna e ha costituito la base dell'arte carolingia, celtica e ottoniana»[524]. Con questa affermazione lo sceneggiatore americano intende stabilire un'analogia tra quanto accaduto nell'arte europea sino al XVI secolo[525] e il cinema di Bresson: l'Oriente infatti gioca un ruolo di nuova linfa nei confronti degli stantii schemi teorici occidentali, «portando l'energia delle tecniche ieratiche e spirituali in un sistema filosofico razionale»[526]. «The two-dimensional image of the face – the icon of the face»[527], è l'espressione usata da Schrader nell'intervista al regista francese del 1976 e pubblicata solo un anno più tardi su «Film Comment», per sottolineare quell'attenzione al volto umano che Bresson aveva dedicato tanto al protagonista di *Pickpocket*, Michel, quanto al Fontaine in *Un condannato a morte è fuggito*. Le affinità tra le pellicole di Bresson e l'iconografia bizantina sono principalmente formali; vi si ritrova la frontalità, le pose ieratiche, i volti inespressivi e la bidimensionalità: «Così come i mosaicisti bizantini creavano volti inespressivi perché Dio stesso si manifestava in qualsiasi espressione, Bresson se ne serve per liberare lo spettatore dai suoi pregiudizi nei confronti del trascendente»[528]. La frontalità dell'iconografia ha come scopo quello di dirigere la mente dell'osservatore verso una più alta contemplazione, e Bresson usa questo stesso elemento per suscitare un atteggiamento di rispetto, privo di coinvolgimento emotivo, che può tradursi in una stasi molto simile a quella provocata da un'icona religiosa. Schrader osserva:

Quando in *Pickpocket*, scena dopo scena, il volto indifferente di Michel guarda fisso in camera, Bresson sta utilizzando la sua faccia come uno di quei volti bizantini dipinti sulle volte delle chiese [...] e quando Bresson applica il resto delle sue tecniche registiche all'inquadratura di quel volto, ecco che esso trova il giusto ruolo all'interno della liturgia. Oppure, nel *Diario di un curato di campagna*, appena prima che il parroco crolli

---

[524] Paul Schrader, *Il trascendente nel cinema*, cit., p. 89.

[525] Schrader estende l'influenza dell'arte bizantina sino agli anni '70, citando anche i casi precedenti di Georges Rouault e André Derain. Cfr. *ibidem*.

[526] *Ibidem*.

[527] Id., *Robert Bresson, Possibly – Interview by Paul Schrader*, cit., p. 30.

[528] Id., *Il trascendente nel cinema*, cit., p. 89.

esausto su un'arida collinetta, quasi avvolto nella polvere grigia e circondato dagli scheletri di alberi tetri, c'è una lunga inquadratura che crea una composizione simile ai mosaici bizantini, come quello dell'Ascensione in Santa Sofia: un'unica figura sofferente che si staglia su uno sfondo vuoto, con la testa girata verso sinistra, avvolta in un panno che ne occulta il corpo, sul punto di soccombere sotto il peso spirituale che deve sostenere[529].

Queste affinità non incontrarono del tutto l'approvazione di Bresson che nel 1972, in risposta alla recente pubblicazione di *Transcendental Style in Film*, affermò: «I have always been very surprised not to recognize myself in the image formed by those who are really interested in me»[530]. Ma è lo stesso Schrader a rendersi conto del rischio insito in queste analogie:

Si possono sicuramente delineare ulteriori paragoni con la tipologia figurativa cristologica nella ritrattistica bizantina, con il Cristo Pantokrator, il Cristo Re dei Re, il Cristo Misericordioso, il Cristo Sofferente e così via, oppure si potrebbe mettere a confronto la tecnica «a tre cerchi» della pittura bizantina con l'uso delle luci in Bresson. Tuttavia questi paralleli possono dilatare eccessivamente il valore dell'analogia. Il cinema è qualcosa di talmente diverso dai mosaici che qualsiasi paragone che li metta sullo stesso piano si rivela impreciso. I film di Bresson sono più che meri adattamenti cinematografici di icone bizantine, come del resto, il cinema di Ozu certo rappresenta qualcosa di più che la versione per il grande schermo della pittura *sumi-e*[531].

Lo sceneggiatore americano ha voluto mettere in luce il ricorso da parte di Bresson a particolari tecniche di tradizione artistica bizantina, che suscitano nel suo pubblico delle reazioni già ampiamente accertate. A detta di scrive, Schrader, ancora una volta sulla base della concezione wölffliana della «forma universale di rappresentazione»[532], intende mostrare come l'iconografia bizantina

---

[529] Ivi, p. 90.

[530] Robert Bresson in Paul Schrader., *Robert Bresson, Possibly, Interview by Paul Schrader*, cit., p. 26.

[531] Paul Schrader, *Il trascendente nel cinema*, cit., p. 90; Schrader non esplicita in che cosa consista la tecnica a tre cerchi della pittura bizantina.

[532] Cfr. ivi, p. 91.

avvicini Bresson a diversi artisti, come è il caso dell'opera di Yasujiro Ozu

3.6. L'imago Dei.

Schrader scorge nel cinema di Bresson la rappresentazione dell'immagine di Dio, l'*Imago Dei*[533], concetto cardine di qualsiasi dibattito sull'arte cristiana, e il modo in cui il regista francese ne fa uso è la dimostrazione di «come egli applichi le concezioni bizantine della ritrattistica alla teologia giansenista»[534]. Nell'occidente e nel cristianesimo il trascendente si incarna in un'unica figura, quella del Redentore[535], uomo e Dio al tempo stesso: il problema dell'arte religiosa consiste nella difficoltà di rappresentare questa figura. La

---

[533] Cfr. sull'argomento, tra la vasta bibliografia, Vladimir Lossky, *A immagine e somiglianza di Dio*, Edizioni Dehoniane Bologna, 1999; Juan Luis Ruiz de la Peña, *Immagine di Dio, Antropologia teologica fondamentale*, Edizioni Borla, Roma, 1992; Andrea Dall'Asta, *Dio storia dell'uomo. Dalla parola all'immagine*, EMP, Padova 2013.

[534] Paul Schrader, *Il trascendente nel cinema*, cit., p. 91. Con questa affermazione Schrader, dal mio punto di vista, intende sottolineare l'utilizzo da parte di Bresson di elementi formali quali la frontalità e le pose ieratiche in un contesto narrativo in cui emergono tematiche di stampo giansenista quali la predestinazione e il tema della grazia.

[535] Vi è una differenza tra *L'imago dei* nell'AT e nel VT; In ambito neotestamentario infatti abbiamo una rielaborazione cristocentrica della categoria dell'immagine. I testi principali appartengono alla letteratura paolina e giovannea. In tutti l'accento è posto sull'identità perfetta fra l'*eikon* e il prototipo, cioè tra Cristo e Dio. I passi paolini sono Colossesi 1, 15 e 2Cor 4,4, entrambi recitano «Cristo è l'immagine di Dio». Cristo è definito, perciò, in greco con l'*eikon tho theu*, per esprimere la perfetta identità tra i due termini, tra l'immagine e la realtà, tra Cristo e Dio. Definizione che coincide con il significato dei passi giovannei: «chi ha visto me, ha visto il Padre» (Gv 14,9), e «chi vede me, vede colui che mi ha mandato» (Gv 12,45), che esprimono ugualmente la perfetta identità di natura tra il Cristo e il Padre. Cfr. in via introduttiva Anna Carotenuto, *L'uomo immagine di Dio*, URL= http://annacarotenuto.altervista.org/wp-content/uploads/2014/09/A.-Capitolo-3.pdf (visto il 18/08/2019).

categoria dell'*Imago dei* è il nucleo fondamentale dell'antropologia veterotestamentaria. È la chiave interpretativa per la comprensione della natura umana: «Il mistero dell'uomo non può essere compreso separatamente dal mistero di Dio»[536]. Schrader si limita ad affrontare la questione nei termini in cui l'*Imago Dei*[537] si manifesta nel cinema di Bresson. Presenta infatti una breve ricostruzione storica[538], soffermandosi principalmente sulle due interpretazioni, quella orientale ortodossa e quella protestante, tra le quali la chiesa romana ha sempre oscillato. Entrambe partono dal medesimo principio:

> Poi Dio disse: Facciamo l'uomo a nostra immagine e a nostra somiglianza, ed abbia dominio sui pesci del mare, sugli uccelli del cielo, sul bestiame e su tutta la terra, e su tutti i rettili che strisciano sulla terra. Così Dio creò l'uomo a sua immagine; lo creò a immagine di Dio; li creò maschio e femmina[539].

La posizione espressa dalle chiese protestanti, secondo lo sceneggiatore americano, ha come testo di riferimento Esodo 20,4: «Non ti farai idolo né immagine alcuna di ciò che è lassù nel cielo né di ciò che è quaggiù sulla terra, né di ciò che è nelle acque sotto la terra». Il rifarsi a questa tesi in sostegno di una posizione iconoclastica si riscontra per la prima volta nel II secolo in Clemente di Alessandria[540], e ha incontrato nel tempo un ininterrotto favore. Appoggiata dagli iconoclasti dell'VIII secolo, è stata poi sostenuta da Sant'Anselmo, Lutero, Calvino, raggiungendo la sua forma più violenta con i puritani di Cromwell[541]. Lo sceneggiatore americano

---

[536] Commissione Teologica Internazionale, *La persona umana creata a immagine di Dio*, Città del Vaticano 2002.

[537] Cfr. sull'argomento Liviu Anastase, *L'immagine di Dio nell'uomo – origine e vocazione*, tesi di laurea, Istituto Avventista di Cultura Biblica, Firenze s.d., in *villaaurora*, URL= https://www.villaaurora.it/ita/corsi/teo/tesi/files/lauTesiLiviuANAS TASE.pdf (visto il 18/08/2019).

[538] Cfr. Paul Schrader, *Il trascendente nel cinema*, cit., pp. 91-92.

[539] Genesi 1: 26-27.

[540] Cfr. Herbert Read, *Art and Society*, Schocken Books, New York 1966, p. 58; cit. in Paul Schrader, *Il trascendente nel cinema*, cit., p. 92.

[541] Cfr. Paul Schrader, *Il trascendente nel cinema*, cit., p. 92.

presenta i diversi approcci all'immagine da parte della chiesa ortodossa e dall'altro dalla chiesa occidentale. La prima sostiene che, essendo cristo immagine di Dio[542], è possibile adorarlo attraverso le immagini; nel 692 il Concilio Quinisesto diede legittimazione alla posizione stabilendo che «d'ora in avanti le icone dovranno mostrare [...] Cristo nostro Signore nella Sua forma umana [...] così che possiamo ricordarci della sua vita incarnata»[543]. Diversamente la chiesa occidentale scorgeva nelle immagini un semplice strumento di educazione e istruzione, e del tutto assente era il riconoscimento del potere di condurre alla salvezza, propria della visione ortodossa. Questo breve excursus storico fornisce coordinate utili su cui Schrader di lì a poco poggerà la sua teoria; si tratta, come nella precedente analogia tra Bresson e l'iconografia bizantina, di una sua suggestione originale. Questo emerge dall'assenza di bibliografia:

> Considerato alla luce delle posizioni del cattolicesimo o del protestantesimo (in cui si include anche il giansenismo), Bresson potrebbe essere accusato di aver aderito all'eresia dell'iconografia orientale. Il dilemma dell'*Imago Dei* ritorna nel *Processo a Giovanna d'Arco*, nella scena in cui l'inquisitore chiede a Giovanna se i suoi seguaci si siano fatti delle immagini di lei. Questa è una domanda fondamentale: la chiesa cattolica sta cercando di condannarla per la pratica eretica tipicamente orientale dell'iconografia. Se Giovanna ha consentito ai suoi seguaci di venerare la sua immagine significa che lei ha commesso un doppio peccato: la blasfemia (schierandosi contro Dio) e la fabbricazione di idoli[544].

---

[542] La chiesa ortodossa fa riferimento alla lettera ai Filippesi 2,6-11: «il quale, pur essendo di natura divina, non considerò un tesoro geloso la sua uguaglianza con Dio; ma spogliò se stesso, assumendo la condizione di servo e divenendo simile agli uomini; apparso in forma umana, umiliò se stesso facendosi obbediente fino alla morte e alla morte di croce. Per questo Dio l'ha esaltato e gli ha dato il nome che è al di sopra di ogni altro nome; perché nel nome di Gesù ogni ginocchio si pieghi nei cieli, sulla terra e sotto terra; e ogni lingua proclami che Gesù Cristo è il Signore, a gloria di Dio Padre».

[543] Heinz Skrobucha, *Icons*, Oliver & Boyd, London 1963, p. 6; cit. in Paul Schrader, *Il trascendente nel cinema*, p. 92.

[544] Paul Schrader, *Il trascendente nel cinema*, cit., p. 92.

Dal punto vista di Schrader, secondo una visione che tradisce una certa ambiguità, Bresson accoglie l'eresia iconografica all'interno della teologia della chiesa occidentale: Giovanna d'Arco è allo stesso tempo una santa in senso cattolico, ovvero una persona la cui vita offre un esempio di conversione, ma allo stesso tempo nella visione del regista francese è un'immagine nel senso orientale del termine, un'icona[545]. Per questo motivo, secondo Schrader, i film di Bresson sfuggono a qualsiasi etichetta religiosa; in lui confluiscono la tecnica ritrattistica di Bisanzio, la sua teologia che comprende predestinazione, libero arbitrio e grazia deriva dal giansenismo, e la sua estetica infine deriva dalla Scolastica.

Dal mio punto di vista, diversamente dal cinema di Ozu in cui da una prospettiva occidentale alcuni punti rimanevano oscuri, il caso del cinema bressoniano rappresenta un esempio di corrispondenza di una trascendenza tanto estetica quanto religiosa: da un lato troviamo una serie di tecniche finalizzate ad una indagine dell'invisibile, in cui ogni oggetto e figura umana hanno sempre un aspetto evocativo, allo stesso tempo fisico e immateriale. Con questo intendo ribadire quanto già affermato da Ayfre: «Si ha a che fare con una trascendenza immanente, si potrebbe dire con una invisibilità radicale. Infatti questo mondo invisibile desidera restare tale, o apparire solamente invisibile»[546]. Dall'altro la trascendenza religiosa si esprime nei temi cari alla sua visione giansenista: il libero arbitrio, la predestinazione e la grazia.

3.7. *Conclusioni sulla prima formulazione di «stile trascendentale»: ricchezza e povertà.*

Come ha giustamente osservato Gabriele Pedullà: «per comprendere davvero *Il trascendente nel cinema* bisognerebbe leggerlo dalla fine, dalle conclusioni»[547]. Infatti un altro aspetto

---

[545] Cfr. Ivi, p. 93.

[546] Amédée Ayfre, *Contributi a una teologia dell'immagine*, cit., p. 319.

[547] Gabriele Pedullà, *Perceval, Usa,* cit., p. XIII; l'idea schraderiana, secondo Pedullà, è che sino a quel momento (primi anni '70), i registi interessati al trascendente hanno smarrito la propria via, a causa di un'arte intrinsecamente materialistica come quella del

fondamentale per comprendere sino in fondo la nozione di stile trascendentale è il riferimento alla distinzione dei mezzi terreni in due diverse categorie: una distinzione proposta da Jacques Maritain in *Religione e cultura*, a proposito dei comportamenti umani, e ripresa dallo stesso Schrader nella parte conclusiva del suo saggio[548]. A questo proposito Maritain scrive:

> Possiamo chiamare mezzi temporali ricchi quelli che, essendo così sprofondati nel pieno della materia, esigono per sé una certa misura di successo tangibile. In causa di ciò, persino la legge evangelica dell'inversione dei valori e d'immolazione, che è la legge suprema dello spirito, non li attinge che imperfettamente: allora passa sopra essi l'ombra della croce. Sono questi i mezzi proprii del mondo. [...] Nostro compito è di strapparli a lui per virtù del sangue di Cristo. Sarebbe assurdo disprezzarli o respingerli: sono indispensabili; fan parte del naturale tessuto della vita umana[549].

Tuttavia esistono secondo Maritain altri mezzi temporali, i mezzi propri dello spirito:

> Sono i *mezzi temporali poveri*. In essi è la croce. Più sono privi di materia, ignudi, scarsamente visibili, e più sono efficaci. Perché per la virtù dello spirito essi sono mezzi *puri*. Sono i mezzi proprii della saggezza, la quale non è muta, ma grida sulle pubbliche piazze: è una caratteristica della saggezza di gridare così: le occorrono perciò i mezzi per farsi intendere[550].

Lo sceneggiatore americano adatta questa distinzione alle due grandi forme d'arte, quella sacra e quella profana. Il rapporto tra «mezzi temporali ricchi» e «mezzi temporali poveri» varia a seconda della forma artistica e può essere, secondo Schrader, un valido criterio di misura della spiritualità di un'opera. Più questa riesce a includere la povertà all'interno di una società ricca, più si avvicina all'obbiettivo trascendentale; Schrader riferendosi esplicitamente a Maritain scrive:

---

cinema. Questo non significa che non possa rinascere un cinema sacro, Schrader infatti rivolge lo sguardo oltre gli studios californiani, individuando nuova linfa nel cinema di Rossellini, Antonioni, Renoir, Michael Snow e Bruce Baillie.

[548] Cfr. Jacques Maritain, *Religione e cultura*; ripreso in Paul Schrader, *Il trascendente nel cinema*, cit., pp. 135-142.

[549] Jacques Maritain, *Religione e cultura*, cit., pp. 69-70.

[550] *Ivi*, pp. 70-71.

I mezzi temporali ricchi (*moyens temporels riches*) sono quelli che «per loro natura richiedono una certa misura di successo tangibile». Questo genere di azioni ci mantiene in vita in un mondo corrotto e «sarebbe assurdo disprezzarle o respingerle, sono necessarie, fanno parte della stoffa naturale della vita umana». Ne sono esempi il lavoro del soldato, dell'operaio o dell'uomo d'affari e comprendono tutte le attività che hanno a che fare con la vita pratica, i beni materiali e la dimensione sensibile[551].

Dall'altro la categoria dei mezzi temporali poveri (*moyens temporels pauvres*) riunisce le attività propriamente spirituali:

Più esse sono prive di materia, spoglie, scarsamente visibili, più sono efficaci, dal momento che sono finalizzate alla virtù. Queste attività non hanno come fine il successo pratico, ma l'elevazione dello spirito e per questo sono tipiche dei poeti e dei filosofi[552].

È bene comprendere che esistono due livelli entrambi necessari, ma che non si equivalgono, e che l'arte sacra utilizza tanto i mezzi temporali ricchi quanto quelli poveri. I primi si occupano di mantenere vivo l'interesse dello spettatore, mentre i secondi servono a elevare la sua anima:

Nell'arte i mezzi temporali ricchi corrispondono, secondo Worringer, al «naturalismo» in quanto sensuale, emotivo e mondano, sono caratterizzati da forme morbide, realismo e tridimensionalità, sperimentazione e favoriscono l'empatia. Con la loro freddezza, il loro approccio formalistico e la loro ieraticità, i mezzi temporali poveri corrispondono invece a ciò che Worringer ha chiamato «stile»: prediligono forme astratte, i ritratti stilizzati, la bidimensionalità e la rigidità, e provocano un'ammirazione rispettosa[553].

Osserviamo quindi come Schrader applichi la distinzione di Maritain tra «mezzi temporali ricchi» e «mezzi temporali poveri» alle categorie di «naturalismo» e «stile» individuate da Worringer nel suo testo *Astrazione e Empatia*[554]. All'interno del suo saggio lo studioso tedesco sostiene che l'estetica moderna, una volta compiuto

---

[551] Paul Schrader, *Il trascendente nel cinema*, cit., p. 130.

[552] *Ibidem.* Schrader come Maritain cita esplicitamente Mozart, Satie, Rembrandt, Dante, Omero e San Tommaso. Cfr. Jacques Maritain, *Religione e cultura*, cit., p. 71-72.

[553] Paul Schrader, *Il trascendente nel cinema*, cit., p. 131.

[554] Wilhelm Worringer, *Astrazione e Empatia* (1907), tr. it. di E. De Angeli, Einaudi, Torino 1975.

il passaggio dall'oggettivismo al soggettivismo, culmina in una teoria definita dell'empatia. Questa teoria, pur essendo stata esposta in maniera efficace da Theodor Lipps[555], non può essere applicata ad ampi settori della storia dell'arte, perché secondo Worringer il suo nucleo fondamentale si situa «ad *uno* soltanto dei poli della sensibilità artistica dell'uomo»[556]. Infatti un sistema estetico sarà universale solo nel momento in cui si integrerà con delle linee che provengono dal polo opposto. Questo è rappresentato per Worringer dall'impulso di astrazione:

> Come l'impulso di empatia, quale presupposto dell'esperienza estetica, trova la propria gratificazione nella bellezza del mondo organico, così l'impulso di astrazione trova la propria bellezza in quello inorganico, negatore della vita, nel cristallino, o, in generale in ogni legge e necessità astratta[557].

Questi due poli, che Worringer definisce della «volontà artistica»[558], corrispondono, se applicati al prodotto di tale volontà ai concetti, ripresi anche da Schrader, di «naturalismo» e «stile». Con il termine naturalismo, lo studioso tedesco intende qualcosa di diverso dal concetto di imitazione; sostenendo come la confusione tra questi due concetti derivi dalla «nostra errata valutazione dell'antichità e del Rinascimento»[559]. Worringer definisce il naturalismo come l'«avvicinamento all'organico e al verosimile»[560], non inteso come la volontà da parte dell'artista di rappresentare un oggetto naturale nella sua realtà corporea, ma come l'affermazione di una sensibilità alla bellezza della forma organica nella sua vitale veridicità. «Si aspirava», afferma Worringer, «alla felicità che è data dall'organico

---

[555] L'estetica precedente a Lipps lavorava su sensazioni di «piacere» e «dispiacere», quest'ultimo invece riduce il valore di entrambe a semplici tonalità sensoriali, «nello stesso senso in cui la tonalità più chiara o più scura di un colore non è il colore stesso, ma appunto una semplice tonalità»: Theodor Lipps, *Empatia e godimento estetico* (1906), cit. in Wilhelm Worringer, *Astrazione e Empatia*, cit., p. 27.

[556] Wilhelm Worringer, *Astrazione e Empatia*, cit., p. 26.

[557] *Ibidem.*

[558] Ivi, p. 46.

[559] Ivi, p. 47.

[560] *Ibidem.*

vivente, non dal verosimile»[561]. Da questo comprendiamo come il presupposto psichico non sia la gioia derivante da una perfetta concordanza tra rappresentazione artistica e il suo oggetto, ma vi sia l'esigenza di raggiungere il piacere attraverso «il misterioso potere della forma organica»[562], dove ciascuno poteva godere del proprio organismo[563]. Nella visione dello studioso tedesco solo il naturalismo, inteso come genere artistico, rientra nella sfera dell'arte pura, ed è quindi accessibile alla valutazione estetica. Il presupposto psichico è il processo di empatia, «il cui oggetto più prossimo è sempre l'affinità organica»[564]. Con questo si intende che all'interno dell'opera d'arte accadono dei processi formali che corrispondono alle naturali tendenze organiche dell'uomo, e che gli permettono, attraverso la contemplazione estetica, il felice fluire dell'evento formale. Al concetto di naturalismo Worringer contrappone quello di stile; termine a sua volta estremamente variabile nell'uso e nel significato. Per stile di un'opera d'arte il linguaggio comune intende: «ciò che eleva l'imitazione del modello naturale a un livello più alto, in altre parole l'adattamento che il modello deve subire per poter essere trasposto nel linguaggio dell'arte»[565]. Dal punto di vista dello studioso tedesco questa definizione non può essere accettata dato lo squilibrio che essa conferisce, a favore della prima, tra l'aspirazione a riprodurre il modello naturale e ciò che lui identifica come il «volere artistico assoluto»[566]. La finalità di questa tesi è quella di

---

[561] *Ibidem.*

[562] Ivi, p. 48.

[563] L'arte è qui intesa come «godimento oggettivato di se stessi»; Cfr. *Ibidem*; Worringer a questo proposito cita Heinrich Wölfflin, *Rinascimento e Barocco* (1888), tr .it. di L. Filippi, Vallecchi Editore, Firenze 1988, cit., p. 135.

[564] Wilhelm Worringer, *Astrazione e Empatia*, cit., p. 52.

[565] *Ibidem.*

[566] Il volere artistico assoluto, secondo Worringer,si manifesta nel modo più puro nell'arte ornamentale e consiste non nell'imitare le cose del mondo esterno o nel riprodurre le loro parvenze, ma nel proiettare all'esterno in perfezioni ideali, le linee e le forme della vita organica, per fare di ogni creazione «un palcoscenico alla libera

associare al concetto di stile l'altro polo della sensibilità artistica umana, ovvero l'impulso di astrazione, laddove in precedenza, aveva assimilato il concetto di naturalismo al processo di empatia. A questo proposito Worringer parte dalla constatazione secondo cui l'impulso artistico originale non ha nulla a che spartire con la riproduzione della natura. Questo mira alla pura astrazione come unica possibilità «di riposo nella confusione e nell'oscurità dell'immagine del mondo, e crea da sé con necessità istintiva l'astrazione geometrica»[567]. Per l'uomo questa rappresenta l'espressione unica di emancipazione dalla imprevedibilità e caducità delle cose mondane; in un secondo momento esso sente il bisogno di strappare l'oggetto singolo alla confusa connessione con il mondo esterno in cui esso vi si trova immerso. Egli intende avvicinare l'oggetto, purificandolo «di quanto ha in sé di vita e di temporalità, a renderlo il più indipendente possibile sia dal circostante mondo esterno sia dal soggetto-spettatore»[568]. L'essere umano infatti, secondo Worringer, ricerca quella necessità e regolarità che gli consentono di evadere dal suo legame con la vita, quell'astrazione a cui ha sempre aspirato e che sola gli è accessibile. Due sono le soluzioni che Worringer individua per il raggiungimento di questo fine: la prima consiste nel riprodurre il più coerentemente possibile la «chiusa individualità materiale», secondo la definizione di Riegl[569], entro una superficie piana[570]; ovvero una rappresentazione che non riproduca l'oggetto né nella sua corporeità tridimensionale dipendente dallo spazio, né dalla sua apparenza sensibile ai sensi, ma il trasferimento della rappresentazione su una superficie piatta, limitandone l'estensione ai piani verticale e orizzontale[571]. La seconda consiste invece nel

---

e incontrollata attivazione del senso vitale di ciascuno»; Cfr. ivi, p. 48.

[567] Ivi, p. 61.

[568] *Ibidem.*

[569] Cfr. Alois Riegl, *Industria artistica tardoromana* (1901,1923), tr. it. di B. Forlati Tamaro e di M. T. Ronga Leoni, Sansoni, Firenze 1953, p. 25.

[570] Cfr. Wilhelm Worringer, *Astrazione e Empatia*, cit., p. 62.

[571] Cfr. Ivi, pp. 57-58. Su questo punto, tende a precisare Worringer, la trasposizione della rappresentazione su una superficie piatta non

fondere la rappresentazione con il rigido mondo del cristallino geometrico[572], allo scopo di imprimere in essa il sigillo dell'eternità strappandola alla caducità dell'esistente; Worringer cita gli egizi come esempio di popolo antico che è riuscito a dar corpo con maggiore intensità alla tendenza astratta del volere artistico[573].

Schrader cita per la prima volta lo studioso tedesco nella sezione dedicata al parallelismo tra architettura gotica e cinema di Dreyer[574]. Qui viene riproposta la distinzione tra naturalismo e stile, evidenziando come il primo sia il prodotto di un atteggiamento sereno e mondano, caratterizzato da una ritrattistica realistica e da linee morbide. Dall'altro lo stile dell'arte astratta è invece «il prodotto di un disagio, di una tensione verso lo spirituale ed è contraddistinto da una ritrattistica formale e da angoli acuti e linee perpendicolari»[575]. Ed è per questo che Schrader, citando Worringer, sostiene che solo l'arte astratta sia in grado di esprimere il trascendente: «le forme astratte regolari dunque sono le uniche e le più elevate in cui l'uomo possa trovare quiete di fronte a quell'immagine groviglio che è l'immagine del mondo»[576]. Allo stesso modo per lo sceneggiatore americano l'artista che vuole esprime il trascendente deve tener conto di entrambi i mezzi temporali, pur riconoscendo il loro diverso valore; i mezzi temporali ricchi sostengono quelli poveri, perché sono questi ultimi a determinare la consapevolezza spirituale. Lo stile trascendentale si configura così come un processo in tre fasi che procede dall'abbondanza alla rarefazione. Un processo che avanza per progressive spoliazioni. Il regista interessato al trascendente deve sbarazzarsi di quell'eccesso di ricchezza, ovvero l'effetto di realtà

---

va intesa nel senso che l'artista si accontenta della silhouette: questa non riuscirebbe a rendere l'immagine di una individualità materiale. Si tratta invece di trasformare le relazioni di profondità in relazioni piane.

[572] Cfr. Ivi, p. 62.

[573] Cfr. Ivi, p. 58.

[574] Cfr. Paul Schrader, *Il trascendente nel cinema*, cit., pp. 119-126.

[575] Ivi, p. 120.

[576] Wilhelm Worringer, *Astrazione e Empatia*, cit., p. 40; cit. in Paul Schrader, *Il trascendente nel cinema*, cit., p. 120.

connaturato al cinema, non trascurando questo aspetto, ma ribaltandolo a suo vantaggio. Il cinema avrà pure liberato le altre arti dal desiderio di imitare la vita, come sostiene Bazin[577], ma non ha liberato se stesso. Infatti, questa forma d'arte ha acquisito nuove catene dovute all'ossessione per il reale, così da possedere una grande capacità di coinvolgimento, e lo stile trascendentale deve sfruttare questo aspetto, mantenendo l'empatia a livello potenziale. Allo stesso modo, argomenta ancora Schrader,

> il pubblico ha un impulso naturale a partecipare a ciò che succede sullo schermo e un regista che utilizza lo stile trascendentale può sfruttare questo particolare aspetto del cinema per inchiodare gli spettatori alla sedia, mentre lui gradualmente sostituisce i mezzi temporali poveri a quelli ricchi. Nello stile trascendentale la povertà, in larga misura, vuol dire semplicemente rifiutare la ricchezza che il *medium* cinematografico mette a disposizione[578].

Non è necessaria quindi la creazione di nuove forme finalizzate alla rappresentazione del Completamente Altro ma, poiché il mezzo cinematografico nasce ricco di per sé, servirà una graduale rarefazione delle sue stesse possibilità. Per questo lo stile trascendentale, sostiene Schrader, deve tenersi sempre in equilibrio come su una corda sottile: da un lato usa la potenzialità espressiva data dai mezzi temporali ricchi per mantenere vivo l'interesse del pubblico, dall'altra rifiuta questa partecipazione emotiva per poter stabilire una nuova necessità. Applicando l'uso di queste due differenti categorie di «mezzi temporali» alle tre fasi dello stile trascendentale, ne deduciamo che:

1) Nella quotidianità, il regista da una parte aderisce alle caratteristiche realistiche del cinema, ma allo stesso tempo le mina alla loro stessa base:

> Uno spettatore si aspetta certe gratificazioni immediate da un film: un senso di verosimiglianza, una garanzia di realismo, un contesto per lui comprensibile. La quotidianità fornisce queste piccole compensazioni, ma impedisce quel coinvolgimento che di solito ne deriverebbe. La «realtà» della vita di tutti i giorni è talmente stilizzata da non produrre la consueta partecipazione del pubblico[579].

---

[577] Cfr. André Bazin, *Che cos'è il cinema*, cit., p. 10.

[578] Paul Schrader, *Il trascendente nel cinema*, cit., p. 136.

[579] Ivi, p. 137.

2) Nella scissione, il conflitto tra mezzi ricchi e mezzi poveri diviene evidente e intollerabile per lo spettatore. È il momento in cui la tecnica imitativa della ricchezza, il protagonista e il suo ambiente, si accompagna ad una fredda stilizzazione che a mano a mano prende il sopravvento. È nel momento decisivo, in un'azione drammatica-emotiva, e perciò ricca, che possiamo stabilire quanto la sostituzione tra i mezzi ricchi con quelli poveri sia effettivamente riuscita.

Se il processo dello stile trascendentale è compiuto, il film sarà a questo punto così denudato, così «povero» che un elemento del genere non avrà nessun contesto a cui riferirsi. Nel nuovo contesto, gli espedienti drammatici utili a suscitare empatia sembreranno ora fuori luogo[580].

3) La stasi infine costituisce l'esempio massimo di povertà:

Lo stile trascendentale, si spera, avrà trasformato lo spettatore, attraverso questo percorso di depauperazione, come se lo avesse fatto passare sotto la navata di una chiesa bizantina. Quando l'immagine si ferma, lo spettatore continua a muoversi, scendendo sempre più in profondità fino ad arrivare, si potrebbe dire, *dentro* l'immagine. Questo è il miracolo dell'arte sacra. Se avviene, lo spettatore è giunto a una dimensione in cui qualsiasi mezzo temporale (ricco o povero) si dimostra decisamente poco efficace perché si è mosso oltre il campo dell'arte[581].

È secondo questa modalità che lo stile trascendentale può condurre lo spettatore all'espressione del Completamente Altro, riportandolo successivamente alla vita di tutti giorni. Dopo averlo avvicinato a quel silenzio, a quell'immagine dell'invisibile, nei quali arte e religione si fondono l'una nell'altra[582].

---

[580] *Ibidem.*

[581] Ivi, p. 138.

[582] Cfr. Ivi, p. 144.

Capitolo quarto - Rethinking Transcendental Style

So I started rethinking. How did I come to write the book in the first place and how does its premise hold up after forty-five years?

I wasn't drawn to the topic out of academic obligation or desire to publish. I had a problem and I was looking for an answer. It was the same impulse that caused me to write a screenplay two years later[583].

4.0. Una nuova formulazione di «stile trascendentale»: slow cinema.

Il 2018 rappresenta per Schrader l'anno di ritorno alla riflessione sul trascendente nel cinema, dopo essersi dedicato principalmente all'attività di regista e sceneggiatore. Questo ritorno avviene in un duplice modo: da un lato come critico, con una nuova introduzione al suo saggio *Transcendental Style in Film*, e dall'altro come regista. Per la prima volta decide di affrontare in maniera diretta il tema della spiritualità:

Well, strangely enough, it was an intellectual decision, not an emotional one. I had written a book about spirituality and film when I was a film critic and I never felt that was the direction I wanted to go as a filmmaker. I was too interested in the juice—the action, the empathy, and the psychological realism—to do a cold film like that. And then a couple years ago I was in conversation with Pawel Pawlikowski. I was giving him an award for Ida. And we got to talking about my book, and about his film, and this was downtown and I had to walk home to Chelsea. By the time I got back I decided it was now time to write the script I swore I never would. Once that penny dropped—one that Rubicon was crossed— then it all came quite quickly. Excuse my expression, but I broke [...] my unwillingness to tackle spiritual matters[584].

Infatti fino a quel momento il vero paradosso schraderiano consisteva nel fatto che, come scrive Pedullà:

Schrader non ha mai messo in pratica il proprio manifesto: il suo cinema

---

[583] Paul Schrader, *Rethinking Transcendental Style*, cit., p. 1.

[584] Joe Utichi, *First Reformed' Q&A: Paul Schrader Shocked He Wasn't Attacked As "Liberal Jihadist" After 'Last Temptation' Protests*, in «Deadline», 4/1/2019, URL= https://deadline.com/2019/01/first- reformed-paul-schrader-liberal-jihadist-the-last-temptation-of-christ-interview-ethan-hawke-1202528793/ (visto il 24/09/2019).

deve pochissimo stilisticamente alla lezione di Ozu e di Bresson. I grandi temi di *Transcendental Style in Film* sono tutti presenti nei suoi film (*Hard Core* si interroga sul problema dell'immagine, *American Gigolò* è sostanzialmente un remake di *Pickpocket*, *Mishima* è un'incursione nell'amata cultura giapponese, *Affliction* può essere letto come un'allegoria teologica della colpa, *Touch* riflette sulla possibilità di fare miracoli nella società dello spettacolo)[585].

Nel saggio di quasi cinquant'anni prima Schrader sosteneva che non avrebbe mai voluto girare quel tipo di film. Con *First reformed* (2017) invece dimostra di aver cambiato idea. Del resto, retrospettivamente, si può osservare che in quarant'anni di carriera cinematografica, i segni della sua ricerca di spiritualità, la necessità di avere una risposta al perché dell'inquietudine umana, e l'indagine sul grande mistero dell'esistenza, erano già riconoscibili nei suoi lavori. Contestualmente alle riprese del film, Schrader lavora ad una nuova edizione di *Transcendental Style in Film* in cui amplia il discorso sul cinema contemplativo[586], inserendo nuovi registi fra i quali Tarkovskij, Kiarostami, Lynch. La domanda da cui parte per questa nuova indagine è la seguente: «What became of transcendental style? […] What happened? Gilles Deleuze happened. So did Andrei Tarkovsky. And slow cinema was soon to follow»[587]. La nuova indagine schraderiana tenta di stabilire un percorso possibile che dal cinema di Bresson e Ozu conduce a Béla Tarr, Lav Diaz e Pedro Costa.

Nel 1972 l'attenzione dello sceneggiatore americano si era concentrata sulla difficoltà nel dare una definizione quanto più esaustiva possibile di stile trascendentale, mettendo in risalto le tecniche usate dai registi per creare una realtà cinematografica Altra: «I sought to understand how the distancing devices used by these directors could create an alternate film reality—a transcendent

---

[585] Gabriele Pedullà, *Perceval, Usa,* cit., p. XXVII.

[586] Cfr. senza autore, *Introduzione al cinema contemplativo*, nel blog di Lorenzo e Stefano Paci «Cinepaxy», 25/9/2016, URL= https://cinepaxy.wordpress.com/2016/09/25/introduzione-al-cinema-contemplativo/ (visto il 23/09/2019); all'interno del capitolo le definizioni di *slow cinema, cinema lento, cinema contemplativo* sono usate come equivalenti.

[587] Paul Schrader, *Rethinking Transcendental Style,* cit., p. 1.

one»[588]. Si tratta di quei meccanismi che determinavano «una reale o potenziale separazione tra l'uomo e il suo ambiente»[589], una crepa crescente nella superficie opaca della realtà quotidiana. Attraverso un uso limitato dei movimenti di camera, un montaggio ridotto all'essenziale, l'assenza di musica in chiave drammatica, si accresceva così lo stile trascendentale che determinava un senso di disagio che lo spettatore era chiamato a risolvere. Il regista aiutava lo spettatore nella risoluzione attraverso un momento decisivo, un'immagine o un atto inatteso che si traduceva in una stasi, «an acceptance of parallel reality—transcendence. At that time, I had little idea how the phenomenology of such a process would work. I posited that the psyche, squeezed by untenable disparity, would break free to another plane»[590]. Schrader ammette di non essere riuscito a disvelare i meccanismi di questo processo, la fenomenologia. Aveva ipotizzato infatti che: «the psyche squeezed by untenable disparity, would break free to another plane»[591]; questa spiegazione appare ora per lui inadeguata.

Nella prima metà degli anni Ottanta, con i due volumi *L'immagine-movimento* (*Cinema 1*) e *L'immagine-tempo* (*Cinema 2*) Gilles Deleuze inaugura una nuova modalità di pensiero sul cinema, in cui il filosofo francese esplicita, come afferma Schrader, la fenomenologia della percezione attraverso la nozione di tempo. I due testi risultano distanti tanto da una prospettiva semplicemente critica, quanto da una riflessione a posteriori sui prodotti filmici. Infatti entrambi, nelle parole di Daniela Angelucci, assumono come punto di partenza:

l'affermazione di un'analogia forte tra le due pratiche, quella del cinema e quella della filosofia. Diversamente dalle altre teorie – lontana anni-luce, per esempio, dall'intento della semiotica di cogliere strutture segniche e d elementi narrativi dl film – la teoria di Deleuze non considera i numerosissimi film citati nei suoi libri come oggetti da analizzare o esiti artistici da valutare, ma come prodotti di un atto inventivo analogo a

---

[588] Ivi, p. 3.

[589] Id., *Il trascendente nel cinema*, cit., p. 35.

[590] Id., *Rethinking Transcendental Style,* cit., p.3.

[591] *Ibidem.*

quello che si determina nella filosofia[592].

Nelle sue linee generali il pensiero proposto da Deleuze nei due testi[593] può esser così riassunto: all'interno della storia del cinema sono individuabili due tipi di immagine: l'*immagine-movimento* e l'*immagine-tempo*. Nel primo caso Deleuze, prendendo le mosse da Bergson e paradossalmente dalla sua critica nei confronti del cinema, definito come falso movimento[594], arriva a sostenere il «bergsonismo profondo dell'arte cinematografica»[595], in quanto immagine cui il movimento gli appartiene costitutivamente. Il cinema non viene intenso come somma di sezioni immobili ricomposte a posteriori con l'aggiunta del movimento, in quanto la mobilità appartiene già alla sua unità più piccola, il piano-sequenza. Come scrive Angelucci: «Alla tesi di Bergson viene opposta l'idea del movimento come statuto costitutivo, ontologico, dato immediato dell'immagine cinematografica, non più immagine del o in movimento ma immagine-movimento»[596]. Questa immagine è quella propria del cinema classico, ed entrerà in crisi, secondo Deleuze, a partire dalla Seconda guerra mondiale; il cinema, anche attraverso l'opera di Alfred Hitchcock[597] ma in particolar modo grazie all'imporsi del neorealismo italiano, trova una nuova modalità di rappresentazione:

> Le situazioni ottiche e sonore del neorealismo si oppongono alle situazioni senso- motorie forti del realismo tradizionale. [...] Nel neorealismo, i legami senso-motori hanno valore unicamente per i disturbi che li colpiscono, li allentano, li disequilibrano o li disaccopiano: crisi dell'immagine-azione[598].

---

[592] Daniela Angelucci, *Deleuze e i concetti del cinema*, Quodlibet, Macerata 2012, p. 11.

[593] Le quattro tesi sul cinema – due sul movimento nel primo volume e due sul tempo nel secondo – vengono esposte come commenti al pensiero di Bergson proposto in *Materia e Memoria*. Cfr. Daniela Angelucci, *Deleuze e i concetti del cinema*, cit., p. 13.

[594] Cfr. Henri Bergson, *L'evoluzione creatrice* (1907), tr. it. di F. Polidori, Raffaello Cortina, Milano 2002, p. 250.

[595] Daniela Angelucci, *Deleuze e i concetti del cinema*, cit., p. 14.

[596] *Ibidem.*

[597] Cfr. Gilles Deleuze, *L'immagine-tempo*, cit., p. 5.

[598] Ivi, p. 8.

Secondo Scarlato[599], per questa lettura del neorealismo e del cinema moderno, tanto il Deleuze di *Cinema 2*, quanto il Godard delle *Histoire(s) du cinèma* sono debitori della diagnosi baziniana che sviluppa nel corso del tempo un paradigma che si basa sulla presenza di «immagini-fatto»[600]. Sulla base di queste l'evento non viene letto in funzione della macchina narrativa, dell'intrigo, della totalità del racconto dal quale sarebbe presupposto e rispetto al quale sarebbe in funzione subordinata. Dal punto di vista drammaturgico queste immagini-fatto si danno o quando la costruzione narrativa conduce a un «trauma della visione»[601], come nel caso di *Paisà* (1946), o quando il racconto sembra svilupparsi sul piano della pura contingenza, dissimulando i raccordi drammaturgici e sviluppando l'azione in modo orizzontale[602], come accade nella lunga passeggiata di *Ladri di Biciclette* (1948). Bazin a questo proposito afferma: «In ciò, *Ladri di biciclette* è uno dei primi esempi di cinema puro. Niente più attori, niente più storia, niente più messa in scena, cioè finalmente nell'illusione estetica perfetta della realtà: niente più cinema»[603]. Allo stesso modo per Deleuze:

Le distinzioni, da una parte tra banale e straordinario, dall'altra tra soggettivo e oggettivo, hanno un valore, ma solo relativo. Valgono per un'immagine o una sequenza, ma non per l'insieme. Valgono ancora in rapporto all'immagine-azione, che mettono in discussione, ma non valgono già più completamente in rapporto alla nuova immagine che sta per nascere[604].

Si registra così, secondo Angelucci, la fine di quei legami, di quei nessi causali e logici obbedienti alle leggi di successione o simultaneità, che garantivano:

nel cinema classico la continuità di quel reale che veniva presupposto […] Con la messa in questione del cinema del movimento si produce un rapporto inedito tra reale e immaginario, due regimi differenti per natura

---

[599] Cfr. Alessio Scarlato, *Il mito del Neorealismo in Bazin e Ayfre*, in «Schermi», II, 3, 2018, pp. 85-103: 88.

[600] Ivi, p. 87.

[601] Ivi, p. 88.

[602] Cfr. *ibidem*.

[603] Andrè Bazin, *Che cos'è il cinema*, cit., pp. 317-318.

[604] Gilles Deleuze, *L'immagine tempo*, cit., pp. 9-10.

che nel nuovo tipo di descrizione sconfinano continuamente l'uno nell'altro fino a divenire indiscernibili[605].

Il mondo inizialmente concepito come spazio all'interno del quale vi si dispiegava un'azione, diviene in seguito luogo di indagine e messa in discussione profonda della realtà stessa[606]: l'immagine perciò perde il suo legame fondamentale col movimento, non più immagine-movimento, per farsi definitivamente immagine-tempo.

Il tempo diventa allora il concetto cardine attorno al quale si articolerà qualsiasi possibile analisi di questo nuovo cinema, proprio perché l'investigazione del mondo che il cinema mette in atto, spezzando tutti legami senso-motori che sino ad allora ne avevano informato ed ispirato l'immagine, mette immediatamente in questione lo strutturarsi dell'esperienza: la linea retta del tempo, che costituiva l'essenziale della narrazione, si sfalda, si spezza, e sgretolandosi spazza via il senso, creando le condizioni per un'indagine che diventa messa in questione del tempo e della memoria[607].

Deleuze, come riporta lo stesso Schrader, apre *Cinema 2*, con la descrizione della scena iniziale di *Umberto D.* (1952) di Vittorio De Sica, la stessa sequenza che diciotto anni prima aveva fortemente impressionato Bazin[608]. Ma se quest'ultimo metteva in risalto il realismo della scena, Deleuze pone l'accento sull'utilizzo del tempo.

Nella celebra sequenza di *Umberto D.* una giovane servetta entra in cucina, compie una serie di gesti meccanici, pulisce, caccia le formiche con un getto d'acqua, prende il macinino da caffè e chiude la porta con la punta del piede;

E i suoi occhi incrociano il suo ventre di donna incinta. È come se nascesse tutta la miseria del mondo. In una situazione comune e quotidiana, durante una serie di gesti insignificanti ma tanto più obbedienti a schemi senso-motori semplici, ecco sorta di colpo una *situazione ottica pura*, per la quale la servetta non ha né risposta né reazione. Gli occhi, il

---

[605] Daniela Angelucci, *Deleuze e i concetti del cinema*, cit., p. 48.

[606] Cfr. "Pemulis", *Deleuze:l'immagine-tempo*, in«Popsofia», 11/1/2018, URL= http://www.popsofia.it/deleuze-limmagine-tempo/ (visto il 24/09/2019).

[607] *Ibidem.*

[608] Cfr. André Bazin, *Umberto D*, in «Cahiers du cinéma», 13, 1952, pp. 14-15; 29.

ventre, questo è un incontro...[609].

Secondo lo sceneggiatore americano, un altro modo di leggere la questione elaborata da Deleuze è il seguente: il cinema del dopoguerra non è più interessato semplicemente a raccontare storie ai nostri sé coscienti, ma ora si cerca di comunicare con l'inconscio e con i modi con cui quest'ultimo elabora ricordi, fantasie, sogni[610]. Deleuze nota la capacità degli autori del dopoguerra di creare introspezione attraverso l'immagine-tempo; un'introspezione di natura differente, afferma Schrader, rispetto all'immagine singola dei quadri di Rothko o dei giardini zen, in quanto «the by-product of a changing image»[611]. L'artista cinematografico modella l'introspezione attraverso la durata, che è in grado di evocare, secondo lo sceneggiatore americano, «il Completamente Altro»[612]. Da qui nasce l'affermazione schraderiana che io considero la chiave di volta della nuova formulazione di stile trascendentale: «In *Transcendental Style in Film* I wrote about hierophanies evoked by style. Deleuze attempted to explain how that actually works»[613]. Lo sceneggiatore americano non si sofferma sulla questione, e ciò rende necessario rivolgersi direttamente al testo deleuziano. Dal mio punto di vista egli fa riferimento alla teoria dell'immagine cristallo proposta in *L'immagine tempo*. Nel paragrafo successivo ricostruirò la questione, sulla base degli studi di Daniela Angelucci e Roberto De Gaetano, per cercare di mostrare, come sostiene Schrader, il modo in cui il filosofo francese ha indagato la capacità del cinema di evocare ierofanie[614].

---

[609] Gilles Deleuze, *L'immagine-tempo,* cit., p. 4.

[610] Daniela Angelucci avvicina l'idea di creatività proposta da Deleuze e l'idea freudiana di inconscio, immaginando un punto di contatto tra questi due autori sul tema della ripetizione. Cfr. Daniela Angelucci, *Deleuze e i concetti del cinema*, cit., pp. 90-95.

[611] Paul Schrader, *Rethinking Transcendental Style*, cit., p. 6.

[612] «Duration can invoke the Wholly Other»: *Ibidem.*

[613] *Ibidem.*

[614] È interessante che Schrader attribuisca a Deleuze questa scoperta, vista la forte vicinanza di Deleuze con Nietzsche, filosofo dell'immanenza e, come scrive Angelucci, «pensatore che ha respinto qualsiasi principio trascendente, qualsiasi istanza che

4.1. Deleuze: l'immagine-ricordo / l'immagine-sogno.

I due commenti al pensiero bergsoniano elaborati in *L'immagine-tempo* indagano i caratteri del nuovo cinema, caratterizzato da situazioni ormai svincolate dallo schema senso-motorio. In questa «tipologia cinematografica» il movimento continua ad essere parte integrante dell'immagine come suo dato costitutivo, tuttavia ad emergere in primo piano è il tempo, la temporalità «in persona»[615], scrive Deleuze. La restituzione diretta del tempo in un'immagine, novità assoluta del cinema moderno, permette a Deleuze, secondo Angelucci, di avvicinare in parte Bergson alla filosofia kantiana: «Con la definizione di tempo come forma pura della interiorità, si è attuato infatti il primo capovolgimento del rapporto tempo-movimento, nel senso di una subordinazione di quest'ultimo al primo»[616]. Una sintesi della filosofia kantiana, continua Angelucci, in relazione a questa trasformazione del concetto di temporalità la ritroviamo nel saggio deleuziano *Quattro formule poetiche che potrebbero riassumere la filosofia kantiana* (1986). La concezione del tempo puro, non inteso in senso cronologico, viene qui riassunta da Deleuze nella formula «*The time is out of joint*», battuta pronunciata da Amleto, l'eroe tragico che porterà a compimento l'emancipazione del tempo:

> Il tempo *out of joint*, la porta fuori dai cardini, costituisce il primo grande rovesciamento kantiano: è il movimento che si subordina al tempo. Il tempo non si rapporta più al movimento che misura, ma il movimento al tempo che lo condiziona. Il movimento dunque non è più una determinazione d'oggetto, ma la descrizione di uno spazio, da cui dobbiamo fare astrazione per scoprire il tempo come condizione dell'atto[617].

Dal punto di vista cinematografico la rottura del concatenamento senso-motorio che lega due immagini ha come conseguenza il fatto

---

oltrepassa la terra e gli uomini». Cfr. Daniela Angelucci, *Deleuze e i concetti del cinema*, cit., p. 76.

[615] Gilles Deleuze, *L'Immagine-Tempo*, cit., p. 21.

[616] Daniela Angelucci, *Deleuze e i concetti del cinema*, cit., p. 23.

[617] Gilles Deleuze, *Quattro formule poetiche che potrebbero riassumere la filosofia kantiana* (1986), in Id., *Critica e Clinica*, tr. it. di A. Panaro, Raffaello Cortina, Milano 1996, pp. 43-52: 44.

che l'immagine perde la sua capacità di trasformarsi grazie ad un movimento e si ha così che la percezione non dà luogo a un'azione, ma ad un'immagine ottico-sonora pura; come accade per la straniera di *Stromboli terra di Dio* (1950), o per il bambino di *Germania anno zero* (1948). Il movimento passa in secondo piano, o in alcuni casi scompare, e rimane il tempo, inteso come fattore strutturante dell'immagine, che può essere esperito in maniera diretta, nella sua essenza. Questo è determinato dal fatto che l'immagine che scaturisce dalla mera «perlustrazione»[618] sarà un'immagine che non avrà più come suo prolungamento naturale l'immagine successiva, e quindi il prodotto dell'azione, ma diversamente stabilirà un contatto con il passato del personaggio che ne fa esperienza:

> Il personaggio è diventato una specie di spettatore. Ha un bel muoversi, correre, agitarsi, la situazione nella quale si trova supera da ogni parte le sue capacità motorie e gli fa vedere e sentire quel che non può più essere teoricamente giustificato da una risposta o da un'azione. Più che reagire, il personaggio registra. Più che essere impegnato in un'azione, è consegnato a una visione, che insegue o da cui è inseguito[619].

Elemento costitutivo dell'immagine diviene il concetto di riconoscimento[620], in quanto ad essere problematizzato ora è il rapporto che l'immagine esperita può o non può intessere con un'altra immagine. Occorre quindi analizzare i meccanismi attraverso cui tale riconoscimento può prodursi, e in secondo luogo come questi si ricollegano al concetto di tempo. Nel terzo commento a Bergson, il primo presente nel volume sul tempo, Deleuze riprende le tesi esposte nel secondo capitolo di *Materia e memoria*, dedicato a *Il riconoscimento delle immagini*[621], distinguendo due diversi tipi di risposta percettiva: uno è abituale, automatico, e agisce «per prolungamento: la percezione si prolunga in movimenti d'uso, i movimenti prolungano la percezione per trarne effetti utili»[622]. Si

---

[618] Cfr. "Pemulis", *Deleuze: l'immagine-tempo*, cit. (visto il 24/09/2019).

[619] Gilles Deleuze, *L'Immagine-Tempo*, cit., p. 5.

[620] Cfr. ivi, p. 53.

[621] Cfr. Henri Bergson, *Materia e memoria* (1959), a cura di A. Pessina, Laterza, Bari 2009, pp. 63 – 111.

[622] Gilles Deleuze, *L'Immagine-Tempo*, cit., p. 53.

tratta infatti di una reazione meccanica, di prolungamento senso-motorio della percezione stessa; è un «riconoscimento nell'*immediatezza*», afferma Bergson, «un riconoscimento di cui è capace il corpo da solo»[623]. Di natura differente è invece il secondo tipo di riconoscimento: attivo e attento, è caratterizzato dal sorgere di un'esitazione davanti alla realtà percepita, una incertezza nella risposta che, afferma Angelucci «costringe il soggetto a riflettere, a cercare nella memoria, in una ricerca che veniva definita analoga al procedimento con cui una macchina fotografica mette a fuoco una figura»[624]. In questo caso la percezione non si· prolunga in movimento, e l'azione è così costretta a fare ritorno costante all'oggetto; Deleuze scrive: «I miei movimenti, più sottili e di natura diversa, fanno ritorno all'oggetto, ritornano sull'oggetto, per sottolinearne certi contorni e estrarne "qualche tratto caratteristico"»[625]. Nel primo tipo di riconoscimento il movimento della reazione si svolge sullo stesso piano dell'oggetto percepito; diversamente nel secondo caso, il soggetto, indaga nel suo passato per poi ritornare al presente passando così attraverso livelli differenti, in movimenti circolari, più o meno ampi, che Bergson attraverso uno schema geometrico[626], definisce «cerchi della memoria»[627]. Angelucci spiega il pensiero di Deleuze notando:

> Se il risultato della percezione abituale è l'immagine senso-motoria – la cosa stessa, esibita nei film del cinema classico, narrativo –, nel caso del riconoscimento attento si perviene a un'immagine ottica e sonora pura, a una descrizione dell'oggetto[628].

L'immagine ottica pura, che ad un primo sguardo appare come più rarefatta e povera di contenuto, afferma Deleuze[629], poiché sostituisce la cosa piuttosto che presentarla, si rivela infine più ricca della prima. Lo schema senso-motorio infatti si manifesta come

---

[623] Henri Bergson, *Materia e memoria*, cit., p. 77.

[624] Daniela Angelucci, *Deleuze e i concetti del cinema*, cit., p. 24.

[625] Gilles Deleuze, *L'Immagine-Tempo*, cit., p. 53.

[626] Cfr. Henri Bergson, *Materia e memoria*, cit., p. 88; ripreso in Gilles Deleuze, *L'Immagine-Tempo*, cit., p. 56.

[627] Henri Bergson, *Materia e memoria,* cit., p. 87.

[628] Daniela Angelucci, *Deleuze e i concetti del cinema*, cit., p. 24.

[629] Cfr. Gilles Deleuze, *L'Immagine-Tempo,* cit., pp. 54-55.

«agente d'astrazione»: seleziona alcuni tratti in vista dell'azione e della sua utilità.

> Inversamente, per quanto l'immagine ottica pura sia soltanto una descrizione e riguardi un personaggio che non sa o non può più reagire alla situazione, la sobrietà di quest'immagine, la rarità di ciò che tiene in considerazione, linea o semplice punto, «minuscolo frammento senza importanza», portano ogni volta la cosa a una singolarità essenziale e descrivono l'inesauribile, poiché rinviano senza fine ad altre descrizioni. È l'immagine ottica, dunque, a essere veramente ricca o «tipica»[630].

Se l'immagine senso-motoria, afferma Angelucci, nasce dal nesso lineare tra percezione e reazione, «assecondando nel cinema un procedimento narrativo, la risposta alla domanda sull'identità dei livelli, dei circuiti messi in gioco da un riconoscimento attento, e dunque dall'immagine ottica pura, è più problematica»[631]. Secondo Bergson, si tratta delle immagini-ricordo[632], richiamate alla memoria dal soggetto al momento della esitazione percettiva. Deleuze amplia questa concezione, proponendo una serie di binomi in cui l'essenziale è che i due termini coinvolti differiscano per natura: «il reale e l'immaginario, il fisico e il mentale, l'oggettivo e il soggettivo, la descrizione e la narrazione, *l'attuale e il virtuale*»[633]. Quei legami lineari, che nell'immagine senso- motoria, rendevano possibile il prolungamento della percezione oggettiva nella relativa reazione divengono qui più complessi; i due termini si rincorrono l'un l'altro, in un continuo passaggio tra due dimensioni ontologicamente differenti, finendo per costituire «gli strati di una sola e medesima realtà fisica e i livelli di una sola e medesima realtà mentale, memoria o spirito»[634]. Si tratta, come chiarisce Angelucci, di una oscillazione continua tra due momenti indiscernibili e allo stesso tempo distinti, «per cui ad ogni aspetto della cosa percepita corrisponde un ricordo, un pensiero, collegati attraverso un circuito che contemporaneamente crea e cancella la sua immagine, un'unità

---

[630] Ivi, p. 55.

[631] Daniela Angelucci, *Deleuze e i concetti del cinema*, cit., p. 25.

[632] Cfr. Henri Bergson, *Materia e memoria*, cit., pp. 74-82.

[633] Gilles Deleuze, *L'immagine- tempo*, cit., p. 55.

[634] *Ivi*, p. 56.

costituita dalla coalescenza di tutti i livelli visitati e contraddetti»[635]. A questo punto è necessario far riferimento alla definizione deleuziana di situazione ottica e sonora per comprendere in maniera più dettagliata la sua struttura: «La situazione puramente ottica e sonora (descrizione) è un'immagine attuale che, invece di prolungarsi in movimento, si concatena con un'immagine virtuale con la quale forma un circuito»[636]. La domanda che si pone Deleuze è sapere cosa sia adatto a giocare il ruolo di immagine virtuale, e quindi, come giustamente puntualizza Angelucci, cosa effettivamente nel cinema svolga questo ruolo[637]. La risposta offerta da Deleuze si concretizza in ciò che lui definisce l'*immagine-cristallo*. Il percorso compiuto dal filosofo francese segue le seguenti tappe: Per prima cosa Deleuze coglie il suggerimento di Bergson, analizzando le immagini- ricordo[638] e il legame che nel cinema realizzano con l'attuale attraverso il procedimento del flashback. Il ricordo è il primo circuito «quasi virtuale», afferma De Gaetano[639], con cui si viene a connettere una percezione che ha perso i suoi legami organici con l'azione. Con il ricordo la soggettività acquista un nuovo senso, «temporale e spirituale»[640], che va oltre gli stati materiali che la definivano nell'immagine-movimento. L'immagine-ricordo al cinema appare nel flashback[641], nel circuito che va dal presente al passato e ritorna al presente; o piuttosto, scrive Deleuze, «come in *Alba tragica* di Carné, una molteplicità di circuiti ciascuno dei quali percorre una zona di ricordi e ritorna a uno stato sempre più profondo, sempre più inesorabile, della situazione presente»[642]. Diversamente l'uso che ne fa Mankiewicz è quasi opposto a quello di Carné, tanto che questi potrebbero essere indicati «come i due poli

---

[635] Daniela Angelucci, *Deleuze e i concetti del cinema*, cit., p. 25.

[636] Gilles Deleuze, *L'immagine-tempo*, cit., p. 57.

[637] Cfr. Daniela Angelucci, *Deleuze e i concetti del cinema,* cit., p. 26.

[638] Cfr. Henri Bergson, *Materia e memoria*, cit., pp. 74-82.

[639] Cfr. Roberto De Gaetano, *Il cinema secondo Deleuze*, Bulzoni, Roma 1996, p. 75.

[640] Gilles Deleuze, *L'immagine-tempo*, cit., p. 57.

[641] Cfr. ivi, pp. 57- 65.

[642] Ivi, pp. 57-58.

estremi dell'immagine-ricordo»[643]. Secondo il filosofo francese il tempo in Mankiewicz è esattamente quello descritto da Borges ne *Il giardino dei sentieri che si biforcano*: non è lo spazio, è il tempo che si biforca[644]. Il flashback trova qui la propria ragione d'essere «in ogni punto di biforcazione del tempo»:

La molteplicità dei circuiti trova dunque un nuovo senso. Non solo più persone hanno ciascuna un flashback, è il flashback che appartiene a più persone (tre ne *La contessa scalza*, tre in *Lettera a tre mogli*, due in *Eva contro Eva*). E non solo i circuiti si biforcano tra loro, ogni circuito si biforca con se stesso, come un capello a doppie punte[645].

Annunciato da effetti di dissolvenza o esplicitato dalla sovraesposizione delle immagini, il flashback costituisce un metodo convenzionale, estrinseco, per far progredire linearmente la narrazione oppure, come nel caso di Mankiewicz, lascia apparire la deviazione, la biforcazione del tempo, mostrando ad esempio tutti i possibili esiti di una stessa vicenda. In ogni caso, per Deleuze, risulta insufficiente rispetto al compito del costituire la genesi del virtuale nel cinema, poiché, oltre a ricevere dall'esterno la giustificazione della propria essenza, «non è virtuale»[646]. Se la dimensione dell'attuale ha un carattere di facile comprensione, risiedendo in ciò che è in atto, quella del virtuale, pur essendo nozione fondamentale dell'intero percorso deleuziano, ha un connotato molto più vago e complesso. Per Deleuze «il passato non succede al presente che non è più, coesiste con il presente che è stato. Il presente è l'immagine attuale e il proprio passato contemporaneamente, è l'immagine virtuale, l'immagine allo specchio»[647]. Questo significa che ogni esperienza fatta genera in colui che la vive due immagini distinte, ma legate tra loro: immagine-attuale del presente, e immagine-virtuale del passato. Passato e presente non si configurano come due

---

[643] Ivi, p. 58.

[644] «Trama di tempi che s'accostano, si biforcano, si tagliano o s'ignorano per secoli, comprende *tutte* le possibilità»: Jorge Luis Borges, *Finzioni* (1935-1944), tr. it. di F. Lucentini, Einaudi, Torino 1995, pp. 90-91.

[645] Gilles Deleuze, *L'immagine-tempo,* cit., p. 59.

[646] Cfr. ivi, p. 64.

[647] Ivi, p. 93.

dimensioni che si formano l'una in conseguenza dell'altra ma coesistono: contemporaneamente al presente, attuale, che passa, si forma un passato, un passato-in- sé, virtuale, che resta e si stratifica. Il passato virtuale è quindi una dimensione straordinaria che poco ha a che vedere con quanto si dà come «oggettivo», esso è tutto legato al regime del «soggettivo», ma come afferma Deleuze, «la soggettività non è mai la nostra, è il tempo, cioè l'anima o lo spirito, il virtuale»[648]. Per queste ragioni secondo Deleuze il flashback «non ci consegna il passato ma rappresenta solamente il vecchio presente che il passato "è stato"», mostrando nel film un'immagine-ricordo già lontana dal ricordo-puro, già «attualizzata o in via di attualizzazione, che non forma con l'immagine attuale e presente un circuito di indiscernibilità»[649]. La conclusione deleuziana consiste nell'idea secondo cui l'attuale entra in contatto con il suo virtuale solamente quando la percezione, non riuscendo a costituire le immagini senso-motorie, né le immagini-ricordo, fallisce nel riconoscimento, «accogliendo», come afferma Angelucci, «sensazioni che non trovano un corrispondente oggettivo, né si prolungano a livello senso-motorio»[650]. Infatti, come osserva Roberto De Gaetano: «il ricordo attualizzato determinerà il riconoscimento e riattiverà il flusso dell'azione»[651].

La nuova tappa del percorso contempla l'altro circuito con cui entra in rapporto l'immagine-attuale, ovvero il sogno; tematica che il surrealismo, l'espressionismo, e un certo cinema sovietico hanno eletto ad emblema delle loro produzioni cinematografiche. «Il cinema europeo», scrive Deleuze:

> vi vedeva un mezzo per rompere con i limiti "americani" dell'immagine-azione e per raggiungere anche un mistero del tempo, per unire l'immagine, il pensiero e la cinepresa in una stessa "oggettività automatica", in opposizione alla concezione troppo oggettiva degli americani[652].

---

[648] Ivi, p. 98.

[649] Ivi, p. 64.

[650] Daniela Angelucci, *Deleuze e i concetti del cinema*, cit, p. 36.

[651] Roberto De Gaetano, *Il cinema secondo Gilles Deleuze*, cit., p. 76.

[652] Gilles Deleuze, *L'immagine-tempo*, cit., pp. 65-66.

Il filosofo francese si riferisce ancora una volta al secondo e terzo capitolo di *Materia e memoria*, nei quali l'analisi dello stato di sonno viene utilizzata come conferma della concezione dei fenomeni della memoria e del riconoscimento[653]. Il sogno è secondo Bergson lo stato estremo di «una memoria totalmente contemplativa»[654], in virtù del «rilassamento, almeno funzionale, della tensione del sistema nervoso, sempre pronto, durante la veglia, a prolungare l'eccitazione ricevuta in reazione appropriata»[655]. Colui che dorme non smette di ricevere sensazioni, ma il suo percepire non si risolve in una risposta senso-motoria, bensì entra in contatto con il suo passato e con una vasta serie di ricordi. Tuttavia anche il sogno, scrive De Gaetano, non è un'immagine virtuale vera e propria, ma «semi-virtuale»[656], un'immagine in via di attualizzazione. Questo provoca la «trasformazione di un virtuale in un attuale che si fa a sua volta virtualità dell'attualizzazione successiva, in un rimandarsi e un rincorrersi all'infinito»[657]. Secondo il filosofo francese, ciò viene esemplificato in *Un chien andalou* di Luis Buñuel:

> L'immagine della nuvola affilata che taglia la luna si attualizza, ma passando in quella del rasoio che taglia l'occhio, mantenendo così il ruolo d'immagine virtuale in rapporto alla successiva. Un ciuffo di peli diventa riccio di mare, che si trasforma in chioma circolare, per far posto a un cerchio di curiosi[658].

Come accadeva all'immagine ricordo attualizzata nel flashback, la perdita del legame senso-motorio avvenuta durante il sonno il più delle volte viene risarcita nel film grazie al ricorso ad un'immagine-sogno esplicita, nella quale l'indiscernibilità tra virtuale e attuale non è garantita: «l'immagine-sogno è costretta ad attribuire il sogno a un sognatore e la coscienza del sogno (il reale) allo spettatore»[659]. Esiste tuttavia un'immagine sogno più radicale, quella disancorata dal

---

[653] Cfr. Henri Bergson, *Materia e memoria*, cit., pp. 130-132.

[654] Ivi, p.131.

[655] Ivi, p. 130.

[656] Roberto De Gaetano, *Il cinema secondo Gilles Deleuze*, cit, p. 76.

[657] Daniela Angelucci, *Deleuze e i concetti del cinema*, cit., p. 37.

[658] Gilles Deleuze, *L'immagine-tempo*, cit., p. 68.

[659] Cfr. ivi, p. 69.

soggetto, quella che non porta più i segni del «sogno esplicito»[660], ma si configura come «sogno implicato»[661]. Un sogno sganciato da ogni personalizzazione e inscritto nel mondo: «Tentando a nostra volta di definire questo stato di sogno implicato, diremo che l'immagine ottica e sonora si prolunga allora in *movimento di mondo*. Vi è dunque ritorno al movimento (da qui ancora la sua insufficienza)»[662]. Questo movimento «depersonalizzato»[663] che non appartiene più al personaggio, ma allo spazio intorno a lui, lo ritroviamo nella commedia musicale, dove l'attore-ballerino abbandona la propria soggettività per un movimento sovrapersonale, una danza nel «sogno-implicato»:

La commedia musicale ci presenta esplicitamente tante scene funzionanti come sogni o pseudo-sogni con metamorfosi (*Cantando sotto la pioggia*, *Spettacolo di varietà*, e soprattutto *Un americano a Parigi* di Minnelli), in quanto è tutta un gigantesco sogno, ma un sogno implicato, che implica a sua volta il passaggio da una realtà presupposta al sogno[664].

Il percorso sin qui intrapreso da Deleuze può essere così riscostruito: partendo dalla ricerca di una virtualità corrispondente e coalescente al suo proprio attuale, si giunge, attraverso l'ipotesi delle immagini-ricordo, al grande circuito delle immagini- sogno, esplicite o implicate, fino al livello più dilatato dello schema bergsoniano[665]. Ma come osserva Deleuze:

Non bisognava seguire la direzione contraria? Contrarre l'immagine, invece di dilatarla. Cercare il circuito più piccolo che funziona come limite interno di tutti gli altri e che affianca l'immagine attuale a una specie di doppio immediato, simmetrico, consecutivo o anche simultaneo. I circuiti più larghi del ricordo o del sogno presuppongono questa base stretta,

---

[660] Il sogno esplicito è caratterizzato da sovrimpressioni, dissolvenze, effetti speciali, manipolazioni da laboratorio; Cfr. Roberto De Gaetano, *Il cinema secondo Gilles Deleuze*, cit., p. 76.

[661] Gilles Deleuze, *L'immagine-tempo*, cit., p. 70.

[662] *Ibidem.*

[663] *Ibidem.*

[664] Ivi, p. 73

[665] Cfr. Daniela Angelucci, *Deleuze e i concetti del cinema*, cit., p. 39.

questa punta estrema, e non l'inverso[666].

Dal mio punto di vista Schrader, riguardo alla possibilità del cinema di mostrare ierofanie, riconduce il pensiero del filosofo francese proprio a questo circuito più contratto, punto di indiscernibilità tra le due dimensioni ontologicamente differenti e radice delle immagini ottiche e sonore pure: l'immagine cristallo a cui Schrader, visto il riferimento a «Deleuze's "memories, fantasies and dreams"»[667], sembra associare anche l'immagine-ricordo e l'immagine-sogno.

4.2. L'immagine-cristallo.

All'interno della nuova formulazione schraderiana non vi è alcun riferimento esplicito all'immagine cristallo. Questa è il presupposto della costruzione deleuziana: i circuiti più larghi del ricordo e del sogno prevedono infatti il circuito più stretto dell'immagine cristallo, e si può affermare pertanto che nell'affermazione «Deleuze's "memories, fantasies and dreams"» vi sia un riferimento implicito anche ad essa. Quanto segue è il mio tentativo di mostrare secondo l'idea schraderiana la capacità del cinema di evocare ierofanie.

L'immagine-cristallo è il circuito più piccolo, quello formato dall'immagine attuale e dalla sua propria immagine virtuale. Non più i circuiti in espansione del ricordo e del sogno[668], ma il circuito più interno, il cerchio più vicino alla percezione immediata, quello che la lega all'immagine virtuale che l'accompagna, rendendole indiscernibili: nel cristallo «vi è questa ricerca reciproca, cieca e brancolante, della materia e dello spirito»[669]. Questa indiscernibilità non risulta da un'impressione soggettiva, psicologica, ma è «un'illusione oggettiva», scrive Deleuze, che «non sopprime la distinzione delle due facce, ma la rende indefinibile, poiché ogni faccia assume il ruolo dell'altra, in una relazione che si può definire di presupposizione reciproca, o di reversibilità»[670]. In questo modo, come afferma Angelucci, il filosofo francese intende sottolineare

---

[666] Gilles Deleuze, *L'immagine-Tempo*, cit., p. 81.

[667] Paul Schrader, *Rethinking Transcendental Style*, cit., p. 6.

[668] Cfr. Gilles Deleuze, *L'immagine-tempo*, cit., p. 81.

[669] Ivi, p. 90.

[670] Ivi, p. 83.

come il virtuale e l'attuale trovino la loro esistenza e definizione soltanto nel reciproco presupporsi e nell'essere relativi l'uno con l'altro: «una virtualità è tale solo in rapporto, in opposizione all'attualità di cui si costituisce come virtuale, e viceversa»[671]. Deleuze individua alcune figure del cristallo o «modi cristallini»[672] che, afferma Angelucci, «sono una serie di doppi che rappresentano ulteriori modi del declinarsi della coppia attuale-virtuale»[673]: la coppia limpido-opaco, che rimanda al gioco visibilità/oscurità proprio del recitare un ruolo, per cui l'attore nasconde se stesso e lascia emergere il personaggio[674]; la coppia germe-ambiente, dove «il germe è l'immagine virtuale che farà cristallizzare un ambiente attualmente amorfo; ma, dall'altro, questo deve avere una struttura virtualmente cristallizzabile, in rapporto alla quale il germe ricopre ora la parte dell'immagine attuale»[675]. Così Deleuze intende affermare che questa coppia è in grado, come spiega Angelucci, di esprimere il disseminarsi di una potenzialità come «germinazione e trasformazione del circostante»[676]. Ne sono prova il cinema di Welles, Herzog e Tarkovskij:

In una famosa sequenza di *Quarto Potere*, la piccola palla di vetro s'infrange cadendo dalle mani del moribondo, ma la neve ch'essa conteneva sembra venire verso noi a raffiche per inseminare gli ambienti che stiamo per scoprire. Non sappiamo in anticipo se il germe virtuale («Rosebud») si attualizzerà, perché non sappiamo in anticipo se l'ambiente attuale possiede la virtualità corrispondente[677].

E a proposito del cinema di Herzog, Deleuze scrive:

Forse è in tal senso che bisogna comprendere lo splendore delle immagini di *Cuore di vetro* di Herzog e il duplice aspetto del film. La ricerca del cuore e del segreto alchemici, del cristallo rosso, non è separabile dalla ricerca dei limiti cosmici, come massima tensione dello spirito e grado più

---

[671] Daniela Angelucci, *Deleuze e i concetti del cinema*, cit., p. 26.

[672] Roberto De Gaetano, *Il cinema secondo Gilles Deleuze*, cit., p. 78.

[673] Daniela Angelucci, *Deleuze e i concetti del cinema*, cit., p. 26.

[674] Cfr. Gilles Deleuze, *L'immagine-tempo*, cit., p. 85.

[675] Ivi, p. 88.

[676] Daniela Angelucci, *Deleuze e i concetti del cinema*, cit., p. 27.

[677] Gilles Deleuze, *L'immagine-tempo*, cit., p. 88.

profondo della realtà. Ma sarà necessario che il fuoco del cristallo si comunichi a tutta la fabbrica perché il mondo, a sua volta, cessi d'essere un ambiente amorfo, appiattito, che si arresta sull'orlo di un abisso, e riveli in sé infinite potenzialità cristalline [...] In questo film Herzog ha tracciato le più grandi immagini-cristallo della storia del cinema[678].

Se nel precedente volume dedicato al movimento, osserva Angelucci, le determinazioni del cinema classico (percezione, azione e affezione)[679] trovavano il loro corrispettivo cinematografico in una caratterizzazione generale dei film, qui Deleuze individua «concretizzazioni poetiche dell'immagine cristallo»[680] in oggetti, dettagli, motivi ricorrenti del cinema moderno, come è il caso dello specchio[681]. Motivo che riflette la figura virtuale di un personaggio attuale: «L'immagine allo specchio è virtuale in rapporto al personaggio attuale che lo specchio cattura, ma è attuale nello specchio che lascia al personaggio soltanto una semplice virtualità e lo respinge fuori campo»[682].

Questo accade tra i tanti film citati dal filosofo francese, in alcune scene di *The servant* (*Il servo*) di Losey, nel finale di *The lady from Shangai* (*La signora di Shangai*) di Orson Welles, o in *L'année dernière à Marienbad* (*L'anno scorso a Marienbad*) di Resnais. E ancora oggetti e dettagli come la nave, con la parte superiore visibile, limpida, e un'altra nascosta sotto l'acqua, opaca, come in *E la nave va* di Fellini[683]. E infine la pioggia, che, scrive Angelucci «si rivela germe del cambiamento in alcuni film di Akira Kurosawa (per esempio già *Rashomon*,1950) e di Michelangelo Antonioni (*La notte*, del 1961), in cui la pioggia è il segno di una trasformazione nella vita

---

[678] Ivi, p. 89

[679] Cfr. Id., *L'immagine-movimento* (1983), tr. it. di J.P. Manganaro, Ubulibri, Milano 2002, pp. 80-85.

[680] Daniela Angelucci, *Deleuze e i concetti del cinema*, cit., p. 27.

[681] Cfr. Gilles Deleuze, *L'immagine-tempo*, cit., pp. 83-84.

[682] Ivi, p. 83.

[683] Cfr. ivi, p. 87; e Daniela Angelucci, *Deleuze e i concetti del cinema*, cit., p. 27.

dei personaggi)»[684]. Ma ciò che a Deleuze interessa maggiormente è la genesi dell'immagine cristallo; a creare il cristallo è:

> l'operazione fondamentale del tempo: dato che il passato non si forma dopo il presente che esso è stato, ma contemporaneamente, il tempo deve in ogni istante sdoppiarsi in presente e passato, differenti per natura uno dall'altro o, ed è lo stesso, deve sdoppiare il presente in due direzioni eterogenee, di cui una si slancia verso l'avvenire e l'altra ricade nel passato[685].

Questo distinguersi continuo in due dimensioni, che tuttavia coesistono e non cessano di scambiarsi e di convertirsi l'un l'altra, è propriamente, afferma Angelucci[686], la definizione bergsoniana del tempo non-cronologico[687], ed è anche ciò che si mostra nell'immagine cristallo: «Nel cristallo si vede il tempo in persona, un frammento di tempo allo stato puro»[688].

> Il cristallo rivela un'immagine-tempo diretta e non più un'immagine indiretta del tempo che deriverebbe dal movimento. Non astrae il tempo, fa di meglio, ne capovolge la subordinazione in rapporto al movimento. Il cristallo è come una *ratio cognoscendi* del tempo e il tempo, inversamente, è *ratio essendi*. Il cristallo rivela o fa vedere il fondamento nascosto del tempo, cioè la sua differenziazione in due getti, quello dei presenti che passano e quello dei passati che si conservano[689].

---

[684] Daniela Angelucci, *Deleuze e i concetti del cinema*, cit., p. 27. Cfr. Gilles Deleuze, *L'immagine- tempo*, cit., p. 89.

[685] Gilles Deleuze, *L'immagine-tempo*, cit., p. 96.

[686] Cfr. Daniela Angelucci, *Deleuze e i concetti del cinema*, cit., p. 27.

[687] Cfr. Henri Bergson, *Materia e memoria*, cit., pp. 127-149; «Le grandi tesi di Bergson sul tempo si presentano così: il passato coesiste con il presente che è stato; il passato si conserva in sé, come passato in generale (non cronologico); il tempo si sdoppia a ogni istante in presente e passato, presente che passa e passato che si conserva»: Gilles Deleuze, *L'immagine-tempo*, cit., p. 96.

[688] Gilles Deleuze, *L'immagine-tempo*, cit., p. 97.

[689] Ivi, p.115; Secondo Deleuze il primo grande film ad aver mostrato l'immagine non-cronologica di un passato come coesistenza è *Quarto Potere* di Orson Welles, Cfr. ivi, pp. 123-135.

Attraverso la genesi e la struttura dell'immagine-cristallo Deleuze può smentire l'interpretazione della durata bergsoniana in chiave psicologica, ovvero quest'ultima concepita come vita interiore. Se il tempo si sdoppia costantemente in presente e passato[690], e ogni momento della vita ha contemporaneamente i due elementi della percezione e del ricordo, che il cristallo esibisce in persona, «questo significa che nella sua costitutiva doppiezza, la virtualità esiste *fuori* dalla soggettività e dalla coscienza, *nel* tempo», come osserva Angelucci[691]. Ma è piuttosto la coscienza che, ricordando, si installa nel virtuale, si muove nel tempo, il quale non è all'interno del soggetto: «la memoria non è in noi, siamo noi a muoverci in una memoria-Essere, in una memoria- mondo»[692]. Infatti la coscienza si configura come «forma di interiorità in cui il soggetto *abita* e da cui non può uscire»[693]. A questo proposito scrive ancora Angelucci: «L'idea del cristallo, in quanto minerale, inorganico, rimarca efficacemente la sovra-personalità, l'a-soggettività del tempo deleuziano, la messa in questione dell'identità individuale e il rifiuto di una temporalità come vissuto psicologico e interiore»[694]. Nel cinema moderno il cristallo si presenta in differenti stati[695]:

– Il cristallo perfetto dei film di Max Ophüls[696], che restituiscono la coalescenza di attuale e virtuale formando, come scrive Deleuze,

---

[690] Cfr. ivi, pp. 115-123.

[691] Daniela Angelucci, *Deleuze e i concetti del cinema*, cit., p. 28.

[692] Gilles Deleuze, *L'immagine-tempo*, cit., p. 115.

[693] Daniela Angelucci, *Deleuze e i concetti del cinema*, cit., p. 28.

[694] *Ibidem*; Nella distinzione tra un regime cinematografico organico, basato su una narratività caratterizzata da nessi causali, e regime cristallino, in cui la visione si sostituisce all'azione, il filosofo francese fa riferimento, con le dovute differenze all'opposizione proposta nel già citato testo di Worringer *Astrazione e empatia*. Per un confronto tra «descrizione cristallina» e «descrizione organica» cfr. Maurizio Grande, *Il tempo allo specchio*, in R. De Gaetano (a cura di), *Deleuze, pensare il cinema*, Bulzoni, Roma 1993, pp. 25-45: 38.

[695] Cfr. Gilles Deleuze, *L'immagine-tempo*, cit., pp. 98-114.

[696] *La nostra compagna* (1936), *La ronde* (1950), *I gioielli di madame de...* (1953), *Lola Montès* (1955).

«una sola e stessa "scena" in cui i personaggi appartengono al reale e tuttavia recitano un ruolo»[697].

– Il cristallo in Renoir è invece incrinato, ha un «difetto»[698]. Attraverso l'uso della profondità di campo il regista francese mostra che qualcosa sta per «fuggire nel fondo, in profondità, per il terzo lato o la terza dimensione, attraverso l'incrinatura»[699]. Come se nel circuito di reale e immaginario, di presente e passato, ci fosse un'apertura verso una nuova realtà, o come afferma Angelucci: «un'apertura verso l'avvenire (si pensi all'uso dell'acqua nei film di Renoir, per esempio in *Boudu*)»[700]. Infatti, come scrive Deleuze, «Ciò che la scuola francese trovava nell'acqua, era la promessa o l'indicazione di un altro stato di percezione: una percezione più che umana [...]. Una percezione più sottile e più vasta, una percezione molecolare, propria di un "cineocchio"»[701]. È lo stesso Renoir nella sua autobiografia a riconoscere l'importanza dell'acqua nella sua formazione:

> Un elemento che senza dubbio ha influenzato la mia formazione in quanto autore di film è l'acqua. Nel movimento del film c'è un aspetto ineluttabile che lo accosta alla corrente dei ruscelli, allo scorrere dei fiumi. La mia è solo una poco abile spiegazione di una sensazione. In realtà i legami che collegano il cinema al fiume sono più sottili e più forti perché inesplicabili[702].

– Il cristallo in formazione di Fellini; un cristallo in divenire e in continua espansione, capace di restituire «la vita come spettacolo e tuttavia nella sua spontaneità»[703].

---

[697] Gilles Deleuze, *L'immagine-tempo*, cit., p. 98.

[698] Ivi, p. 100.

[699] *Ibidem.*

[700] Daniela Angelucci, *Deleuze e i concetti del cinema*, cit., p. 28; cfr. Claudio Di Minno, *Vuotando l'acqua vuotandola. L'acqua nel cinema di Jean Renoir,* in «Crepuscoli dottorali. Quaderni di arte, musica e spettacolo», I, 1, 2011, pp. 26- 37.

[701] Gilles Deleuze, *L'immagine-movimento*, cit., pp.100-101.

[702] Jean Renoir, *La mia vita, i miei film* (1974), tr. it. di D. Orati, Marsilio, Venezia 1992, p. 60.

[703] Gilles Deleuze, *L'immagine-tempo*, cit., p. 105.

– Il cristallo in decomposizione di Visconti; il cinema viscontiano ha fatto della dissoluzione il proprio oggetto, mostrando il declino storico e culturale di un mondo ormai in decadimento[704].

In conclusione, come scrive De Gaetano:

Il cristallo, figura della coalescenza e dell'indiscernibilità, trova il suo segno di costituzione nella *scena* (vetrina, attrazione, profondità di campo) che sostituisce il piano e tutte le distinzioni che questo implica: attuale e virtuale, reale e immaginario, presente e passato. L'immagine-cristallo è sganciata dall'integrazione organica delle immagini, dal soggetto e dai corpi: non definisce più alcuno stato materiale (percezione, affezione, azione) né psicologico (ricordo, sogno) della soggettività[705].

Il cristallo è una figura, e non un'immagine: non ha infatti reali segni di composizione, né di genesi. Questo è evidente dalla eterogeneità che assume il discorso deleuziano, non facilmente afferrabile. Il cristallo è il tentativo di trovare una figura che catturi «il paradosso del differenziarsi del coesistente, del dinamizzarsi della stasi»[706].

In questo modo i film del cinema moderno creano un mondo che non indaga la realtà rappresentandola secondo le leggi della verosimiglianza, ma creano immagini nuove, costitutivamente false e tuttavia in grado di indagare a fondo il reale. Potrebbe essere questo il modo in cui il cinema realizza il paradosso insito in ogni ierofania, come messo in luce da Schrader. Vi è sempre il medesimo atto misterioso, la manifestazione di una realtà non appartenente al nostro mondo, in oggetti che fanno parte integrante del nostro mondo naturale e profano: «un oggetto qualsiasi diventa *un'altra cosa,* senza cessare di essere *sé stesso*»[707].

4.3. Tarkovskij, scultore del tempo.

Altra figura centrale per la nuova concezione schraderiana è il regista russo Andrej Tarkovskij, grande innovatore del mezzo cinematografico e allo stesso tempo, come scrivono Valerio Carta e

---

[704] Cfr. Daniela Angelucci, *Deleuze e i concetti del cinema*, cit., p. 29.

[705] Roberto De Gaetano, *Il cinema secondo Deleuze*, cit., p. 81.

[706] *Ibidem.*

[707] Mircea Eliade, *Il sacro e il profano*, cit., p. 15.

Eugenio Radin, «un uomo legato a una tradizione artistica e culturale ormai svanita, portavoce del bisogno spirituale proprio dell'uomo, […] in un'epoca basata sul progresso e sull'individualismo»[708]. In maniera affine a Bresson, anche il regista russo è stato a sua volta un teorico; il suo saggio *Scolpire il tempo* è un'immersione nella sua poetica, ma anche un viaggio ideale da Raffaello a Buñuel, da Cervantes e Puškin fino a Tolstoj, Dostoevskij e Dovženko.

Secondo Schrader, Deleuze e Tarkovskij hanno lavorato simultaneamente al medesimo paradigma: «Both understood that the use of time in movies had evolved»[709]. Come emerge anche dalle pagine di *Scolpire il tempo*, il regista russo rifiuta la scuola di montaggio sovietica in favore, come sottolinea anche Schrader, dell'ontologia dell'immagine fotografica baziniana e del neorealismo italiano[710]. Tarkovskij afferma infatti:

L'immagine è qualcosa di indivisibile e di inafferrabile, che dipende dalla nostra coscienza e dal mondo reale che essa si sforza di incarnare […] una sorta di equazione che indica il rapporto esistente tra la verità e la nostra coscienza limitata dallo spazio euclideo[711].

L'immagine cinematografica, secondo il regista russo, è in grado di significare ciò che sfugge attraverso «la forma visibile del reale»[712]. Come afferma Scarlato, Tarkovskij, in linea con l'approccio

---

[708] Valerio Carta, Eugenio Radin, *Andrej Tarkovskij. La nostalgia dell'Ideale*, in «Ondacinema», s.d., URL=

http://www.ondacinema.it/monografie/scheda/andrej-tarkovskij.html (visto l'11/09/2019).

[709] Paul Schrader, *Rethinking Transcendental Style*, cit., p. 6.

[710] Cfr. Paul Schrader, *Rethinking Transcendental Style*, cit., p. 7. Cfr. Andrej Tarkovskij, *Scolpire il tempo*, cit., pp. 107-116; sulla mancanza di una verità temporale in Ėjzenštejn cfr. ivi, p. 113.

[711] Andrej Tarkovskij, *Scolpire il tempo*, cit., p. 97.

[712] Ivi, p. 111; Tarkovskij critica in modo indistinto la scuola sovietica degli anni '20-'30, ma, secondo Scarlato, le sue critiche andrebbero circoscritte alle prime teorizzazioni di Kulešov: il film come prodotto linguistico e il processo di significazione che nasce dall'accostamento delle inquadrature; a questo proposito Cfr. Andrej Tarkovskij, *Scolpire il tempo*, cit., p. 108; e Alessio Scarlato, *La Zona del Sacro*, cit., p. 19.

realistico di Bazin, Kracauer e Balázs[713], «ritiene che l'immagine cinematografica sia *rivelazione*»[714]; ma questo carattere rivelativo non deriva dalla qualità visiva o fotografica, a cui aggiungere in seguito suoni e colori per accrescere le facoltà riproduttive del mezzo cinematografico. Per il regista russo la dominante assoluta dell'immagine cinematografica è costituita dal ritmo che esprime lo scorrere del tempo[715]. Non è quindi un'immagine visiva a cui aggiungere il tempo attraverso il montaggio, secondo Tarkovskij infatti «il ritmo del film nasce invece dal carattere del tempo che scorre dentro l'inquadratura. [...] il ritmo del film viene determinato non dalla lunghezza dei brani montati, bensì dal grado di tensione del tempo che scorre all'interno di essi»[716]. È quindi «immagine temporale che si dà alla visibilità, si dà allo sguardo»[717]; da ciò deriva la radicalità del pensiero tarkovskiano:

> Il fatto poi che questo stesso scorrere del tempo viene rivelato anche dal comportamento dei personaggi, dai trattamenti figurativi e da suoni, tutto ciò costituisce soltanto una serie di componenti collaterali che ragionando da un punto di vista teorico possono essere del tutto assenti e, nondimeno, l'opera cinematografica esisterebbe lo stesso. Ad esempio ci si può immaginare un film senza attori, senza musica, senza scene e persino senza montaggio, ma non ci si può immaginare un'opera cinematografica senza la sensazione dello scorrere del tempo all'interno

---

[713] I riferimenti vanno a Siegfried Kracauer, *Ritorno alla realtà fisica* (1960), tr. it. di P. Gobetti, Il saggiatore, Milano 1962; e a Béla Balázs, *Il film* (1924-1931), tr. it. di F. e G. Di Giammatteo, Einaudi, Torino 2002.

[714] Alessio Scarlato, *La Zona del Sacro*, cit., p. 19. Secondo lo studioso italiano è rintracciabile in Tarkovskij una certa idiosincrasia per le teorie metodologiche prevalenti negli anni '60-'70, e le sue riflessioni appaiono come un dialogo «con le teorie classiche degli anni tra il 1915 e il 1950».

[715] Le teorie realistiche tendono a mettere al centro l'immagine visiva, subordinando a essa tutti gli elementi o ponendoli in rapporto contrappuntistico. Cfr. Andrej Tarkovskij, *Scolpire il tempo*, cit., p. 107.

[716] Andrej Tarkovskij, *Scolpire il tempo*, cit., p. 110.

[717] Alessio Scarlato, *La Zona del Sacro*, cit., p. 19.

dell'inquadratura[718].

Questo aspetto viene messo in risalto anche da Schrader, che nella nuova introduzione afferma: «Tarkovsky used film techniques to study time. For Tarkovsky time was not a means to a goal. It was the goal»[719]. Diversamente, l'utilizzo del tempo in Ozu, Bresson, De Sica e Dreyer non è scopo in sé stesso ma finalizzato a creare un particolare effetto emozionale o spirituale[720]. Il nodo teorico centrale del saggio tarkovskiano consiste proprio nella sua idea di un cinema come osservazione diretta della vita nel tempo. Secondo Paul Schrader infatti: «For Tarkovsky duration was more than mere waiting. It was Henri Bergson's *"durée,"* duration, time itself, the vital force governing and meditating upon all organic life»[721].

Nelle parole di Tarkovskij:

Il tempo registrato nelle sue forme e manifestazioni attuali, ecco in che cosa consiste, secondo me, l'idea fondamentale del cinema e dell'arte cinematografica. Questa idea mi consente di pensare alla ricchezza di possibilità non sfruttate dal cinema, al suo sconfinato futuro. Ed è partendo da essa che costruisco le mie ipotesi di lavoro[722].

Ancora, in maniera ancora più esplicita afferma:

Il tempo in forma di fatto! – Insisto di nuovo su questo. Il cinema ideale per me è rappresentato dal film di attualità: in esso io vedo non un metodo di ripresa, ma un metodo di ricostruzione, di ricreazione della vita [...]. Il film nasce dalla osservazione diretta della vita – ecco, a mio parere la vera via per giungere alla poesia cinematografica. Infatti, nella sua essenza, l'immagine cinematografica è l'osservazione di un fatto che si svolge nel tempo[723].

All'interno del saggio *La Zona del Sacro*, Scarlato individua, a partire da *Solaris* e *Lo Specchio*[724], «un'immagine temporale del sacro». Nelle sue parole:

---

[718] Andrej Tarkovskij, *Scolpire il tempo*, cit., p. 107.

[719] Paul Schrader, *Rethinking Transcendental Style*, cit., p. 8.

[720] *Ibidem.*

[721] Ivi, p. 7.

[722] Andrej Tarkovskij, *Scolpire il tempo*, cit., p. 59.

[723] Ivi, pp. 60-63.

[724] Riguardo ai rapporti tra questi due film e Proust cfr. Gianni Olla, *Alla ricerca del cinema proustiano*, Bulzoni, Roma 2010, pp. 230-

In altri termini, [Tarkovskij] sfrutta le potenzialità fenomenologiche del cinema, la sua capacità di farci ascoltare e vedere il mondo, prima di ogni comprensione logico-discorsiva, ritrovando nella natura e nei corpi non solo i ritmi che compongono l'esperienza sensibile, ma suggerendo in quei ritmi la manifestazione di un tempo ulteriore, nel quale l'uomo possa avvertire il contatto con il divino. Il tempo dell'icona[725].

Penso che il tempo a cui allude Scarlato sia quello ultimo della trasfigurazione, che non si identifica come un indeterminato futuro, ma è «l'evento a cui il rito liturgico dà vita»[726]. Proprio come afferma Schrader nel saggio del '72, lo stile trascendentale «è come la messa: trasforma l'esperienza in un rituale che può essere ripetutamente trasceso»[727]. Inoltre le parole di Scarlato mostrano, a mio avviso, delle affinità con quanto sostiene Tarkovskij a proposito della possibilità di avvertire il tempo nell'inquadratura. Questo diventa percepibile quando, al di là di ciò che accade, «si sente una verità particolarmente significativa»[728], e si percepisce che ciò che si vede nell'inquadratura non si esaurisce nella raffigurazione visiva, ma «allude soltanto a qualcosa che si estende all'infinito al di fuori dell'inquadratura, allude alla *vita*»[729]. C'è insomma quella fiducia

---

232. Lo stesso Tarkovskij scrive in proposito: «"Resuscitare l'enorme edificio del ricordo": anche queste parole sono di Proust, e a me sembra che proprio il cinema sia chiamato a svolgere un suo ruolo particolare in questo processo di resurrezione. Il cinema, cioè assimila un materiale completamente nuovo – il tempo – e diviene una nuova musa nel senso pieno della parola»: Andrej Tarkovskij, *Scolpire il tempo*, cit., p. 56.

[725] Alessio Scarlato, *La Zona del Sacro*, cit., p. 43. All'interno del suo lavoro Scarlato delinea un parallelismo tra icona e l'immagine cinematografica. Tarkovskij nel suo saggio mostra di conoscere *Iconostasi* di Florenskij e non è un caso che il suo primo film sia *Andrej Rublëv*, il massimo pittore di icone.

[726] Ivi, p. 39.

[727] Paul Schrader, *Il trascendente nel cinema*, cit., p. 11.

[728] Andrej Tarkovskij, *Scolpire il tempo*, cit., p. 111.

[729] *Ibidem.*

che il sacro possa decidere di manifestarsi in quella «finestra sulla realtà»[730]:

> In arte ci è dato, creando un'immagine, di abbracciare l'immensità. L'assoluto. Religione, filosofia, arte: questi sono i tre pilastri dell'attività spirituale, sui quali l'uomo formula per se stesso il concetto di assoluto. Allo stesso modo in cui in una goccia si riflettono le nuvole e gli alberi, così in un'immagine si riflette l'universo. Una goccia è l'immagine dell'universo. Si tratta di un'allegoria. Ma anche la religione, per esempio, è allegoria, poiché ci parla in lingua umana. Pavel Florenskij nel suo *Iconostasi,* riflettendo su cosa sia un'icona scrive: «Immaginate di trovarvi chiusi in una stanza, dove però si trova una finestra poco illuminata, dalla quale penetra la luce di un altro mondo». Rispetto al concetto di immagine artistica questa è una considerazione molto profonda. L'uomo è un granello di assoluto. Se l'uomo percepisce l'assoluto, gli viene concesso di rappresentarlo[731].

Occorre ora fornire almeno un esempio tratto dal cinema del regista russo, per comprendere le modalità attraverso cui egli riesce a tradurre sullo schermo la registrazione del fatto concreto e irripetibile, andando oltre le false convenzioni stilistiche, per un cinema che aspira «all'infinità dell'immagine»[732].

All'interno del suo saggio emerge in varie occasioni la fascinazione del regista russo per lo *haiku*[733]; questa fascinazione, dal mio punto di vista, aiuta a comprendere quella che è di fatto la natura dell'immagine cinematografica che egli va inseguendo:

> Lo *haiku* coltiva le proprie immagini in maniera tale che esse non significano nulla, all'infuori di se stesse, esprimendo tuttavia nello stesso tempo così tanto, che è impossibile coglierne il significato complessivo. Cioè, l'immagine in esso corrisponde tanto più esattamente alla propria destinazione, quanto più impossibile risulta farla entrare in qualunque forma concettuale e intellettuale[734].

---

[730] Alessio Scarlato, *La Zona del Sacro*, cit., p. 36.

[731] Andrej Tarkovskij, *La forma dell'anima,* tr. it. di I. Serra, Bur, Milano 2012., pp. 32-33.

[732] Cfr. Andrej Tarkovskij, *Scolpire il tempo*, cit., p. 111. «Non si può materializzare l'infinito, si può soltanto creare l'illusione di esso, la sua *immagine*»: ivi, p. 39.

[733] Cfr. ivi, pp. 98-99.

[734] Ivi, p. 98.

Questa aspirazione alla totalità dell'immagine, che deve mantenere sempre quel carattere di ambiguità lontano da qualsiasi tentazione letteraria, può essere esemplificata dal *Ritratto di giovane donna con un ramo di ginepro* di Leonardo, impiegato da Tarkovskij nel film *Lo specchio*. Le immagini create da Leonardo, secondo il regista russo, colpiscono per la problematicità che suscitano nello spettatore, incapaci infine di un giudizio univoco su di esse. Infatti risulta:

> impossibile esprimere la sensazione finale che questo ritratto produce su di noi. È persino impossibile dire con sicurezza se questa donna ci piace o non ci piace, se è simpatica o sgradevole. [...] In lei c'è qualcosa di inesprimibilmente bello e, nello stesso tempo, di ripugnante, di diabolico. Ma di diabolico tutt'altro nel senso attraente del romanticismo. Semplicemente qualcosa che è aldilà del bene e del male [...] Nello *Specchio* questo ritratto ci occorreva, da un lato, per trovare la misura dell'eterno negli istanti che scorrevano innanzi a noi, e dall'altro, per mettere a confronto questo ritratto con la protagonista: per sottolineare così in lei, come nell'attrice Terechova, quella stessa capacità di essere al contempo incantevole e ripugnante[735].

La controversa immagine leonardesca è in grado di dischiudere davanti a noi la possibilità di «un'interazione con l'infinito»[736], obbiettivo raggiunto da ogni immagine artistica di alto valore. Anche attraverso l'esempio appena citato si chiarisce l'aspirazione del cinema del regista russo: la ricerca della precisione del fatto concreto e unico che coincide, come afferma Scarlato, con il porsi di fronte «al mistero della sua presenza»[737], che ogni spiegazione verbale, ogni traduzione letteraria finisce per tradire. È lo stesso Tarkovskij ad ammettere di essere caduto in quelle medesime convenzioni da cui tanto rifugge e che combatte all'interno del suo saggio. Laddove l'immagine non è «questo o quel *significato* espresso dal regista, bensì un mondo intero che si riflette in una goccia d'acqua, in una goccia d'acqua soltanto!»[738]. Ma nel momento in cui si esibisce una «tendenziosità intenzionale»[739], l'ideologia nel sistema delle immagini, il regista manca l'obbiettivo:

---

[735] Ivi, p. 100.

[736] Cfr. ivi, p. 101.

[737] Alessio Scarlato, *La Zona del Sacro*, cit., p. 44.

[738] Andrej Tarkovskij, *Scolpire il tempo, cit.,* p. 104.

[739] Ivi, p. 102.

Ed io stesso, talvolta, mi rammarico molto di aver lasciato talune inquadrature nei miei film [...] Nell'episodio in cui la protagonista del film (*Lo Specchio*), straziata, in stato di semincoscienza riflette se tagliare o no la testa del gallo, girammo il primo piano di lei che conclude la scena con una ripresa accelerata a novanta fotogrammi e con una illuminazione accentuatamente innaturale. Poiché la riproduzione sullo schermo di questa inquadratura risulta rallentata, ne deriva una sensazione di allargamento della cornice temporale – è come se noi immergessimo lo spettatore nella situazione del personaggio e, frenando gli istanti di questa situazione, la accentuassimo. Questo è una pessima cosa perché l'inquadratura comincia a sovraccaricarsi di un significato puramente letterario. Noi deformiamo il volto dell'attrice, indipendentemente da lei stessa, come se recitassimo al posto suo [...]. Il suo stato d'animo risulta troppo comprensibile, troppo facilmente leggibile, mentre nello stato d'animo di una persona espresso da un attore deve sempre esserci un qualche mistero indecifrabile[740].

È un esempio importante, che ci aiuta a comprendere, come osserva Scarlato, che al di là degli stilemi iconografici, ritmici e narrativi, individuati da Schrader[741], che introducono la ritualità nell'immagine cinematografica[742], e che ritroviamo anche in Tarkovskij, è possibile individuare «una fiducia baziniana nella sacralità dell'immagine stessa; una fiducia nella capacità di manifestare, nella sua unicità, qualcosa di Altro rispetto allo sguardo che lo rappresenta. Una fiducia nella possibilità di dar vita a delle *icone cinematografiche*»[743].

Nella prima formulazione di stile trascendentale Schrader aveva indicato Bresson come l'autore di ierofanie cinematografiche, per la capacità di lasciar emergere il grande paradosso della presenza di qualcosa di spirituale proprio laddove tutto è fisico e terreno, come nel finale del palo carbonizzato in *Processo a Giovanna d'Arco*. Mentre nella nuova formulazione lo sceneggiatore americano indica

---

[740] *Ibidem.*

[741] Cfr. Alessio Scarlato, *La Zona del Sacro*, cit., p. 48; Lo studioso italiano si riferisce alla prima formulazione di «stile trascendentale», quella proposta nel saggio del '72.

[742] «È come la messa: trasforma l'esperienza in un rituale che può essere ripetutamente trasceso»: Paul Schrader, *Il trascendente nel cinema*, cit., p. 11.

[743] Alessio Scarlato, *La Zona del Sacro*, cit., p. 48.

Tarkovskij come figura chiave all'interno di «an aesthetic paradigm shift»[744]; colui che ha portato ulteriori sviluppi alla ricerca intrapresa da Ozu e Bresson[745]. Attraverso i rimandi all'opera di Scarlato, i parallelismi con l'icona e Florenskij, ho cercato di mostrare come questo si realizzi nel cinema del regista russo.

4.4. Slow cinema: definizione, modalità e protagonisti.

The opening of Tarkovsky's *Nostalghia* (1983) speaks volumes. A static shot of a foggy landscape. A compact green car enters screen right. The camera slowly pans with the car. The car exits screen left. The camera holds on the foggy landscape. Will the car re-enter? It does. A couple emerges from the car; they talk, walk into the fog. In that moment—when the car exits and there is no splice—Tarkovsky's work segued from delayed cut to dead time, from transcendental style to slow cinema[746].

Schrader indica idealmente l'apertura del capolavoro tarkovskiano come il passaggio dallo «stile trascendentale» allo *slow cinema*. È il *long take*, secondo lo sceneggiatore americano, a dare «potere» al tempo, ad intensificare l'immagine[747]. A questo si riferisce Jonathan Rosenbaum quando utilizza la metafora musicale del *«pedal point»*[748] per esprimere gli effetti che produce un accordo tenuto nel tempo: il suo divenire meditativo, luogo di immaginazione. Secondo Schrader, per *slow-cinema* si intende «a [...] term used to designate a branch of art cinema which features minimal narrative, little action or camera movement and long running times»[749]. Come scrive Harry

---

[744] Paul Schrader, *Rethinking Transcendental Style*, cit., p. 8.

[745] «Bresson and Ozu were moving toward, Tarkovsky brought to resolution. Delayed cuts were extended indefinitely. Ozu's "pillow shots" (still-life images) became entire scenes»: ivi, p. 9.

[746] Ivi, p. 9.

[747] Cfr. ivi, p. 8.

[748] Cfr. Jonathan Rosembaum, *Falling Down, Walking, Destroying, Thinking: A Conversation with Béla Tarr*, in «Cinema Scope», n. 8, sept. 2001, online su «jonathanrosenbaum.net», URL= https://www.jonathanrosenbaum.net/2001/09/bela-tarr-interview/ (visto il 25/09/2019); cit. in Paul Schrader, *Rethinking Transcendental Style*, cit., p. 8.

[749] Paul Schrader, *Rethinking Transcendental Style*, cit., p. 10.

Tuttle, si tratta di film senza trama, dialoghi, azione, scevri da qualsiasi convenzione di montaggio, e capaci tuttavia di produrre una «moving atmosphere»[750] che trascende la narrazione e colpisce intuitivamente il pubblico senza ricorrere ad una esplicitazione razionale o psicologica dei fatti[751]. Quindi la finalità di questi film non è quella di raccontare una storia, ma di dipingere uno «stato d'animo»[752]. Secondo Schrader, questa idea è stata sviluppata da alcuni autori che sembrano seguire un percorso in totale opposizione alla tradizione narrativa del cinema: Chantal Akerman, Lisandro Alonso, Theo Angelopoulos, Pedro Costa, Claire Denis, Lav Diaz, Bruno Dumont, Michelangelo Frammartino, Ben Rivers, Alberto Serra, Alexander Sokurov, Jean-Marie Straub and Daniele Huillet, Béla Tarr[753]. In maniera del tutto generale si potrebbe dire che questi registi, in particolar modo quelli delle nuove generazioni lavorano, ognuno attraverso le proprie specificità e la propria poetica, sui paradigmi di tempo e spazio: talvolta declinandoli in termini di contrazione, o dall'altro proponendo una loro dilatazione estenuante. Infatti Harry Tuttle, citato dallo stesso Schrader, ha individuato quattro criteri per mettere ordine all'interno di un panorama così variegato: «plotlessness, wordlessness, slowness, and alienation»[754].

---

[750] Cfr. Harry Tuttle, *(Technical) Minimum Profile*, nel blog «Unspoken Cinema», 18/1/2007, URL=

http://unspokencinema.blogspot.com/2007/01/minimum-profile.html (visto il 26/09/2019).

[751] Dal mio punto di vista si notano delle affinità con lo stile trascendentale; nella prima formulazione Schrader scriveva: «lo stile trascendentale [...] rifugge [...] lo sicologismo, [...] il razionalismo»: Paul Schrader, *Il trascendente nel cinema*, cit., p. 10. Tuttavia, come si leggerà in seguito: «Transcendental style is not slow cinema»: Id., *Rethinking Transcendental Style*, cit., p. 21.

[752] Cfr. Harry Tuttle, *(Technical) Minimum Profile*, cit.

[753] Cfr. Paul Schrader, *Rethinking Transcendental Style*, cit., p. 16.

[754] *Ibidem.*

Ma la difficoltà di una definizione univoca è stata messa in luce anche da Nadin Mai[755] che a questo proposito scrive:

> No, I do not undertake a heroic attempt of defining it. Slow Cinema is based on too many relative factors that, in fact, defy a definition. More fundamentally, though, I ask myself whether or not we actually speak about the right thing. More to the point, are we really speaking about film here?[756].

Infatti uno dei problemi sembra essere proprio la questione del come e del dove fruire questa particolare tipologia cinematografica, così distante dalla tradizione narrativa classica da richiedere nuovi o differenti parametri interpretativi[757]. Secondo Nadin Mai questi film vengono talvolta proiettati in luoghi inadatti; i film di Lav Diaz, per esempio, «which offer you, in theory, the luxury that you can come and go, take a break, return and the film as such would still be there»[758]. La questione sollevata da Nadin Mai è, dal mio punto di vista, centrale, perché sottende l'idea che il luogo e la modalità di fruizione nascondano di fatto una possibilità di comprensione dell'artefatto visivo:

> Now, screening a film in a gallery – does it not come closer to a video? I have to admit that the thought of slow videos might sound absurd, but this

---

[755] Creatrice del sito «The Art(s) of Slow Cinema – The only site dedicated to slow films», URL= https://theartsofslowcinema.com/ (visto il 26/09/2019).

[756] Nadin Mai, *What is Slow Cinema?* in «The Art(s) of Slow Cinema», 20/12/2012, URL= https://theartsofslowcinema.com/2012/12/20/what-is-slow-cinema/ (visto il 26/09/2019).

[757] Schrader mette in luce una certa ostilità verso il cinema contemplativo citando le parole del blogger "the Swede": «there is simply no functional reason and no intellectual justification to hold on a shot 10 times longer than the action it's depicting, it's amateurish». Cfr. Glenn Kenny, *About Nothing, Or, New Fast*, nel blog «Some Came Running», 13/5/2010, URL= https://somecamerunning.typepad.com/some_came_running/2010/05/new-fast.html (visto il 26/09/2019); cit. in Paul Schrader, *Rethinking Transcendental Style*, cit., p. 21.

[758] Nadin Mai, *What is Slow Cinema?* cit.

very absurdity seems to hold the key to understanding the concept and the reception of this slow- moving time-based visual artefact[759].

Come segnala anche Schrader, l'elemento comune in una tale eterogeneità di poetiche è dato dal fatto che «Time become story»[760]. Per chiarire questa affermazione lo sceneggiatore americano risale alle origini del cinema, a quel *Arrival of a Train at la Ciotat* (1895) dei fratelli Lumière. Immaginando di ripetere la clip in un *loop* di cinque minuti, e poi di cinque ore, egli allude al modificarsi della reazione di chi guarda in base alle differenti durate:

> What if the film were slowed so that it took fifteen minutes for the train to arrive? What would the film then be about? Would it be about the arrival of the train or about your experience as a viewer watching the arrival of the train? What did you think about for those fifteen minutes it took the train to arrive? This is the question conceptual artist Gordon Douglas posed in *24 Hour Psycho* (1993), a version of Hitchcock's *Psycho* projected at two frames rather than twenty-four frames per second, causing it to run twenty-four hours. Stripped of aesthetic jargon, this then is the definition of "slow cinema": making something take longer than we have been conditioned to expect[761].

Quando Schrader si riferisce al possibile oggetto del film come l'esperienza dello spettatore nel guardare l'arrivo del treno, sta facendo riferimento a ciò che i seguaci di Bazin hanno definito «the democracy of the eye»[762]. Questa democrazia dell'occhio viene incentivata grazie alla dilatazione del tempo; assistiamo in questo modo alla creazione in parallelo di un nuovo film, un film simultaneo[763]. Grazie alla libertà concessa dal regista allo spettatore, quest'ultimo è libero di vagare con lo sguardo: «The two films overlap: the director's tableauand the spectator's meditations on that

---

[759] *Ibidem.*

[760] Paul Schrader, *Rethinking Transcendental Style*, cit., p. 10.

[761] Ivi, p. 11.

[762] John Mullarkey, *The Tragedy of the Object: Democracy of Vision and the Terrorism of Things in Bazin's Cinematic Realism*, in «Angelaki: The Promise of Cinema: Revisiting themes from Bazin», 17, 4, 2013, pp. 39-59; Jennifer Fay, *Democratic Film and The Aesthetics of Choice*, in «German Life and Letters», 71, 2, 2018, pp. 169-192.

[763] Cfr. Paul Schrader, *Rethinking Transcendental Style*, cit., p. 19.

tableau»[764]. In questo modo lo sceneggiatore americano interpreta le lunghe carrellate di Béla Tarr o la lentezza straniante di Lav Diaz rispetto ad esempio all'uso dello zoom che costringe lo sguardo dello spettatore; la democrazia dell'occhio contro la coercizione del regista-orchestratore.

Julian Jason Haladyn in *Boredom and Art*[765], citato dallo stesso Schrader, propone un confronto tra l'effetto del *long take* e un viaggio in treno, che coincide con la differenza del «being there», e dell'altro del «getting there» tipico di quelle tecniche cinematografiche finalizzate al raccontare una storia, all'esposizione di un'azione o evocare un'emozione. Il viaggio in treno pone l'accento sulle aspettative e la mente del viaggiatore: è focalizzata sulla destinazione. I viaggiatori non possono apprezzare di essere nel presente perché la loro percezione del tempo e dello spazio è in costante mutamento[766]. Allo stesso modo i film hanno abbracciato questo flusso costante e il cinema lento, afferma Schrader, ha cercato di invertire questa tendenza dominante nella tecnologia in favore del presente[767]. Già nel 1967 Pasolini aveva scritto in *Empirismo eretico*: «Il tempo del piano-sequenza, inteso come elemento schematico e primordiale del cinema – cioè come una soggettiva infinita – è dunque il presente. Il cinema, di conseguenza, "riproduce il presente"»[768]. Nadin Mai sostiene che il modo in cui è concepito il tempo nel cinema contemplativo sia di fatto non riconducibile alle culture occidentali[769]. Alla concezione di irreversibilità occidentale

---

[764] *Ibidem.*

[765] Cfr. Julian Jason Haladyn, *Boredom and Art: Passions Of The Will To Boredom*, John Hunt Publishing, Alresford 2015.

[766] Cfr. a questo proposito Alessio Scarlato, *Lo sguardo del viaggiatore immobile*, in Id., *La Zona del Sacro*, cit., pp. 28-32.

[767] Cfr. Paul Schrader, *Rethinking Transcendental Style*, cit., p. 8.

[768] Cfr. Pier Paolo Pasolini, *Empirismo eretico*, Garzanti, Milano 1972, p. 241; cit. in Paul Schrader, *Rethinking Transcendental Style*, cit., p. 9.

[769] Cfr. Nadin Mai, *What is Slow Cinema 2.0*, in «The Art(s) of Slow Cinema», 12/2/2013, URL=

https://theartsofslowcinema.com/2013/02/12/what-is-slow-cinema-2-0/ (visto il 26/09/2019).

del tempo, si contrappone infatti lo slow cinema come «a study of the present. It is an observation, a meditation»[770].

4.5. Lo stile «trascendentale»: falsi usi e il finale di Nostalghia.

Quel che mi interessa sempre e prima di tutto è proprio la terra: sono affascinato dal processo di crescita di tutto quanto viene dalla terra, vi spunta sopra, gli alberi, l'erba...E tutto questo tende verso il cielo. Perciò nel nostro film il cielo appare soltanto come spazio verso il quale si leva tutto quel che nasce e cresce sulla terra: il cielo in se stesso non ha per me un simbolo proprio. Per me, il cielo è vuoto[771].

Ora è necessario affrontare la questione cruciale: il cinema lento coincide con ciò che Schrader quarantacinque anni fa ha indicato come lo «stile trascendentale»? La risposta è chiara: «Transcendental style is not slow cinema. It's one of several precursors to slow cinema. Bazin's neorealism was another. As were Antonioni's soulful meanderings. Transcendental style evolved as "time-image"»[772].

I meccanismi dello stile trascendentale, con la sua articolazione di quotidianità, scissione, stasi, sono rintracciabili in alcune recenti pellicole:

Alain Cavalier's *Thérèse,* Alexander Sokurov's *Mother and Son* (1997), Carlos Reygadas's *Silent Light* (2007), Bruno Dumont's *Hadewijch* (2009), Jessica Hausner's *Lourdes* (2009), Eugene Green's *La Sapienza* (2014), and Pawel Pawlikowski's *Ida*[773].

Tuttavia vi sono falsi usi dello stile trascendentale. Si tratta di quei «films that employ abundant means throughout and then conclude with a decisive action and stasis»[774]. Dal mio punto di vista Schrader

---

[770] *Ibidem.* Gilles Deleuze in maniera affine scrive su Ozu: «Tutto è ordinario e regolare, Tutto è quotidiano!»: Gilles Deleuze, *L'immagine-tempo,* cit., p. 20.

[771] Michel Ciment-Luda e Jean Schnitzer, *Il mio Rublëv è la speranza di tutto il popolo russo,* in «Il Dramma», 1, 1970, p. 62.

[772] Paul Schrader, *Rethinking Transcendental Style,* cit., p. 21.

[773] *Ibidem*; a questa lista Schrader aggiunge *Stations of the Cross* (*Kreuzweg – Le stazioni della fede,* 2015) di Dietrich Brüggemann.

[774] Ivi, p. 22. : cfr. Paul Schrader, *il Trascendente nel cinema,* cit., pp. 130-142.

si riferisce a ciò che, nel testo del '72, sulla scia di Maritain aveva definito i «mezzi temporali ricchi». I film religiosi di tipo spettacolare e didascalico, sono l'esempio più evidente di uso di tali mezzi. Il pubblico viene agevolato nel suo desiderio inconscio di identificarsi con il personaggio e di lasciarsi coinvolgere nella trama e nell'ambientazione. E infine l'evento decisivo non si configura come «una spiazzante scossa stilistica, ma costituisce il culmine dei mezzi temporali ricchi adoperati nel corso del film. Convince il pubblico che la spiritualità può essere raggiunta attraverso un intermediario, come diretto risultato dell'immedesimazione»[775].

Tra i casi più evidenti di falsi usi lo sceneggiatore americano segnala *Le onde del destino* di Lars von Trier[776], in cui, dopo due ore di dramma turbolento attraverso *action cuts* e nevrotici movimenti di camera, il film si conclude con una statica «immagine sacra»[777]. Il regista di stile trascendentale è nella sua visione uno spirito guida, in grado di condurre ad un altro livello di coscienza, in quello che Schrader definisce, secondo la definizione di Rudolf Otto, «Wholly Other world»[778]. Diverso è il caso di un regista come Andrej Tarkovskij:

> [Tarkovskij] was not interested in the transcendental style per se. He had religious themes, obsessions, and characters. He was austere. He employed distancing devices. But his intent was different. [...] Tarkovsky was more interested in passing through the portal himself than he was in escorting his viewer[779].

Questo appare chiaro in *Nostalghia* (1983); nel finale, Andrej Gorčakov, poeta sovietico, promette al mistico squilibrato Domenico di portare una candela accesa camminando dentro una piscina vuota[780]. L'uomo la attraversa con circospezione, ma il vento spegne

---

[775] Id., *il Trascendente nel cinema*, cit., p. 140.

[776] Titolo originale: *Breaking the Waves* (1996).

[777] Cfr. Paul Schrader, *Rethinking Transcendental Style*, cit., p. 22.

[778] Ivi, p. 23.

[779] Ivi, pp. 22-23.

[780] Cfr. Franca Mancinelli, *Tra "Il Miele" e "Nostalghia". Su Tonino Guerra e Tarkovskij*, § *"Nostalghia* – il rito della candela portata nella vasca, 9:17"*, in «Nuovi argomenti», 27/7/2015, online, URL=

per due volte la fiammella. Il terzo tentativo va a buon fine, ma il suo cuore non regge, e infine si accascia al suolo. Questa è la stasi, afferma Schrader, il punto finale dello stile trascendentale. Un finale bressoniano che riecheggia l'ultima scena di *Diario di un curato di campagna* e *Processo a Giovanna d'Arco*. Ma tuttavia *Nostalghia* non finisce qui; si conclude con un'immagine in bianco e nero di Andrej sdraiato accanto al suo cane davanti a una pozzanghera riflettente e sullo sfondo l'abbazia di San Galgano:

> Poetic images from Tarkovsky's repertoire. The camera pulls back to reveal that Andrei and dog and house are all on a grassy field inside a ruined cathedral. Snow falls, folk music plays. The intent is not to namelessly escort the viewer. This is the artist's self-apotheosis. This is not about the Wholly Other. It's about Andrei Tarkovsky[781].

Lo sceneggiatore americano non approfondisce ulteriormente la questione, pertanto è necessario ricostruirla sulla base del testo tarkovskiano, e di alcuni studi critici come quelli di Guido Cavalli e Tomaso Subini. Il regista russo in *Scolpire il tempo* mette in guardia da un'eccessiva identificazione dell'autore con il suo protagonista lirico: «Dostoevskij ha scoperto degli abissi dentro se stesso e i suoi santi, come i suoi delinquenti, sono, per così dire, lui stesso… Ma nessun personaggio coincide con lui»[782]. Tuttavia quando Tarkovskij vide per la prima volta il materiale girato rimase colpito dalla cupa disperazione che esso emanava:

---

http://www.nuoviargomenti.net/poesie/tra-il-miele-e-nostalghia-su-tonino-guerra-e- tarkovskij/ (visto il 26/09/2019).

[781] Paul Schrader, *Rethinking Transcendental Style*, cit., p. 25.

[782] Andrej Tarkovskij, *Scolpire il tempo*, cit., p. 183; Una voluta ambiguità tra personaggi e autore attraversa tutta l'opera tarkovskiana a partire dal terzo episodio di *Andrej Rublëv* intitolato *La passione secondo Andrej*, «a suggerire come dietro alla Passione del pittore possa celarsi la propria. In particolare, l'episodio stringe con decisione sulla biografia del regista laddove si fa metalinguistico e Andrej (Rublëv) che immagina una rappresentazione popolare della Passione parrebbe rimandare ad Andrej Tarkovskij alle prese con il proprio immaginario sacrificale»: Tomaso Subini, *La passione secondo Andrej. Il pensiero religioso nei 'Diari' di Tarkovskij*, in E. Dagrada (a cura di), *Andrej Tarkovskij*, in «Materiali di Estetica», 13, 2006, pp. 201-218: 206.

Per me era un fenomeno straordinariamente sintomatico il fatto che, *indipendentemente* dalle mie concrete, private, intenzioni razionali, la macchina da presa avesse soprattutto obbedito allo stato d'animo interiore col quale avevo girato il film, infinitamente affaticato dalla separazione coatta dalla mia famiglia, dall'assenza delle abituali condizioni di vita, dalle regole di produzione per me inconsuete e, infine dalla lingua straniera[783].

Il fatto che questa immagine non sia, secondo Schrader, manifestazione del «Completamente Altro» ma contenga una qualche valenza autobiografica può essere in parte spiegato, secondo il mio giudizio, attraverso la lettura del film suggerita dallo stesso Tarkovskij:

Volevo raccontare della nostalgia russa, cioè di quel particolare e specifico stato d'animo che si crea in noi russi quando siamo lontani dalla patria. Volevo parlare del nostro fatale attaccamento alle radici nazionali, al passato, alla cultura, ai luoghi cari, ai familiari e agli amici, dell'attaccamento a queste cose che i russi portano con sé per tutta la vita, indipendentemente da dove li abbia condotti il destino. Raramente sono capaci di cambiare natura e di adattarsi alle nuove condizioni di vita[784].

Come scrivono Carta e Radin, la *nostalghia* russa è un sentimento che colpisce il singolo, ma al contempo è una forza che lo lega alla passione, nel senso religioso del termine, della collettività:

È la nostalgia che porta Tarkovskij a una morale che appare a ben vedere profondamente cristiana. Nel continuo annichilirsi del mondo fenomenico e nel dolore che porta con sé il presente storico, all'uomo è richiesto uno sforzo di fede: non una fede che si compie nell'ultraterreno, ma un impegno costante e presente che ha il suo fine nel sacrifico in nome dell'umanità, nell'amore verso il prossimo, nello svelamento della verità[785].

Questo elemento è riscontrabile anche nelle precedenti opere del regista, come ad esempio in *Andrej Rublëv*, ma con una diversa accezione: la salvezza nel *Rublëv* è un fenomeno collettivo, di complicità tra artista e popolo[786], qui invece diviene la missione

---

[783] Andrej Tarkovskij, *Scolpire il tempo*, cit., p. 180.

[784] Ivi, p. 179.

[785] Valerio Carta, Eugenio Radin, *Andrej Tarkovskij. La nostalgia dell'Ideale*, cit.

[786] Questo aspetto emerge in maniera evidente nell'ultimo capitolo del film «La campana, 1423».

solitaria dell'artista e dell'uomo. «Il compito di salvezza è dunque sì una forza centrifuga diretta verso l'altro, ma si può compiere solo nell'incomprensione e nella solitudine»[787]. Ma vi è un altro aspetto che, a mio avviso, allontana il finale di *Nostalghia* dallo stile trascendentale: l'interesse del regista russo per il mondo interiore dei suoi personaggi[788].

Posso forse convenire sulla parziale metaforicità dell'inquadratura finale di *Nostalghia*, dove colloco una casa russa tra le pareti di una cattedrale italiana. Quest'immagine costruita ha un sentore letterario: è una sorta di plastico della condizione interiore del protagonista, della sua frattura interiore che non gli consente di vivere come prima. O, al contrario, se preferite, è la sua nuova interezza che fonde organicamente in una sensazione unitaria e indissolubile, come qualcosa di profondamente suo che egli si porta nel sangue, le colline della Toscana e un villaggio russo. Gorčakov muore così in questo mondo per lui nuovo, dove si uniscono in maniera naturale e organica cose che qualcuno, per qualche ragione, ha separato per sempre in questa nostra strana e convenzionale esistenza terrena[789].

Nella prima formulazione Schrader aveva messo in luce come lo stile trascendentale fosse estraneo a tutte le interpretazioni convenzionali della realtà: il realismo, il naturalismo, lo psicologismo, il romanticismo, e, in particolar modo il razionalismo. Per l'artista trascendentale «questo tipo di interpretazioni convenzionali della realtà non sono altro che costruzioni emotive o razionali escogitate dall'uomo per ridurre o esaurire il valore del divino spiegandolo»[790]. Nella concezione tarkoskiana invece l'anima stessa del cinema scaturisce dalla verosimiglianza naturalistica: «il naturalismo è la forma di esistenza della natura del cinema [...] tanto più, da una parte, noi crediamo ad essa, e, dall'altra tanto è più nobile

---

[787] Valerio Carta, Eugenio Radin, *Andrej Tarkovskij La nostalgia dell'Ideale*, cit.

[788] «Non mi interessavano il movimento esteriore, l'intrigo, il complesso degli avvenimenti [...] Mi ha sempre interessato il mondo interiore dell'uomo: per me è assai più naturale compiere un viaggio nella sua psicologia»: Andrej Tarkovskij, *Scolpire il tempo*, cit., p.181.

[789] Andrej Tarkovskij, *Scolpire il tempo*, cit., pp. 189-190.

[790] Paul Schrader, *Il trascendente nel cinema*, cit., p. 11.

è l'immagine che ne scaturisce»[791]. Vi è infatti, occorre sottolinearlo, quella fiducia baziniana nella sacralità dell'immagine stessa, capace di cogliere la «verità della vita»[792]. A mio parere non vi è nel suo cinema la ricerca di quella mano invisibile che dirige gli avvenimenti, del *vento che soffia dove vuole*, di quella grazia potente nella sua stessa invisibilità, come nel cinema bressoniano[793]. Elementi questi riconducibili al giansenismo della regia e del pensiero, secondo la definizione di Ayfre[794]. Al contrario l'intera filmografia del regista russo può essere letta come «una parabola cristologica»[795], a partire da *Andrej Rublëv*[796], e sviluppata in seguito con *Nostalghia*, *Stalker* raggiungendo la sua sintesi in *Sacrificio*. A questo proposito Tommaso Subini scrive «Il versetto di Matteo in cui Gesù invita i discepoli a prendere con sé la propria croce e a seguirlo (Mt 16, 24) rappresenta uno dei capisaldi della concezione della vita di Tarkovskij»[797]. Il cinema tarkovskiano infatti, come argomentano ancora Carta e Radin, può essere interpretato come:

Una lettura coerente e approfondita della parabola neotestamentaria,

---

[791] Andrej Tarkovskij, *Scolpire il tempo*, cit., p. 188.

[792] *Ibidem.*

[793] Schrader, citando Friedric Jameson, sul confronto tra Bresson e Tarkovskij scrive: «Tarkovsky likes to gorge the spectator's eyes whereas Bresson prefers to starve them»: Paul Schrader, *Rethinking Transcendental Style*, p. 7; cfr. Fredric Jameson, *The Geopolitical Aesthetic: Cinema and Space in the World System*, Indiana university press, Indiana 1992, p. 93.

[794] Cfr. Amédée Ayfre, *Contributi a una teologia dell'immagine*, cit., p. 323.

[795] Valerio Carta, Eugenio Radin, *Andrej Tarkovskij. La nostalgia dell'Ideale*, cit.; Cfr. Guido Cavalli, *Nichilismo e fede nell'estetica di Andrej Tarkovskij*, in «Kaspar Hauser», n. 15, luglio 2017, online, URL=

http://www.kasparhauser.net/periodici/15%20Tarkovskij/Cavalli-Tarkovskij.html (visto il 26/09/2019).

[796] Cfr. Alessio Scarlato, *L'immagine sacra letteraria. Cristo in Andrej Rublëv*, in Id., *La Zona del Sacro*, cit., pp. 39-43.

[797] Tomaso Subini, *La passione secondo Andrej*, cit., p. 204.

ovvero di una religiosità non privata del suo elemento trascendentale (necessario per donare speranza all'uomo), ma la cui novità scioccante e il cui apporto radicale è affatto immanente, è l'homo hominis deus, è il sacrificio in nome dell'amore, in totale opposizione con il cieco individualismo modernista[798].

Per il regista russo «il significato dell'arte è la ricerca di Dio nell'uomo»[799] e secondo Guido Cavalli è in questo modo che «creatività e creaturalità si intrecciano e si rispecchiano. Nell'immagine artistica come espressione figurativa, si rispecchia l'essere a immagine e somiglianza di Dio»[800]. Il compito dell'artista si configura quindi non nel creare immagini ex novo, ma nel rimuovere ciò che ne vela la luce; e per raggiungere questo «*l'artista deve raggiungere lo sguardo del santo*»[801]. In questo modo si può interpretare la frase schraderiana «This is the artist's self-apotheosis. This is not about the Wholly Other. It's about Andrei Tarkovsky»[802].

---

[798] Valerio Carta, Eugenio Radin, *Andrej Tarkovskij. La nostalgia dell'Ideale*, cit.; Cfr. Andrej Tarkovskij, *Voglio mettere il dito nell'infinito dell'uomo*, in «Avvenire», 3/6/2012, online, URL= https://www.avvenire.it/agora/pagine/tarkovskii (visto il 26/09/2019).

[799] Andrej Tarkovskij, *Martirologio. Diario 1970-1986*, Istituto Internazionale Tarkovskij, Firenze 2014, p. 504. Tarkovskij si definisce agnostico, e questo affonda le proprie radici nella tradizione teologica orientale. Secondo la teologia negativa Dio si pone al di là di ogni cosa creata e «il teologo non presume di poter affermare alcunché di semanticamente positivo riguardo alla sua ineffabile trascendenza»: Tomaso Subini, *La passione secondo Andrej*, cit., p. 211.

[800] Guido Cavalli, *Nichilismo e fede nell'estetica di Andrej Tarkovskij*, cit. Questa concezione dell'arte è, secondo Tommaso Subini, legata alla dottrina ortodossa dell'icona, cfr. Tomaso Subini, *La passione secondo Andrej*, cit., p. 216.

[801] Alessio Scarlato, *La Zona del Sacro*, cit., p. 38; L'arte, secondo Tarkovskij, è in grado di svelare l'essenza dell'uomo. Per sua natura, l'artista è facilitato nella ricerca di tale essenza, da qui l'identificazione tra arte e religione.

[802] Paul Schrader, *Re-thinking Transcendental Style*, cit., p. 25.

Si può affermare che il tentativo dello sceneggiatore americano di ritrovare una forma comune di rappresentazione secondo il modello wölffliniano[803] mostri qui una qualche difficoltà. Uno studio incentrato esclusivamente sulla figurazione, in cui le diversità del carattere individuale e nazionale perdono importanza[804], rischia di indurci in errore. Nel caso specifico un'analisi in termini strettamente formali della stasi avrebbe fatto propendere per un inserimento del finale di *Nostalghia* all'interno dello stile trascendentale. Invece è l'indagine dell'opera attraverso il retroterra culturale e religioso del regista russo ad averci fornito delle chiavi di decifrazione importanti. Si potrebbe forse considerare che la forma dello «stile trascendentale» così come concepita da Schrader si adatti senza riserve solo al cinema di Bresson e Ozu.

In ultima analisi questa esclusione del finale tarkovskiano dallo stile trascendentale sembra in contraddizione con quanto affermato da Schrader a proposito di un confronto tra due film muti degli anni '60:

> To test this point, let's theoretically set two silent films made six years apart side by side: Andy Warhol's *Blow Job* (1964) and Larry Gottheim's *Fog Line* (1970). Both are static shots lasting ten minutes. The first is the face of a young man receiving oral sex. The second is an obscured landscape as the fog slowly clears. Which image is more transcendent? Art history, practice, and good taste says the latter. But then transcendence is in the eye of the beholder[805].

Allora mi chiedo, se la trascendenza è negli occhi di chi guarda, perché non riconoscerla anche nel finale tarkovskiano? Questi e altri interrogativi rimangono tuttavia irrisolti anche in questa nuova formulazione, che si conclude con un diagramma nel quale vengono sintetizzate le principali direzioni che ha assunto il cinema non-narrativo dal secondo dopoguerra a oggi[806]. A dispetto delle numerose contraddizioni, è evidente l'originalità della costruzione

---

[803] Cfr. *supra*, pp. 42-46.

[804] Cfr. Heinrich Wölfflin, *Concetti fondamentali della storia dell'arte*, cit., p. 56.

[805] Paul Schrader, *Rethinking Transcendental Style*, cit., p. 22.

[806] *«The surveillance camera»*, *«The art gallery»*, *«The Mandala»*, cfr. Paul Schrader, *Rethinking Transcendental Style*, cit., pp. 21-33.

schraderiana nell'aver intravisto quasi cinquant'anni fa i germi di un cinema capace di guardare oltre le apparenze del reale.

Conclusione

Il tentativo schraderiano di una trasposizione in campo cinematografico di certi canoni dell'arte sacra, validi per tutte le tradizioni e culture, ha mostrato alcuni limiti. Come scrive Davide Zordan, «egli propone infatti un insieme di riflessioni penetranti, che dovrebbero però essere rielaborate all'interno di un quadro teorico più convincente, per quanto attiene al cinema, all'arte sacra in generale ma anche al trascendente»[807]. Infatti, nonostante le intenzioni dell'autore, le sue riflessioni valgono più come analisi del percorso specifico di Ozu e Bresson che come enunciati universali. La linea che ho provato a tratteggiare, e che collega idealmente Bazin, Ayfre e Schrader, ha messo in risalto una certa attitudine del linguaggio cinematografico a esprimere il legame dell'uomo con il trascendente. La testimonianza di Tarkovskij ha mostrato invece quanto il cineasta sia intimamente implicato nell'opera che realizza, e quanto tale implicazione chiami in causa la sua propria visione del mondo. Non si può che essere d'accordo con Virgilio Fantuzzi, che in un'intervista sulla rivista *Segnocinema* ha affermato: «Schrader ha ragione a intitolare il suo libro *Il trascendente nel cinema: Ozu, Bresson, Dreyer*, perché è veramente arduo trovare un quarto regista capace di trascendere attraverso le immagini»[808]. Infatti la ricerca di Schrader mostra tutta la sua efficacia se la si considera come teoria circoscritta a una sola delle modalità espressive del cinema d'ispirazione religiosa di cui parlava Ayfre, «lo stile della trascendenza»[809], applicata a tre grandi registi del passato. Tuttavia tra queste modalità non vi è solo lo stile trascendentale. Come giustamente ha scritto Scarlato:

L'alternativa delineata da Schrader tra due poetiche dello stile trascendentale, costruite con mezzi stilistici simili, ma l'una avente come sfondo una sacralità del tutto risolta nel visibile stesso (il buddismo Zen di

---

[807] Davide Zordan, *Filmare l'invisibile. Linguaggio cinematografico ed esperienze religiose*, cit., p. 156.

[808] Virgilio Fantuzzi in Domenico Monetti (a cura di), *Il sublime, il sacro e il religioso. Conversazione con i critici Virgilio Fantuzzi e Alessandro Cappabianca*, cit., p. 16.

[809] Amédée Ayfre, *Contributi a una teologia dell'immagine*, cit., p. 68.

Ozu), e l'altra il trascendimento della prigione del visibile (il cristianesimo agostiniano di Bresson), manca quell'antinomia che a fondamento di ogni teoria della rappresentazione cristiana, e non genericamente sacrale: Cristo[810].

Come pensa Ayfre, «dopo Cristo, un volto qualsiasi di uomo può essere il volto umano di Dio»[811]; di qui la possibilità del secondo stile con cui il cinema ha trattato il sacro, «lo stile dell'incarnazione»:

Ora questa prospettiva, in verità più teologica che morale, può dar luogo ad un altro stile d'immagini, che ci rivelerebbero soltanto il volto degli uomini, ma in un modo tale da non far dimenticare che misteriosamente Cristo è in loro, mediante la sua grazia negli uni, la misericordia negli altri. Tale potrebbe essere, in opposizione allo stile della trascendenza, lo stile dell'incarnazione[812].

Ed essendo il Cristo, nella sua incarnazione non soltanto il mediatore per eccellenza tra Dio e gli uomini, bensì anche «il capo del corpo mistico»[813], cioè il polo di attrazione e comunicazione di tutti gli uomini, egli sarebbe in grado di mostrarci:

con la fedeltà più umile gli uomini come sono, ce li rivelerebbe così simili a se stessi come poi non sapremmo mai vederli in circostanze ordinarie, con sopra di loro il riflesso della chiamata o della nostalgia dell'amore di Cristo. Allora veramente essi potrebbero vicendevolmente riconoscersi al di là di ogni maschera e l'immagine esplicherebbe così la sua piena funzione di mediazione interumana per mezzo di Cristo[814].

Sulla base della riflessione di Ayfre, secondo Zordan, il trascendente potrebbe così prendere corpo:

nelle mille povertà del mondo, nelle esistenze marginali, nelle vicende anonime di una umanità miserevole, eppure misteriosamente permeabile alla grazia divina. Oppure si manifesta nell'attaccamento tenace ad una ritualità consunta, ma ancora capace di nutrire speranze profondamente radicate nel cuore degli uomini. O si esprime nell'anelito impotente a una vita «santa», a un'etica della persona umana che sembra poter riscattare

---

[810] Alessio Scarlato, *La Zona del Sacro*, cit., p. 35.

[811] Amédée Ayfre, *Contributi a una teologia dell'immagine*, cit., p. 67.

[812] Ivi, p. 68.

[813] Ivi, p. 67.

[814] Ivi, p. 68.

qualunque abiezione[815].

Questa «paradossale incarnazione del trascendente e del sacro sembra più alla portata del mezzo cinematografico»[816], di quel senso di realtà di cui parla Bazin, o «dell'illusione di realtà» di cui parla Ayfre[817], e infine dell'abilità ordinaria degli artigiani del cinema. Il percorso ascetico di Ozu e Bresson è da considerarsi come una parabola umana e artistica unica e quasi irripetibile nel panorama cinematografico. La loro opera ci offre una testimonianza del fatto che il cinema può giungere ai livelli più alti di arte sacra. Ma, come ha fatto Schrader, costruire sui loro film un codice di riferimento per il cinema a carattere religioso o trascendente è, come afferma Zordan, «un'operazione infruttuosa quando non rischiosa»[818]. Se quindi il cinema può giungere in maniera del tutto eccezionale purificando il suo linguaggio e spiritualizzando le sue tecniche ad una «ierofania cinematografica»[819], «tale possibilità non è a disposizione di nessuno, né del teorico né del regista»[820]. Lo stesso Schrader, conscio di questa difficoltà, affermava: «se lo stile trascendentale consiste veramente in una ierofania, se esiste davvero un trascendente, allora il critico non potrà mai capire fino in fondo come questo agisca nell'arte»[821]. Si potranno individuare dei metodi utili per verificarne la presenza, ma la causa reale di questa ierofania è destinata a rimanere celata.

Negli ultimi cinquant'anni la rappresentazione del Sacro sembra aver preso direzioni molto diverse rispetto a quelle prefigurate da Schrader nel suo libro; non una sacralità dell'ascesi ma una sacralità

---

[815] Davide Zordan, *Filmare l'invisibile. Linguaggio cinematografico ed esperienze religiose*, cit., p. 156.

[816] *Ibidem.*

[817] Amédée Ayfre, *Contributi a una teologia dell'immagine*, cit., p. 62.

[818] Davide Zordan, *Filmare l'invisibile. Linguaggio cinematografico ed esperienze religiose*, cit., p. 157.

[819] Paul Schrader, *Il trascendente nel cinema*, cit., p. 75.

[820] Davide Zordan, *Filmare l'invisibile. Linguaggio cinematografico ed esperienze religiose*, cit., p. 157.

[821] Paul Schrader, *Il trascendente nel cinema*, cit., pp. 74-75.

dell'incarnazione. In quest'ultimo caso «non è più l'uomo a superare le distinzioni individuali e a scoprire la vera natura del mondo (conformemente alle teorie dello Zen), ma la realtà di tutti i giorni a farsi teatro di un evento soprannaturale»[822]. In alcuni casi si assiste a un'incarnazione vera e propria, nella messa in scena dell'*imago Christi*, ma l'incarnazione può essere intesa anche in termini più ampi, con l'inserimento dell'evento eccezionale in un contesto urbano e talvolta degradato. Come scrive Pedullà:

> si rivela esemplare un film di Scorsese sceneggiato da Schrader, [...] *Al di là della vita*, storia delle angosce esistenziali di un infermiere stravolto dai sensi di colpa per le vite che non è riuscito a salvare nell'inferno della notte newyorkese – ma che il *tableau vivant* finale di Patricia Arquette con in grembo Nicolas Cage alla maniera di una deposizione di Cristo consente tuttavia di interpretare come una moderna Passione[823].

Il sacro prende corpo nelle storie degli emarginati, dei tossicodipendenti, dei gangster, dei tenenti di polizia corrotti, antieroi in bilico tra una vita corrotta e un percorso di redenzione, proprio perché come scrive ancora Pedullà, «quanto più sordido è l'ambiente descritto, tanto più grande e sorprendente sarà il miracolo che in esso prenderà forma»[824]. Per queste ragioni il percorso ordinario del cinema che desidera esprimere il senso del sacro non è quello della ierofania ma della «fenomenologia»[825]. Bazin, a questo proposito, aveva giustamente osservato come l'avvicinamento della cinepresa al fatto trascendentale potesse avvenire solo dall'esterno, come la registrazione di un fatto spirituale intrinsecamente ambiguo e indimostrabile[826]: «I segni che Dio fa ai suoi non sempre sono soprannaturali. Una biscia in un cespuglio non è il diavolo, ma il diavolo è lì come ovunque»[827].

---

[822] Gabriele Pedullà, *Perceval, Usa*, cit., p. XXIX.

[823] Ivi, pp. XXIX-XXX.

[824] Ivi, p. XXX.

[825] Davide Zordan, *Filmare l'invisibile. Linguaggio cinematografico ed esperienze religiose*, cit., p. 157.

[826] Cfr. André Bazin, *Che cosa è il cinema?* cit., p. 321: «Gli obiettivi non sono gli occhi della fede; il microfono non avrebbe potuto registrare le Voci di Giovanna d' Arco».

[827] Ivi, p. 322.

Bibliografia

Adorno T. W. - Eisler H., *Musica per film* (1947), tr. it. di O. P. Bertini, Newton Compton Editori, Roma 1975.

Agel H., *Le cinèma*, Casterman, Tournai 1954.

Agel H., *Mètaphysique du cinèma*, Payot, Paris 1976.

Angelucci D., *"Una sorpresa perpetua". Il mistero Picasso e la pittura al cinema*, in *predella.it,* URL = http://www.predella.it/archivio/index3375.html?option=com_content&view=section&id=14&Itemid=109 (visto il 22/4/2019).

Angelucci D., *Deleuze e i concetti del cinema*, Quodlibet, Macerata 2012.

Anonimo, *Les Rythmes d'un film doivent être des battements de coeur*, in «L'Express», 445, 1959, pp. 38-39.

Anonimo, *Propos de Robert Bresson (sténographie d'une conférence de presse)*, in «Cahiers du Cinèma», 75, 1957, pp. 3-9. Anonimo, *Robert Bresson: le 'Pickpocket' sera un film de mains, d'objets et de regards*, in «Arts», 17 giugno 1959 cit. in Estève, M., *Permanence de Robert Bresson*, Études Cinématographiques 3-4 (2d quarter), pp. 225- 231.

Antonioni M., *Identification d'une femme*, in «Cahiers du cinema», 342, 1982, pp. 4-7. Antonioni M., *L'Horizon des événements* in «Cahiers du cinema», 290, 1978, pp. 4 -11.

Arís C. M., *Silenzi eloquenti. Borges, Mies van der Rohe, Ozu, Rothko, Oteiza* (2002), tr. it. di Pierini, Marinotti, Milano 2002.

Armes R., *French Cinema since 1946*, Vol. I, *The Great Tradition*, A.S. Barnes, Cranbury 1966.

Arnheim R., *Film come arte* (1932), tr. it. di P. Gobetti, Abscondita, Milano 2013. Arnheim R., *Nuovo Laocoonte*, in «Bianco e Nero», 8, 1938, pp. 3-33.

Astruc A., *La nascita di una nuova avanguardia: la caméra stylo* (1949), tr. it. di A. Barbera e R. Turigliatto, in A. Martini (a cura di), *Utopia e cinema*, Marsilio, Venezia 1994, pp. 57-61.

Ayfre A., *Contributi a una teologia dell'immagine*, Edizioni Paoline, Roma 1966.

Ayfre A., *Il senso cristiano del mondo delle immagini*, in «Rivista del cinematografo», 2, 1946, p. 71.

Balázs B., *Il film* (1924-1931), tr. it. di Fernaldo e Grazia Di Giammatteo, Einaudi, Torino 2002.

Baltrušaitis J., *Il Medioevo fantastico. Antichità ed esotismi nell'arte gotica* (1973), tr. it. di F. Zuliani e F. Bovoli, Adelphi, Milano 1993.

Banerjea J. N., *The Development of Hindu Iconography,* Munshiram Manoharlal Publishers, Calcutta 1956.

Barthes R., *The Third Meaning,* «Les Cahiers du Cinèma», 222, 1970, p. 18.

Baudrillard J., *Lo scambio simbolico e la morte* (1976), tr. it. di G. Mancuso, Feltrinelli, Milano 2002.

Bazin A., *Che cosa è il cinema* (1972), tr. it. di A. Aprà, Garzanti, Milano 1986.

Bazin A., *Journal d'un curé de campagne et la stylistique de Robert Bresson,* in «Cahiers du Cinema», 3, 1951, pp. 6-21.

Bazin A., *La stilistica di Robert Bresson* (1951), in E. Bruno (a cura di), *Film. Antologia del pensiero critico*, Bulzoni, Roma 1997, pp. 123-139.

Bazin A., *Umberto D*, in «Cahiers du cinéma», 13, 1952, pp. 14-15.

Belting H., *Antropologia delle immagini* (2001), tr. it di S. Incardona, Carocci, Roma 2011.

Belting H., *Il culto delle immagini. Storia dell'icona dall'età imperiale al tardo Medioevo* (1990), tr. it. di B. Maj, Carocci, Roma 2001.

Belting H., *Immagine, Medium, Corpo* (2005), tr. it. di Simona Pezzano, in A. Pinotti e A. Somaini (a cura di), *Teorie dell'immagine*, Raffaello Cortina, Milano 2009.

Belting H., *La vera immagine di Cristo* (2005), tr. it. di A. Cinato, Bollati Boringhieri, Torino 2007.

Benjamin W., *L'opera d'arte nell'epoca della sua riproducibilità tecnica* (1936), tr. it. di E. Filippini, Einaudi, Torino 2000.

Bergson H., *L'evoluzione creatrice* (1907), tr. it. di F. Polidori, Raffaello Cortina, Milano 2002.

Bergson H., *Materia e memoria* (1959), a cura di A. Pessina, Laterza, Bari 2009. Bettetini M., *Contro le immagini*, Laterza, Bari 2006.

Białostocki J., voce *Iconography*, in P. Wiener (ed.), *Dictionary of the History of Ideas. Studies of Selected Pivotal Ideas*, vol. II, Charles Scribner's Sons, New York 1973, pp. 524-541: 524, URL = http://xtf.lib.virginia.edu/xtf/view?docId=DicHist/uvaGenText/tei/DicHist2.xml;chunk.id=dv2-57;toc.depth=1;toc.id=dv2-57;brand=default (visto il 18/08/2019).

Bianchi P., *Dopo l'ultima violenza si getta nello stagno*, in «Il Giorno», 1968, cit. in *Per me il cinema è più vicino alla musica che al teatro o al romanzo*, reperibile online nell'archivio della Cineteca di Bologna, URL = http://www.cinetecadibologna.it/archivi-non-film/archivicartacei/mouchette_calendoli (visto il 13/08/2019).

Blue J., *Excerpts from an Interview with Robert Bresson*, Mimeographed, Los Angeles 1965. Bœspflug F. - Lossky N., *Nicée II, 787-1987*, Cerf, Paris 1987.

Borges J. L., *Finzioni* (1935-1944), tr. it di F. Lucentini, Einaudi, Torino 1995.

Boscarol M., *Lo spazio vuoto e l'amore per il sakè, il mondo di Ozu*, in «Il manifesto», 25/6/2016, URL = https://ilmanifesto.it/lo-spazio-vuoto-e-lamore-per-il-sake-il-mondo-di-ozu/ (visto il 02/07/2019).

Bredekamp H., *The Simulated Benjamin: Medieval Remarks on its Actuality*, in «Art in Translation», Volume 1, 2009 - Issue 2, pp. 285-301.

Bresson R., *Note sul cinematografo* (1975), tr. it. di G. Bompiani, Marsilio Editori, Padova 1986.

Brunetta G. P., *Visibilità e iconosfera dal cinema alla televisione*, in «aut aut», 309, maggio - giugno 2002, cit., pp. 69-80.

Bruni G., *Sacro e profano nel primo cinema di Pasolini*, 28/12/2015, nel sito del Centro Studi Pier Paolo Pasolini di Casarsa della Delizia, URL = http://www.centrostudipierpaolopasolinicasarsa.it/molteniblog/7811/ (visto il 04/07/2019).

Bruno E., *Film: Altro Reale*, Edizioni il Formichiere, Perugia 1978.

Burckhardt T., *L'arte sacra in Oriente e in Occidente, L'estetica del sacro* (1976), tr. it. di E. Bono, Bompiani, Milano 2003.

Byckov V. V., *L'estetica Bizantina, Problemi Teorici* (1977), Congedo Editore, Milano 1983.

Campani E. M., *Cinema e sacro. Divinità, magia e mistero sul grande schermo*, Gremese, Roma 2003.

Canadè A., *Paul Schrader. Tecniche di sceneggiatura e pratiche di regia nella New Hollywood*, Le Mani, Recco 2004.

Cantelli C., *L'icona come metafisica concreta, Neoplatonismo e magia nella concezione dell'arte in Pavel Florenskij*, «Aesthetica Preprint», n. 92, 2011.

Capdenac M., *J'ai voulu que Jeanne d'Arc soit un personnage d'aujourd'hui*, in «Les Lettres Françaises», 928, 1962.

Cappabianca A., *Il cinema e il sacro,* Le Mani, Recco Genova, 1998.

Capuano D. - De Simei M., *Robert Bresson La ricerca della Grazia,* in «Ondacinema», s.d., URL =

http://www.ondacinema.it/monografie/scheda/robert-bresson.html (visto il 13/08/2019).

Carbone M., *Filosofia-schermi. Dal cinema alla rivoluzione digitale,* Raffaello Cortina, Milano 2016.

Carotenuto A., *L'uomo immagine di Dio,* 2014, URL = http://annacarotenuto.altervista.org/wp-content/uploads/2014/09/A.-Capitolo-3.pdf (visto il 18/08/2019).

Carta V. - Radin E., *Andrej Tarkovskij. La nostalgia dell'Ideale,* in «Ondacinema», s.d., URL=

http://www.ondacinema.it/monografie/scheda/andrej-tarkovskij.html (visto l'11/09/2019).

Cassirer E., *Eidos ed eidolon. Il problema del bello e dell'arte nei dialoghi di Platone* (1922), tr. it. di M. Carbone, Raffaello Cortina, Milano 2009.

Castellano A. (a cura di), *Paul Schrader. Il cinema della trascendenza*, Mimesis, Milano 2016.

Cavalli G., *Nichilismo e fede nell'estetica di Andrej Tarkovskij*, in «Kaspar Hauser», 15, luglio 2017, online, URL =

http://www.kasparhauser.net/periodici/15%20Tarkovskij/Cavalli-Tarkovskij.html (visto il 26/09/2019).

Cervini A., *Fine e Rinascita del cinema. Sulle Histoire(s) du Cinema di Jean-Luc Godard,* in «Mantichora», 2, dicembre 2012, pp. 58-63;

Cervini A., Scarlato A., Venzi L., *Splendore e miseria del cinema. Sulle Histoire(s) di Jean- Luc Godard,* Pellegrini, Cosenza 2010.

Ciment M., Schnitzer L., Schnitzer J., *Il mio Rublëv è la speranza di tutto il popolo russo,* in «Il Dramma», 1, 1970, p. 62.

Cocchiara G., *La mentalità primitiva,* pp. VII- XXVI: IX in Bruhl L. L., *La mentalità primitiva* (1922), tr. it. di C. Cignetti, Einaudi, Torino 1981.

Commissione Teologica Internazionale, *La persona umana creata a immagine di Dio,* Città del Vaticano 2002.

Contributori di Wikipedia, voce *Cha-no-yu,* in *Wikipedia,* ed. italiana, URL = https://it.wikipedia.org/wiki/Cha_no_yu (visto il 05/07/2019).

Coomaraswamy A. K., *Come interpretare un'opera d'arte* (1977), tr. it. di G. Marchianò, Rusconi, Milano 1989.

Coomaraswamy A. K., *Il grande brivido* (1977), tr. it. di R. Donatoni, Adelphi, Milano, 1987.

Coomaraswamy A. K., *La trasfigurazione della natura nell'arte* (1934), tr. it. G. Marchianò, Rusconi, Milano 1989.

Coyle J., *Q&A: Schrader on «First Reformed», «Taxi Driver» and God,* in «AP News», 16/5/2018, URL = https://www.apnews.com/c7188983531e465db1ff4c2b57b77b34 (visto il 09/10/2019).

D'Aquino T., *Summa Theologiae,* San Paolo Edizioni, 1999.

Dall'Asta A., *Dio storia dell'uomo. Dalla parola all'immagine,* EMP, Padova 2013. Daney S., *La rampe,* Cahiers du cinéma/Gallimard, Paris 1983.

De Gaetano R., *Il cinema secondo Deleuze,* Bulzoni, Roma 1996.

De la Peña J. L. R., *Immagine di Dio, Antropologia teologica fondamentale,* Edizioni Borla, Roma, 1992.

De Santi P. M., *Cinema e Pittura,* in «Art Dossier», 16, Giunti, Firenze 1999.

Deleuze G., *L'immagine-movimento* (1983), tr. it. di J.P. Manganaro, Ubulibri, Milano 2002. Deleuze G., *L'Immagine-Tempo, Cinema 2* (1985), tr. it. di L. Rampello, Einaudi, Torino 2017.

Deleuze G., *Quattro formule poetiche che potrebbero riassumere la filosofia kantiana* (1986), in *Critica e Clinica*, tr. it. di A. Panaro, Raffaello Cortina, Milano 1996, pp. 43-52.

Denis M., *Théories, 1890-1910. Du symbolisme et de Gauguin vers un nouvel ordre classique* (1903), L. Rouart et J. Watelin, Paris 1920.

Deonna W., *Primitivism et classicism: The Two Faces of Art History*, in W. Sypher (a cura di), *Art history, An Anthology of Modern Criticism*, Vintage Books, New York 1963.

Dewey J., *Arte come esperienza* (1934), tr. it. di G. Matteucci (a cura di), Aesthetica, Palermo 2007.

Di Giacomo G., *Icona e arte astratta*, «Aesthetica Preprint», 55, 1999.

Di Minno C., *Vuotando l'acqua vuotandola L'acqua nel cinema di Jean Renoir,* in «Crepuscoli dottorali. Quaderni di arte, musica e spettacolo», I, 1, 2011, pp. 26- 37.

Didi-Huberman G., *Immagini malgrado tutto* (2003), tr. it. di D. Tarizzo, Raffaello Cortina, Milano 2005.

Douchet J., *Bresson on Location*, in «Sequence», 13, 1951, pp. 6-8.

Dubois P., *L'atto fotografico*, a cura di B. Valli, Quattro Venti, Urbino 1996. Dugnant R., *Films and Feelings,* Faber & Faber, London 1967.

Eliade M., *Il sacro e il profano* (1956), tr. it. di Edoardo Fadini, Boringhieri, Torino 1973. Facchini F., *Il simbolismo nell'uomo preistorico, Aspetti ermeneutici e manifestazioni*, in «Rivista di Scienze Preistoriche», 49, 1998, pp.651-671.

Fay J., *Democratic Film and The Aesthetics of Choice*, in «German Life and Letters», 71, 2, 2018, pp. 169-192.

Florenskij P. A., *Le porte regali. Saggio sull'icona* (1922), a cura di E. Zolla, Adelphi, Milano 1977.

Freud S., *L'avvenire di un'illusione* (1927), tr. it. di E. Ganni, Einaudi, Torino 2015.

Gellman Jerome, voce *Mysticism*, in *Stanford Encyclopedia of Philosophy*, URL =

https://plato.stanford.edu/search/searcher.py?query=nominous (visto il 01/10/2019).

Gervase M., *Byzantine Aesthetics*, John Murray, London 1963.

Godard J.- L. - Delahaye M., *Intervista con Robert Bresson* (1966), tr. it. M. Bertolini, in *La politica degli autori. Le grandi interviste dei «Cahiers du cinèma»*, Minimum fax, Roma 2010, pp. 262-304.

Grande M., *Il tempo allo specchio*, in R. De Gaetano (a cura di), *Deleuze, pensare il cinema*, Bulzoni, Roma 1993, pp. 25-45.

Graspo V., Evtusenko E., Zigania G., *Pier Paolo Pasolini, Mito e sacralità della tecnica,* Istituto Italiano di Cultura, Padova 1989.

Haladyn J. J., *Boredom and Art: Passions Of The Will To Boredom,* John Hunt Publishing, Alresford 2015.

Honnef K., *Wharol. 1928-1987: l'arte come commercio* (1990), tr. it. di F. Castellini, Taschen, Colonia 2001.

Jameson F., *The Geopolitical Aesthetic: Cinema and Space in the World System*, Indiana university press, Indiana 1992.

Jung C. G., *Opere*. Vol. 11: *Psicologia e religione* (1979), tr. it. di E. Schanzer e L. Aurigemma, Boringhieri, Torino 1992.

Kenny G., *About Nothing, Or, New Fast*, nel blog «Some Came Running», 13/5/2010, URL = https://somecamerunning.typepad.com/some_came_running/2010/0 5/new-fast.html (visto il 26/09/2019).

Kitzinger E., *Alle origini dell'arte bizantina. Correnti stilistiche nel mondo mediterraneo dal III al VII secolo* (1977), tr. it. e cura di P. Cesaretti e M. Andaloro, Jaca Book, Milano 2005.

Kitzinger E., *Il culto delle immagini* (1954), tr. it. di R. Garroni, La nuova Italia, Firenze 1992.

Koren L., *Wabi-Sabi per Artisti, Designer, Poeti e Filosofi* (1994), tr. it. di G. Calza, Ponte alle Grazie, Milano 2011.

Kracauer S., *Ritorno alla realtà fisica* (1960), tr. it. di P. Gobetti, Il saggiatore, Milano 1962.

La Bibbia, Edizioni San Paolo, Milano 1997.

Lazarev V., *L'arte russa delle icone. Dalle origini all'inizio del XVI secolo (1971)*, tr. it. di D. Rescaldani, Jaca Book, Milano 2008;

Lettera di Donald Richie, Department of Film, Museum of Modern Art, New York, 9 marzo 1970 in Paul Schrader, *Il trascendente nel cinema*, p. 21.

Lipps T., *Empatia e godimento estetico* (1906), in G. Vattimo (a cura di), *Estetica Moderna*, il Mulino, Bologna 1977, pp. 179-191.

Liviu A., *L'immagine di Dio nell'uomo – origine e vocazione*, tesi di laurea, Istituto Avventista di Cultura Biblica, Firenze s.d., in *villaaurora*, URL=

https://www.villaaurora.it/ita/corsi/teo/tesi/files/lauTesiLiviuANASTASE.pdf (visto il 18/08/2019).

Lossky V., *A immagine e somiglianza di Dio*, Edizioni Dehoniane Bologna, 1999.

Mai N., *What is Slow Cinema 2.0*, in «The Art(s) of Slow Cinema», 12/2/2013, URL =

https://theartsofslowcinema.com/2013/02/12/what-is-slow-cinema-2-0/ (visto il 26/09/2019).

Mai N., *What is Slow Cinema?*, in «The Art(s) of Slow Cinema», 20/12/2012, URL =

https://theartsofslowcinema.com/2012/12/20/what-is-slow-cinema/ (visto il 26/09/2019).

Mamic J., *Lo svuotamento interiore secondo Giovanni della Croce e lo Zen – Buddismo*, in «Teresianum», 31, 1, 1980, pp. 91-160.

Mancinelli F., *Tra "Il Miele" e "Nostalghia". Su Tonino Guerra e Tarkovskij*, § *"Nostalghia* – il rito della candela portata nella vasca, 9:17"*, in «Nuovi argomenti», 27/7/2015, online, URL =

http://www.nuoviargomenti.net/poesie/tra-il-miele-e-nostalghia-su-tonino-guerra-e-tarkovskij/ (visto il 26/09/2019).

Marcorelles L., *Londres 1960* in «Cahiers du Cinema», 105, 1960, p. 35-43.

Maritain J., *Religione e cultura* (1930), tr. it. di U. Guanda, Guanda Editore, Milano 1938. Milne T., *Flavour of Green Tea over Rice*, in «Sight and Sound», vol. 32, 4, 1963, pp. 182-186, 206.

Minna M., *Il significato di Wabi*, nel sito dell'associazione culturale "Giappone in Italia", 25/3/2012, URL = https://www.giapponeinitalia.org/il-significato-del-wabi/ (visto il 30/06/2019).

Mondzain M. J., *Immagine, icona, economia. Le origini bizantine dell'immaginario contemporaneo* (1996), Jaca Book, Milano 2006.

Mondzain M. J., *L'immagine che uccide. La violenza come spettacolo dalle Torri gemelle all'Isis* (2015), tr. it. di E. Montagner, EDB, Bologna 2017.

Monetti D. (a cura di), *Il sublime, il sacro e il religioso. Conversazione con i critici Virgilio Fantuzzi e Alessandro Cappabianca*, in «Segnocinema», 121, 2003, pp. 14-18.

Montani P., *Arte e verità dall'antichità alla filosofia contemporanea*, Laterza, Roma-Bari 2002.

Mullarkey J., *The Tragedy of the Object: Democracy of Vision and the Terrorism of Things in Bazin's Cinematic Realism*, in «Angelaki: The Promise of Cinema: Revisiting themes from Bazin», 17, 4, 2013, pp. 39-59.

Murray L., *Un Condamné à Mort s'est Échappé*, in *The Films of Robert Bresson*, Studio Vista, London 1969.

Natalino V., *Volti dell'anima russa. Identità culturale e spirituale del cristianesimo slavo- ortodosso*, Paoline, Roma 2012.

Olla G., *Alla ricerca del cinema proustiano*, Bulzoni, Roma 2010.

Otto R., *Il sacro: l'irrazionale nella idea del divino e la sua relazione al razionale* (1936), trad. it. di E. Buonaiuti, Feltrinelli, Milano 1966.

Panofsky E., *Architettura gotica e filosofia scolastica* (1951), tr. it. di A. Petrella, Liguori, Napoli 1986.

Papaioannou K., *Un mondo nelle icone. La pittura bizantina e russa dall'XI al XVI secolo*, Ghibli, Milano 2018.

Pasolini P. P., *Empirismo eretico*, Garzanti, Milano 1972.

Pasolini P. P., *Pasolini, il mio sacro è qui*, inedito pubblicato in «Avvenire», 2/12/2014, URL= https://www.avvenire.it/agora/pagine/pasolini-il-mio-sacro-e-qui (visto il 04/07/2019) e ripreso in *Il cinema e il sacro. Su "Avvenire" un testo inedito di Pasolini*, 3/12/2014, nel sito del Centro Studi Pier Paolo Pasolini di Casarsa della Delizia, URL= http://www.centrostudipierpaolopasolinicasarsa.it/molteniblog/il-cinema-e-il-sacro-su- avvenire-un-testo-inedito-di-pasolini/ (visto il 04/07/2019).

Pasolini P. P., *Uccellacci e uccellini. Un film di Pier Paolo Pasolini*, Garzanti, Milano, 1966. Pedullà G., *Perceval, Usa*, in Paul Schrader, *Il trascendente nel cinema*, cit. *infra*, pp. IX –XXXII.

"Pemulis", *Deleuze: l'immagine-tempo*, in «Popsofia», 11/1/2018, URL = http://www.popsofia.it/deleuze-limmagine-tempo/ (visto il 24/09/2019).

Platone, *Tutti gli scritti*, a cura di G. Reale, Bompiani, Milano 2000.

Prédal R., *Tutto il cinema di Bresson* (1992), tr. it. di F. Rosso e M. Micelli, Baldini & Castoldi, Milano 1998.

Read H., *Art and Society*, Schocken Books, New York 1966.

Renoir J., *La mia vita, i miei film* (1974), tr. it. di D. Orati, Marsilio, Venezia 1992.

Richie D., *A Short Guide to Aesthetics of Japanese Films*, in «Unjapan Bulletin», 2, 1965. Richie D., *The Later Films of Yasujiro Ozu*, in «Film Quarterly», 13, 1959, pp. 18-25.

Richie D., *Yasujiro Ozu: The Sintax of His Films,* in «Film Quarterly», 17, 2, 1963-64, pp. 11- 16.

Riegl A., *Industria artistica tardoromana* (1901,1923), tr. it. di B. Forlati Tamaro e di M. T. Ronga Leoni, Sansoni, Firenze 1953.

Rivette J., *Lettera su Rossellini*, in «Cahiers du Cinéma», 46, 1955, pp. 14-24.

Rosembaum J., *Falling Down, Walking, Destroying, Thinking: A Conversation with Béla Tarr*, in «Cinema Scope», 8, sept. 2001, online su «jonathanrosenbaum.net», URL =
https://www.jonathanrosenbaum.net/2001/09/bela-tarr-interview/ (visto il 25/09/2019);

Russo L. (a cura di), *Vedere l'invisibile, Nicea e lo statuto dell'Immagine*, tr. it. di C. Gerbino, Aesthetica, Palermo 1999.

Sato T., *The Art of Yasujiro Ozu*, Japan Indipendent Film, Tokyo 1966.

Scarlato A., *Il mito del Neorealismo in Bazin e Ayfre*, in «Schermi», II, 3, 2018, pp. 85-103. Scarlato A., *La Zona del Sacro, L'estetica cinematografica di Andrej Tarkovskij*, «Aesthetica
Preprint», 75, 2005.

Scarlato A., *Robert Bresson, La meccanica della grazia*, Fondazione Ente dello Spettacolo, Roma 2006.

Schaeffer P., *In Search of a Concrete Music*, tr. ingl. di C. North e J. Dack, University of California Press, London 2012.

Schrader P., *Il trascendente nel cinema* (1972), tr. it. di C. Raimo, Donzelli, Roma 2010. Schrader P., *Rethinking Transcendental Style*, in *Transcendental Style in Film: Ozu, Bresson,*

Dreyer (With a New Introduction), University of California Press, Oakland 2018, pp. 1- 33.

Schrader P., *Robert Bresson, Possibly – Interview by Paul Schrader*, in «Film Comment», september - october 1977, pp. 26-30.

Schrader P., *Transcendental Style in Film: Ozu, Bresson, Dreyer*, Da Capo Press, Boston 1972.

Senza autore, *Introduzione al cinema contemplativo*, nel blog di Lorenzo e Stefano Paci «Cinepaxy», 25/9/2016, URL = https://cinepaxy.wordpress.com/2016/09/25/introduzione-al-cinema-contemplativo/ (visto il 23/09/2019).

Skrobucha H., *Icons*, Oliver & Boyd, London 1963.

Snellgrove D.L., T*he Image of the Buddha*, Kodansha International, Paris 1978.

Sontag S., *L'estetica del Silenzio* (1969), in *Stili di volontà radicale*, tr. it. G. Strazzeri, Mondadori, Milano 1999, pp. 11 - 52.

Sontag S., *Stile Spirituale nei film di Robert Bresson* (1964), in *Contro l'interpretazione* (1966), tr. it. di E. Capriolo, Mondadori, Milano 1967, pp. 249-275.

Subini T., *La passione secondo Andrej. Il pensiero religioso nei 'Diari' di Tarkovskij*, in Dagrada E. (a cura di), *Andrej Tarkovskij*, in «Materiali di Estetica», 13, 2006, pp. 201- 218.

Sullivan M., voce *Ma Yüan*, in *Encyclopedia Britannica*, 1/1/2019, URL = https://www.britannica.com/biography/Ma-Yuan-Chinese-painter (visto il 02/07/2019).

Suzuki D. T., *Misticismo cristiano e buddista* (1957), tr. it. di M. Leoni, Ubaldini, Roma 1971. Suzuki D. T., *The Role of Nature in Zen Buddhism*, in *Zen Buddhism*, Doubleday, Garden City 1956.

Suzuki D. T., *The Role of Nature in Zen Buddhism*, Rhein-Verlag, Zurich 1953. Sypher W., *Rococo to Cubism in Art and Literature*,

Alfred A. Knopf, New York 1960. Tarkovskij A., *La forma dell'anima*, tr. it. di I. Serra, Bur, Milano 2012.

Tarkovskij A., *Martirologio. Diario 1970-1986*, Istituto Internazionale Tarkovskij, Firenze 2014.

Tarkovskij A., *Scolpire il tempo* (1986), a cura di V. Nadai, Ubulibri, Milano 2002.

Tarkovskij A., *Voglio mettere il dito nell'infinito dell'uomo*, in «Avvenire», 3/6/2012, online, URL = https://www.avvenire.it/agora/pagine/tarkovskii (visto il 26/09/2019).

Tassone A., *I film di Michelangelo Antonioni: un poeta della visione*, Gremese, Roma 1985. Tatarkiewicz W., *Storia dell'estetica*. Vol. 2: *L'Estetica medioevale* (1970), tr. it. di M.T. Marcialis, Einaudi, Torino 1979.

Tucci G., *Teoria e pratica del mandala*, Ubaldini Editore, Roma 1969.

Tuttle H., *(Technical) Minimum Profile*, nel blog «Unspoken Cinema», 18/1/2007, URL =

http://unspokencinema.blogspot.com/2007/01/minimum-profile.html (visto il 26/09/2019).

Uspenskij L. - Losskij V., *Il senso delle icone* (1952), tr. it. di M. G. Balzarini, Jaca Book, Milano 2007.

Uspenskij L., *La teologia dell'icona* (1960), tr. it. di A. Lanfranchi, La casa di Matriona, Milano 1995.

Utichi J., *First Reformed' Q&A: Paul Schrader Shocked He Wasn't Attacked As "Liberal Jihadist" After 'Last Temptation' Protests*, in «Deadline», 4/1/2019, URL =

https://deadline.com/2019/01/first-reformed-paul-schrader-liberal-jihadist-the-last-   temptation-of-christ-interview-ethan-hawke-1202528793/ (visto il 24/09/2019).

Van der Leeuw G., *Sacred and Profane Beauty: The Holy in Art* (1957), tr. ingl. di D. E. Green, Oxford University Press, Oxford-New York 2006.

Vatter E., *Religiose Plastik der Naturvolker* (1926), in Robert Goldwater, *Primitivism in Modern Art*, Vintage Books, New York 1963.

Velmans T., *Icone. Il grande viaggio*, Jaca Book, Milano 2015.

Velmans T., *L'arte dell'icona. Storia, stile, iconografia dal V al XV secolo*, Jaca Book, Milano 2013.

Verbaro C., *Pasolini: nel recinto del sacro*, Perrone, Roma 2017.

Vernant J.-P., *Figure, Idoli e maschere* (1990), tr. it. di A. Zangara, Il Saggiatore, Milano 2001.

Vernant J.-P., *L'immagine e il suo doppio. Dall'era dell'idolo all'alba dell'arte*, tr. it. di P. Conte, Mimesis, Milano 2011.

Vernant J.-P., *Mito e pensiero presso i greci* (1965), tr. it. di M. Romano e B. Bravo, Einaudi, Torino 1970.

Watts A., *La via dello Zen* (1957), tr. it. di L. M. Antonicelli, Feltrinelli, Milano 2006. Wittgenstein L., *Tractatus logico-philosophicus* (1921), tr. it. di A. G. Conte, Einaudi, Torino 1964.

Wölfflin H., *Concetti fondamentali della storia dell'arte* (1915), tr. it. di R. Paoli, Longanesi & C., Milano 1953.

Wölfflin H., *Rinascimento e Barocco* (1888), tr. it. di L. Filippi, Vallecchi Editore, Firenze 1988.

Worringer W., *Astrazione e Empatia* (1907), tr. it. di E. De Angeli, Einaudi, Torino 1975. Zordan D., *Filmare l'invisibile, linguaggio cinematografico ed esperienze religiose*, in «Annali di studi religiosi», 5, 2004, pp. 129-173.

Bibliografia

Filmografia

Opere di «stile trascendentale» prima formulazione

Bresson R., *Diario di un ladro (Pickpocket)* (1959)

Bresson R., *Il diario di un curato di campagna (Journal d'un curé de campagne)* (1951)

Bresson R., *Processo a Giovanna d'Arco (Procès de Jeanne d'Arc)* (1962)

Bresson R., *Un condannato a morte è fuggito* (Un condamné à mort s'est échappé) (1956)

Dreyer C. T., *Dies irae (Vredens Dag)* (1943)

Dreyer C. T., *La passione di Giovanna d'Arco (La Passion de Jeanne d'Arc)* (1928)

Dreyer C. T., *Ordet – La parola (Ordet)* (1955)

Ozu Y., *Buon giorno (Ohayō)* (1959)

Ozu Y., *Erbe fluttuanti (Ukikusa)* (1959)

Ozu Y., *Fiori d'equinozio (Higanbana)* (1958)

Ozu Y., *Il gusto del sakè (Sanma no aji)* (1962)

Ozu Y., *Il tempo del raccolto del grano (Bakushū)* 1951

Ozu Y., *Inizio di primavera (Sōshun)* (1956)

Ozu Y., *L'autunno della famiglia Kohayagawa (Kohayagawa-ke no aki)* (1961)

Ozu Y., *Tardo autunno (Akibiyori)* (1960)

Ozu Y., *Crepuscolo di Tokyo (Tōkyō boshoku)* (1957)

Ozu Y., *Il sapore del riso al tè verde (Ochazuke no aji)* (1952)

Ozu Y., *Le sorelle Munekata (Munekata kyoudai)* (1950)

Ozu Y., *Sapore del riso al tè verde (Ochazuke no Aji)* (1952)

Ozu Y., *Tarda primavera (Banshun)* (1949)

Ozu Y., *Viaggio a Tokyo (Tōkyō monogatari)* (1953)

Film della quotidianità/ Film della stasi:

Snow M. *Wavelenght* (1967)

Wharol A., *Eat* (1963)

Wharol A., *Empire* (1964)

Wharol A., *Sleep* (1963)

Opere di «stile trascendentale» seconda formulazione

Brüggemann D., *Stations of the Cross* (*Kreuzweg – Le stazioni della fede*) (2015)

Cavalier A., *Thérèse* (1986)

Dumont B., *Hadewijch* (2009)

Green E., *La Sapienza* (2014)

Hausner J., *Lourdes* (2009)

Pawlikowski P., *Ida* (2013)

Reygadas C., *Luz Silenciosa – Stellet Licht* (2007)

Sokurov A., *Madre e figlio* (*Mat i syn*) (1997)

Slow cinema

Akerman C., *Jeanne Dielman, 23, quai du commerce, 1080 Bruxelles* (1975)

Alonso L., *Fantasma* (2006)

Alonso L., *Jauja* (2014)

Alonso L., *La libertad* (2001)

Alonso L., *Liverpool* (2008)

Alonso L., *Los muertos* (2004)

Costa P., *Gioventù in marcia* (*Juventude em Marcha*, 2006)

Costa P., *Horse Money Cavalo Dinheiro* (2014)

Costa P., *Vitalina Varela* (2019)

Diaz L., *Century of Birthing* (2011)

Diaz L., *Death in the Land of Encantos* (*Kagadanan sa banwaan ning mga Engkanto*) (2007)

Diaz L., *Hele sa hiwagang hapis* (*A lullaby to the sorrowful mystery*) (2016)

Diaz L., *Melancholia* (2008)

Diaz L., *Norte, the end of history* (2013)

Diaz L., *The Woman Who Left - La donna che se ne è andata* (*Ang babaeng humayo*) (2016)

Frammartino M., *Il dono* (2003)

Frammartino M., *Le quattro volte* (2010)

Jiayin L., *Oxhide* (2005)

Jiayin L., *Oxhide II* (2009)

Ming-liang T., *Walker* (2012)

Rivers B., *Slow Action* (2010)

Rivers B., *Two Years at Sea* (2011)

Tarr B., *Le armonie di Werckmeister (Werckmeister harmóniák)* (2000)

Tarr B., *Il cavallo di Torino (A torinói ló)* (2011)

Tarr B., *L'uomo di Londra (A londoni férfi)* (2007)

Tarr B., *Satantango (Sátántangó)* (1994)

Film citati:

Antonioni M., *Eclisse* (1962)

Antonioni M., *La notte* (1961)

Bergman I., *Come in uno specchio (Through a Glass Darkly)* (1961)

Boetticher B., *I sette assassini (Seven Men from Now)* (1956)

Bresson R., *Au hasard Balthazar (Au hasard Balthazar)* (1966)

Bresson R., *Così bella, così dolce (Une femme douce)* (1969)

Bresson R., *Mouchette – Tutta la vita in una notte (Mouchette)* (1967)

Buñuel L., *Intolleranza: Simon del deserto (Simón del desierto)* (1964)

Buñuel L., *Un cane andaluso (Un chien andalou)* (1929)

Buñuel L., *Viridiana* (1961)

Carné M., *Alba tragica (Le jour se lève)* (1939)

Clouzot H. G., *Il mistero Picasso (Le Mystère Picasso)* (1956)

De Sica V., *Umberto D.* (1952)

DeMille C. B., *I dieci comandamenti (The Ten Commandments)* (1956)

Donen S. – Kelly G., *Cantando sotto la pioggia (Singin' in the Rain)* (1952)

Douglas G., *24 Hour Psycho* (1993)

Fellini F., *E la nave va* (1983)

Fellini F., *Satyricon* (1969)

Forman M., *Amadeus* (1984)

Forman M., *Cerny Petr* (*L'Asso di Picche*) (1964)

Forman M., *Hair* (1979) .

Forman M., *Larry Flynt. Oltre lo scandalo* (The People vs Larry Flint) (1996)

Forman M., *Man on the Moon* (1999)

Forman M., *Qualcuno volò sul nido del cuculo* (One Flew over the Cuckoo's Nest) (1975)

Forman M., *Ragtime* (1981)

Forman M., *Valmont* (1989)

Genina A., *Cielo sulla palude* (1949)

Godard J.-L., *Histoire(s) du cinéma*, capitolo 4(b) le *Signs parmi nous* (1998)

Gottheim L., *Fog Line* (1970)

Herzog W., *Cuore di vetro* (*Herz aus Glas*) (1976)

Kurosawa A., *Rashomon* (*Rashōmon*) (1950)

Losey J., *Il servo* (*The Servant*) (1963)

Lumière A. & L., *L'arrivo di un treno alla stazione di La Ciotat* (*L'Arrivée d'un train en gare de La Ciotat* o *L'Arrivée d'un train à La Ciotat*) (1895)

Mankiewicz J. L., *Eva contro Eva* (*All About Eve*) (1950)

Mankiewicz J. L., *La contessa scalza* (*The Barefoot Contessa*) (1954)

Mankiewicz J. L., *Lettera a tre mogli* (*A Letter to Three Wives*) (1949)

Méliès G., *Viaggio nella Luna* (*Le Voyage dans la lune*) (1902)

Minnelli V., *Spettacolo di varietà* (*The Band Wagon*) (1953)

Minnelli V., *Un americano a Parigi* (*An American in Paris*) (1951)

Mizoguchi K., *I racconti della luna pallida d'agosto* (*Ugetsu monogatari*) (1953)

Mizoguchi K., *L'intendente Sansho* (*Sansho Dayu*) (1954)

Ophüls M., *I gioielli di madame de...* (*Madame de...*) (1953)

Ophüls M., *Il piacere e l'amore* (*La Ronde*) (1950)

Ophüls M., *La nostra compagna* (*La Tendre Ennemie*) (1936)

Ophüls M., *Lola Montès* (1955)

Pasolini P. P., *Accattone* (1961)

Pasolini P. P., *Appunti per un film sull'India* (1968)

Pasolini P. P., *Appunti per un'Orestiade africana* (1970)

Pasolini P. P., *Il Vangelo secondo Matteo* (1964)

Pasolini P. P., *La Ricotta* (1963)

Pasolini P. P., *Mamma Roma* (1962)

Renoir J., *Boudu salvato dalle acque* (*Boudu sauvé des eaux*) (1932)

Resnais A., *L'anno scorso a Marienbad* (*L'Année dernière à Marienbad*) (1961)

Rossellini R., *Germania anno zero* (1948)

Rossellini R., *Stromboli (Terra di Dio)* (1950)

Schrader P., *Affliction* (1997)

Schrader P., *American Gigolò* (1980)

Schrader P., *First Reformed – La creazione a rischio* (*First Reformed*) (2017)

Schrader P., *Hard Core* (1979)

Schrader P., *Mishima - Una vita in quattro capitoli* (*Mishima: A Life in Four Chapters*) (1985)

Schrader P., *Touch* (1997)

Scorsese M., *Al di là della vita* (*Bringing Out the Dead*) (1999)

Tarkovskij A., *Andrej Rublëv* (1966)

Tarkovskij A., *Lo specchio* (*Zerkalo*) (1975)

Tarkovskij A., *Nostalghia* (1983)

Tarkovskij A., *Sacrificio (Offret)* (1986)

Tarkovskij A., *Solaris (Soljaris)* (1972)

Tarkovskij A., *Stalker* (1979)

Von Trier L., *Le onde del destino* (*Breaking the Waves*) (1996)

Warhol A., *Blow Job* (1964)

Welles O., *Quarto potere* (*Citizen Kane*) (1941)

Welles O., *The lady from Shanghai* (*La signora di Shanghai*) (1947)

Whale J., *L'uomo invisibile* (*The Invisible Man*) (1933)
Widerberg B., *Adalen '31* (1969)
Widerberg B., *Elvira Madigan* (1967)
Wood S., *La nostra città* (*Our Town*) (1940)

Quarta di copertina

Può il cinema, arte essenzialmente materialista, rappresentare l'ineffabile? A questo e ad altri interrogativi prova a rispondere *Filmare l'invisibile*, esito di una riflessione su quelle filmografie in bilico tra sacro e profano, come accade nell'opera di Paul Schrader.

Partendo dal suo celebre lavoro del '72 *Transcendental Style in Film: Ozu, Bresson, Dreyer*, l'autore indaga la concezione del trascendente nell'opera teorica schraderiana mettendo in risalto influenze, tematiche, e aporie, attraverso un dialogo costante con il mondo del cinema, con critici e teorici come Donald Richie e Amédée Ayfre. A questo si aggiunge un confronto con le posizioni filosofiche di Gilles Deleuze e di Henri Bergson, e con il cinema spirituale di Andrej Tarkovskij. Un confronto quanto mai necessario per la concezione teorica di Schrader che vuole il cinema capace di guardare oltre le apparenze del reale.

Giacomo Salis

Giacomo Salis è nato a Cagliari nel 1989. Laureato in Filosofia e Teorie della comunicazione, ha scritto di musica per Beautiful Freaks, Music Addiction, e di cinema per Taxi Drivers. Percussionista e batterista, collabora a diversi progetti di improvvisazione e ricerca timbrica. Ha all'attivo vari album usciti per le etichette Confront Recordings, Falt, Tsss tapes e Floating Forest. Parallelamente all'attività da percussionista, si occupa di musica applicata e sonorizzazioni.